KB253845

보험중개사의 법률관계

보험중개사의 법률관계

전 우 현 著

한국학술정보(주)

책머리에

　우리 정부는 1998년부터 보험중개사제도를 도입하였지만 아직도 보험중개사의 영업환경이 순탄하지만은 않다. 이는 국내의 자생적 환경이 마련되지 않은 토대 위에서 OECD의 압력을 쉽게 수용한 성급함이 큰 원인이 되었다. 그 출발 시점부터 이미 외국의 보험중개사가 선점현상을 나타내고 우리 보험중개사는 시장개방이라는 수세저인 환경에 놓여 있었다는 내재적 한계 외에도 최근의 방카슈랑스 도입, 생명보험과 손해보험의 교차판매 허용 등으로 보험영업 조직의 개별영역이 보장될 수 없는 주변적 요인까지 가세되어 보험중개업은 어려움을 겪고 있다.

　그러나 지금 나타난 어려움의 탓을 과거지사에 돌릴 만큼 우리는 한가하지 못하다. 이제야말로 보험중개사제도가 직면한 난관을 현명하게 타개해 나갈 지혜를 모아야 한다. 그리고 보험중개사제도가 어차피 우리 보험업법에 수용된 제도라면 그 장점을 최대로 취하고 그 단점을 최소화하는 노력을 기울이는 것이 당연하다. 이 노력은 항상 불안정하기만 하고 규제 위주로 된 보험산업에 활력을 불어넣을 수 있을 것이다. 그렇게 하는 것이 우리의 도리이다. 이러한 인식을 학계, 업계, 정부 관계자가 공유하면서 좀 더 합리적인 보험계약체계를 마련하는 것이 저자의 희원이다.

　생각건대 향후 모든 영역에서 정부는 비대한 조직규모를 축소하고 기업에 대한 규제를 완화해야 한다. 특히 경제영역에서 자율과 창의를 확산시키는 의식의 전환이 필요하고 이를 체화한 제도적 개선이 이루어져야 한다. 규제우선주의와 획일화가 철폐되고 경제주체의 창의성과 시장기능이 더욱 존중된다면 우리나라는 무력감에서 벗어나 미래형 경제모델을 창출해 낼 것이다.

보험시장에서도 자율과 경쟁의 원리가 좀 더 생기있게 되어야 한다. 이러한 원칙과 더불어 보험계약자에게 보험료, 보험보상, 면책사유 등 보험상품 정보가 충실하게 제공되어야 한다는 인식에 동의한다면 보험중개사제도가 그에 합당하다. 보험소비자인 보험계약자·피보험자가 보험계약 내용을 정확히 이해하고 충분한 정보를 기초로 한 보험시장 활성화를 기대하려면 보험자 측에만 서 있기보다는 보험중개사와 같은 객관적이고 공정한 업무처리자가 필요하기 때문이다. 그리고 보험계약자와 피보험자를 보호하고 빈발하는 보험분쟁을 예방하기 위해서라도 차별화된 보험계약을 편견없이 중개할 것이 요청된다.

보험중개사는 보험상품 비교공시에서도 보험계약자에 대해 완전정보를 전달할 수 있는 보험매개자로 기능할 수 있고 때로는 보험계약자로부터 대리권을 수여받아 그 대리인으로서 계약체결, 위험방지, 보험료지급, 보험금청구 등을 할 수 있을 것이다.

보험중개사제도가 발전하기 위해서는 무엇보다 그 법률관계를 명확히 하여야 한다. 보험중개사의 권한, 권리, 의무, 책임에 관한 사항을 연구하여 향후 발생할 가능성이 있는 분쟁에 대비하는 것은 그 문제의식의 연장선상에 있다. 이 글에서는 보험중개사의 법률관계에 관한 기본적인 사항을 다루었지만 향후 이 점을 구체화하고 보충하는 노력이 계속되어야 할 것이다.

저자는 보험중개사가 도입된 직후인 1998년 8월에 본 글을 서울대학교의 학위논문형식으로 내었으나 그 이후 이 제도가 우리나라에 성공적으로 안착하지 못한 점을 안타깝게 생각하였다. 이 점은 저자의 글을 보험 관련법령의 개정에 따라 수정한 후 단행본으로 출간하게 되는 가장 중요한 동기가 되었다.

본인의 나태를 반성하면서 향후 좀 더 많은 관심과 애정을 가지고 노력할 것을 스스로 다짐한다. 이 글에 관해 많은 분들의 질정을 기대한다. 그리고 출간에 도움을 주신 출판사의 모든 분들께 이 자리를 빌어 감사의 인사말씀을 올린다.

영남대학교 법학과 연구실에서
저자 드림.
2006. 5.

목 차

제1장 서 론 ·· 17

　제1절 연구의 목적 ··· 17

　　　(1) 보험계약자의 보호 ······························ 19

　　　(2) 보험자의 경쟁력제고 ·························· 20

　　　(3) 기존 모집조직의 혁신의 계기 ············· 21

　제2절 연구의 범위와 방법 ································ 22

　　Ⅰ. 연구의 범위 ·· 22

　　Ⅱ. 연구의 방법 ·· 22

　　Ⅲ. 연구의 구성 ·· 23

제2장 보험중개사의 의의 ··································· 27

　제1절 개 념 ·· 27

　　Ⅰ. 정 의 ··· 27

　　Ⅱ. 상법상 중개인 여부 ······························ 28

　　1.「중개」행위 ··· 29

　　2.「타인 간의 상행위」의 중개 ····················· 31

　　　(1)「상행위」의 중개 ································· 31

　　　(2)「타인 간」의 상행위의 중개 ················ 33

　　3. 보험중개사의 독립성 문제 ······················ 35

　　　(1) 의의와 취지 ······································· 35

　　　(2) 보험중개사의 경우 ····························· 35

　　Ⅲ. 보험중개계약과 위임관계 ······················ 38

1. 중개계약의 법적 성질 ······························· 38

2. 보험중개계약의 법적 성질 ····················· 40

3. 보험중개계약으로 인한 위임계약관계 ··················· 41

  (1) 위임계약관계의 성립 ····················· 41

  (2) 위임계약관계의 소멸 ····················· 42

Ⅳ. 보험모집인 및 보험대리점과의 구별 ······················· 43

제2절 유 형 ······························· 45

Ⅰ. 손해보험중개사와 인보험중개사 ····················· 45

Ⅱ. 개인보험중개사와 법인보험중개사 ······················· 46

제3절 우리나라 보험중개사제도의 연혁과 현황 ······················· 47

Ⅰ. 연 혁 ······························· 47

Ⅱ. 현 황 ······························· 51

제3장 외국의 보험중개사제도 ······························· 57

제1절 영 국 ······························· 57

Ⅰ. 현 황 ······························· 57

1. 손해보험중개사의 현황 ······················· 60

2. 생명보험중개사의 현황 ······················· 62

Ⅱ. 법적 지위 ······························· 64

1. 개 념 ······························· 65

2. 구 분 ······························· 66

3. 대리권 유무 ······························· 67

4. 대리권의 범위 ······························· 68

5. 무권대리의 추인 ······························· 70

6. 의 무 ······························· 71

7. 로이드 보험중개사의 경우 ······················· 74

(1) 로이드 보험의 특수성 ……………………………… 74

(2) 로이드 보험중개사의 권한 …………………………… 76

(3) 로이드 보험중개사의 의무 …………………………… 78

(4) 로이드 보험중개사의 특수한 법적 지위 ……………… 79

Ⅲ. 감 독 ……………………………………………………… 80

1. 규제입법의 과정 ……………………………………… 80

2. 보험중개사규제법 및 규제체계 …………………… 82

(1) 보험중개사(등록)법(Insurance Brokers(Registration)

A 1977) …………………………………………… 83

(2) 로이드법(Lloyd's Act 1982) ……………………… 84

(3) 금융서비스법(Financial Service Act 1986) ………… 85

3. 감독의 내용 ………………………………………… 86

(1) 등 록 ………………………………………… 86

(2) 등록취소 …………………………………… 89

(3) 회계 및 사업요건 …………………………… 89

(4) 예금계좌 및 회계기록에 관한 요건 ……………… 90

(5) 장부・서류의 보관 …………………………… 90

(6) 광고활동에 대한 규제 ……………………… 91

제2절 미 국 …………………………………………… 92

Ⅰ. 현 황 ………………………………………… 92

1. 손해보험중개사의 현황 …………………………… 92

2. 생명보험중개사의 현황 …………………………… 93

Ⅱ. 법적 지위 …………………………………… 94

1. 대리권의 발생 …………………………………… 94

2. 대리권의 범위 …………………………………… 97

3. 쌍방대리의 문제 ………………………………… 100

```
      4. 제정법의 영향 ······································· 102
      5. 증거개시(Discovery)의 문제 ················· 103
         (1) 보험자의 증거개시청구 ················· 103
         (2) 보험계약자의 증거개시청구 ············ 104
   Ⅲ. 감  독 ················································· 105
      1. 감독의 배경 ······································ 105
      2. 감독의 내용 ······································ 110
         (1) 보험중개사의 정의와 구분 ············· 111
         (2) 보험중개사에 대한 면허 ··············· 113
         (3) 기타 감독사항 ·························· 119
제3절 독  일 ················································ 122
   Ⅰ. 현  황 ················································· 122
   Ⅱ. 법적 지위 ·············································· 123
      1. 개  념 ··········································· 123
      2. 보험계약자와의 법률관계 ···················· 124
         (1) 중개계약의 체결 ······················· 124
         (2) 보험중개사의 권한 ····················· 125
         (3) 보험중개사의 의무 ····················· 128
         (4) 보험계약자의 의무 ····················· 130
         (5) 중개계약의 종료 ······················· 131
      3. 보험자와의 법률관계 ························· 132
         (1) 보험중개사의 주의의무 ················· 132
         (2) 보험자의 협력의무 ····················· 134
      4. 보수청구권 ······································ 135
         (1) 근  거 ········································ 135
         (2) 내  용 ········································ 135
```

Ⅲ. 감　독 ··· 137

제4절 일　본 ··· 139

Ⅰ. 현　황 ·· 139

1. 보험중개사제도 도입 이전의 상황 ················· 139

2. 보험중개사제도의 도입과정 ························· 141

3. 보험중개사제도의 실시 상황 ······················ 142

Ⅱ. 법적지위 ·· 143

1. 개　념 ··· 143

2. 유　형 ··· 145

3. 권　한 ··· 145

4. 보수청구권 ··· 146

5. 의　무 ··· 147

(1) 선관주의의무 ·· 147

(2) 자기입장 명시의무 ···································· 148

(3) 결약서 교부의무 ······································· 149

Ⅲ. 감　독 ·· 149

1. 감독기관 ·· 149

2. 감독내용 ·· 149

(1) 등　록 ·· 149

(2) 재무요건 ·· 151

(3) 업무정지 및 등록취소 ································ 152

(4) 자기계약의 금지 ······································· 153

(5) 사업보고서의 제출과 열람 ························ 153

(6) 장부서류의 비치와 보존 ···························· 154

(7) 업무개선명령 ·· 154

제4장 보험중개사의 권한과 권리 ································ 155

제1절 보험중개사의 권한 ···································· 155

  Ⅰ. 개 관 ··· 155

  Ⅱ. 보험중개사의 보험계약당사자의 대리인 여부 ·············· 157

    1. 보험계약청약(체결)대리권 유무 ························· 159

    2. 보험계약의 취소, 해지권의 유무 ······················· 162

    3. 고지권한(의무) 유무 ································· 163

      (1) 고지의무의 내용 ································· 164

      (2) 보험중개사에 대한 검토 ······················· 165

    4. 보험금추심대리권 유무 ······························· 169

  Ⅲ. 보험중개사의 보험자에 대한 관계 ····················· 177

    1. 보험료 수령대리권 유무 ····························· 178

      (1) 보험료 지급의무의 내용 ························· 178

      (2) 보험료 수령대리권 유무 ························· 178

    2. 소손해 사정권의 유무 ······························· 184

제2절 보험중개사의 권리 ···································· 187

  Ⅰ. 보수청구권 ··· 188

    1. 성 립 ··· 189

      (1) 보험중개사의 중개행위 ························· 190

      (2) 보험계약의 성립 ······························· 191

      (3) 인과관계 ·· 192

      (4) 보험료 지급과의 관계 ························· 193

      (5) 보험계약 갱신의 경우 ························· 193

    2. 지급의무자 ·· 194

    3. 내용(구성요소) ······································ 195

      (1) 인보험의 경우 ································· 196

　　　(2) 손해보험의 경우 ·· 197

　　4. 액　수 ·· 197

　　5. 지급방식 ·· 199

　　6. 보험계약당사자의 변경시의 문제 ···························· 200

　　7. 보험중개사의 변경과 보수청구권의 문제 ················· 203

　　　(1) 보험계약내용의 변경은 없고 보험중개사만 변경된

　　　　경우 ··· 203

　　　(2) 보험계약내용과 보험중개사가 모두 변경된 경우 ····· 205

Ⅱ. 유치권 ·· 205

　　1. 보험증권에 대한 유치권 성립여부 ·························· 205

　　　(1) 운송보험증권에 대한 유치권 성립여부 ················ 206

　　　(2) 운송보험증권 이외의 보험증권에 대한 유치권

　　　　성립여부 ·· 208

　　2. 보험금 기타 급여에 대한 유치권 성립여부 ·············· 211

제5장 보험중개사의 의무와 책임 ··································· 215

제1절 보험중개사의 의무 ·· 218

Ⅰ. 선관주의의무 ··· 218

　　1. 근　거 ·· 218

　　2. 정　도 ·· 220

　　3. 구체적 내용 ··· 223

　　　(1) 부동산 중개업자의 주의의무에 관한 판례의 태도 ···· 223

　　　(2) 보험중개사에 대한 검토 ···································· 227

Ⅱ. 위임계약이행의무 ·· 236

Ⅲ. 지시 복종의무 ··· 246

Ⅳ. 설명·공시 의무 ··· 248

Ⅴ. 인도 의무 ·· 254

Ⅵ. 결약서 교부의무 ··· 255

Ⅶ. 기타 의무(견품보관의무, 성명·상호묵비의무, 개입의무)

　　부담여부 ·· 257

제2절 보험중개사의 책임 ································· 259

Ⅰ. 채무불이행책임 ··· 260

　1. 요　　건 ·· 261

　2. 효　　과 ·· 265

　　(1) 손해배상책임 ··· 265

　　(2) 기타 효과 ·· 269

Ⅱ. 불법행위책임 ·· 270

　1. 사용자책임 문제 ··· 272

　2. 위자료청구 문제 ··· 272

　3. 배상청구권자의 우선변제권과 지급절차의 특례 ········· 274

　4. 제3자에 대한 불법행위 문제 ····················· 274

Ⅳ. 감독법상 책임 ·· 275

　1. 행정상 명령·처분 ······································ 275

　2. 행정형벌 ·· 276

　3. 행정질서벌 ··· 276

Ⅴ. 책임제한의 문제 ··· 278

제6장 결　론 ··· 295

참 고 문 헌 ··· 301

제1장 서 론

제1절 연구의 목적

보험자와 보험계약자간에는 보험계약의 내용에 관한 정보의 비대칭성으로 인하여 공정한 보험계약의 체결과 이행에 있어서 많은 오해가 존재해 온 것이 사실이다. 복잡한 구조를 지닌 보험상품을 보험계약자 스스로 인식하고 판단하여 공정한 보험계약을 체결하기를 기대하는 것은 기존의 보험모집인이나 보험대리점에 있어서는 그 보험모집조직이 보험자의 직접적인 지휘감독을 받는다거나 보험자의 선택가능성이 제한되어 있다는 점에서 일정한 한계가 있었다. 그러한 점에서 보험자로부터 독립된 영업자인 보험중개사[1]는 우리의 보험계약법에 있어서 대단히 새로운 의미를 지니고 있고, 앞으로의 보험업의 변화와 발전에 중요한 매개역할을 할 수 있다고 할 것이다.

보험중개사의 법적 지위를 규명하는 본 연구의 목적은 다음과 같은 보험중개사의 특징에서 추출된다.

첫째, 보험중개사의 다른 모집조직과의 차이이다.

보험중개사는 상법상 중개인에 해당하는 독립적인 상인으로서 중개위임계약의 법률관계를 형성하는 자이지만 보험계약당사자 특히

---

1) 본시 이 제도가 도입될 당시에는 '보험중개인'이라고 칭하였으나 개정 보험업법에 의하여 '보험중개사'로 용어가 바뀌었으므로 이하에서는 '보험중개사'로 쓰기로 한다.

보험계약자를 위하여 보험계약법상의 행위를 할 수 있는가? 특히 보험계약당사자의 대리권의 유무, 보험계약의 성립과 그 이후 보험계약의 법률관계에서의 구체적 권한 유무가 그와 관련하여 논의되어야 할 점이다.

둘째, 보험중개사는 상법상 중개인과의 관련성을 고려할 때 상법상의 중개인에 속하면서도 보험계약법상 관행적인 거래의 특수성으로 인한 독특한 성격을 지니고 있는바, 그 법적 성격을 구체적으로 밝혀야 한다. 이는 보험중개행위에 대한 적용법규의 문제, 보험중개사의 주의의무의 내용과 정도에 관한 문제, 책임발생의 요건과 보험계약당사자에 대한 손해배상책임의 문제와 실천적으로 관련되어 있다.

셋째, 보험중개사의 법적 지위의 규명에는 보험중개사의 직업적 전문성이 전제되어야 한다는 점이다.

기존의 보험모집조직의 관점에서 보아 새로운 보험영업자로서의 보험중개사는 보험계약자와 보험자에게 어떤 전문적 서비스를 제공할 수 있는가? 보험중개사의 전문화된 능력과 광범위한 업무범위가 보험중개사의 권한, 의무, 책임 등의 법률관계에도 일정한 영향을 미친다고 보아야 할 것인가? 하는 점이 보험중개사의 직업적 전문성과 관련된 중요한 사항으로 될 것이다.

넷째, 보험중개사의 업무는 국제적 거래의 특징을 지니고 있다는 것이다. 보험계약에 있어서는 재보험뿐만 아니라 원보험에서도 국제적 거래 또는 그 거래유인이 강력히 존재하고 있으나 특히 보험자에 예속되지 않는 보험영업자인 보험중개사에 의해 이는 더욱 촉진될 것으로 보인다. 그에 따라 보험중개사의 법적 지위의 규명은 국내법에 대한 고찰만으로는 충분하지 않고 제외국의 법규와 거래관행을 종합적으로 고려해야 한다.

또한 본 연구에 있어서는 보험중개사 제도의 도입으로 인해 보험중개사가 보험영업의 긍정적 변화의 새로운 매개체로 기능하기를 기대하고 있는바, 이는 다음과 같은 보험중개사의 여러 장점에 주목하기 때문이다.

(1) 보험계약자의 보호

기존의 보험계약체결 관행과 비교할 때 보험계약자는 보험중개사를 이용하여 보험자와 계약을 체결함으로써 그 자신의 보호를 강화하는 계약법적 지위에 서게 될 가능성이 예견된다. 보험중개사는 보험회사의 지휘를 받지 않고 독립적으로 영업활동을 전개하기 때문에 그 전문성이 필수적인 요건이 될 뿐만 아니라 직업윤리 또한 매우 중시되고 있다. 예컨대 영국의 보험중개사등록법(Insurance Brokers Registration Act: IBRA)에 따른 보험중개사의 행위 규범에는 i) 최대의 선의와 성실성에 의한 업무의 수행, ii) 보험중개사 명칭사용의 제한, iii) 보험계약자에 대한 계약 설명 의무, iv) 충분한 수의 보험자의 물색 의무, v) 보험계약자 청구 시의 수수료 설명 의무, vi) 보험계약자에 대한 정보의 묵비 의무 vii) 계약서 작성 시 보험계약자의 보험중개사에 대한 책임에 대한 설명 의무, viii) 단일보험자광고의 금지, ix) 광고 시 보험중개사 자신에 대한 공시 의무 등이 규정되어 있어 엄격한 직업윤리와 전문성이 보험중개사에게 필수적으로 요구되고 있다. 따라서 같은 보험영업방식이라도 보험중개사는 보험대리점보다 전문성이나 직업윤리에서 우월한 것으로 평가되고 있다.[2] 또한 보험중개사는 전업직종으로 운영되는 경우가 많고 보험계약의 체결을 중개하거나 대리하는 업무뿐만 아니라 보험의 전문가로서 보험금청구를 대행하는 등의 광범위한 서비스를 제공할 수도 있다. 그리고 보험중개사는 한 보험회사에 전속되어 연고모집을 하는 것이 아니라 보험계약자에게 가장 유리한 보험자를 물색해야 하는 의무를 지고 있다는 점에서 종래의 모집방식에 비해 보험계약자가 보호될 가능성이 훨씬 크다는 점에 주목한다. 특히 보험중개사는 모든 보험회사와 모든 보험상품을 취급하므로 객관적인 비교설명 의무에 입각하여 보험계약에 대한 설계와 조언을 하는 것이므로 보험계약자는 다양하고 정확한 정보를 얻을 수 있다. 그리하여 고객인 보험계약자는 종래의 계약상 수동적 지위에서 능동적 지위로 발전할 가능성을 갖게 될 것이다.

(2) 보험자의 경쟁력제고

기업에 있어서 상대적으로 적은 고정비용은 기업의 안정성을 나타낸다. 보험중개사의 경우, 보험대리점이나 보험모집인의 경우보다 훨씬 적은 고정비용으로 거래를 할 수 있다는 점에서 보험사업자의 비용을 절감할 수 있다는 장점이 있다.[3] 보험대리점이나 모집인은 모집수당 이외에도 일정한 고정급이나 각종 물적·인적 지원비 부담을 보험자에게 부과하였으나 보험중개사는 보험자와는 전혀 독립적으로 경영을 수행하는 전문적인 상인인 까닭에 보험자로서는 이러한 부담이 없다. 또한 보험중개사의 불법행위가 성립하는 경우에도 그 책임이 보험회사에 전가되지 않는다는 장점이 있다.

---

2) 강원희, "보험판매채널의 다양화에 따른 당면과제", 보험학회보 제124호, 1997, 3면.

3) R. L. Carter, Economics & Insurance, 2nd ed., Kluwer Publishing, 1978, ch. 5 참조.

그리고 과거의 여성모집인을 주축으로 한 보험판매제도가 보험에 대한 일반국민의 낮은 인지도의 풍토에서 연고모집의 관행을 조성하고 이는 결국 보험계약자의 보험계약의 높은 해약율과 모집인과 대리점의 잦은 이직으로 나타나 보험산업의 고비용·저효율의 한 원인으로 작용한 것이 사실이다. 그리고 직급 판매조직의 문제 즉 인건비 등 고정경비와 리베이트, 업무추진비 집행 등의 낭비 그리고 대리점 조직의 방대한 사무실지원비 등을 고려할 때 보험중개사 제도의 활용은 보험업자의 비용을 절감하여 국내, 국외의 보험자와 유리한 경쟁체제를 구축하는 데도 도움이 될 것이다.

(3) 기존 모집조직의 혁신의 계기

기존의 주요한 보험모집조직인 직급, 보험모집인, 보험대리점도 새로운 모집조직인 보험중개사의 활동에 의해 구태에서 벗어나 새롭고 진취적인 보험모집을 지향할 수 있을 것이다. 이러한 기존의 보험모집조직은 보험중개사라는 새로운 조직과 그 업무 영역을 공유한다는 점에서 필연적으로 경쟁적인 관계에 서게 될 것이므로 보험회사와의 인적·물적 관련성에 의해 유지되어 온 미약한 자립상태에서 벗어나는 좋은 계기가 될 수 있을 것으로 본다.

제2절 연구의 범위와 방법

Ⅰ. 연구의 범위

1. 보험중개인의 보험계약법적인 법률관계(보험중개사의 권한, 권리, 의무, 책임)를 주된 연구범위로 하였고 보험중개사에 관한 경제학적, 경영학적, 정책적, 보험수학적 접근은 배제하였다. 이러한 과제에 대해서는 인접 학문에서의 연구를 기대한다.

2. 보험중개사에 대한 감독법규의 설명은 주로 행정법적 논의에 치우치기 쉬운 것이므로 보험중개사의 의무내용과 책임발생의 근거로만 고찰하고 또 보험중개사의 권한에 관계되는 부분의 감독법규는 그 법적 성질을 계약법과의 관련성에서만 검토하였다.

3. 거래의 관행과 이론구성은 국내외에서의 보험거래의 관행과 재판에서 나타난 쟁점을 구체적으로 고찰하되 이러한 고찰은 보험중개사의 법적 지위를 이론적으로 구성함에 유용한 범위에서만 접근하였다.

4. 국내법에서의 보험중개사의 법적 지위와 외국법에서의 법적 지위 중 전자에 목표를 두고 후자는 전자와의 관련 부분으로만 소개하도록 노력하였다.

Ⅱ. 연구의 방법

본 연구의 방법은 문헌적 연구와 실사연구(면접)에 의존하였다.

1. 국내문헌은 보험모집조직에 관한 단행본과 학술논문을 참고하였다. 이들 문헌을 통하여 보험중개사의 지위에 관한 보험법학계와 보험업계의 시각을 파악할 수 있었다.

2. 외국문헌은 보험, 보험모집조직(보험중개사 포함)에 관한 단행본과 논문을 참고하였다. 이러한 노력은 영국, 미국, 독일, 일본 등에서의 보험중개사에 관한 입법과 관행을 이해함에 유용하였다.

3. 판례는 (1) 국내의 보험중개사에 관한 판례는 거의 없어서 다른 보험모집조직(보험모집인, 보험대리점)의 법적 지위에 관한 판례, 중개인(상사중개인, 민사중개인)의 법적 지위(특히 의무, 책임)에 관한 판례를 참고하고 (2) 외국의 판례는 영국, 미국, 독일, 일본의 판례를 통하여 그 나라의 법규와 거래관행에서의 보험중개사의 법적 지위를 파악하도록 노력하였다.

4. 실사연구(면접)

보험중개사의 법적 지위에 관한 관계, 업계의 견해를 이해하고자 다음과 같은 이들과 면담하였다.

(1) 보험중개사제도 도입입법에 관여한 사람

(2) 한국계 보험중개회사

(3) 외국계 보험중개회사

(4) 한국계 보험자(보험회사)의 보험중개담당자

(5) 금융감독위원회의 보험감독업무 담당자

III. 연구의 구성

본 연구의 구성은 다음과 같다.

제1장의 서론에 이어 제2장에서는 보험중개사의 개념을 정의하고 보험중개사가 상법상 중개인인지의 여부, 중개계약의 법적 성질을 설명하였으며, 보험모집인·보험대리상과 구별하여 그 특성을 밝히고자 하였고 보험중개사의 유형을 취급보험종목과 조직형태별로 구분하였다. 그리고 우리나라에 있어서의 보험중개사제도의 연혁과 현황을 밝혔다.

제3장에서는 외국 보험중개사제도의 연혁과 현황, 법적 지위와 규제내용을 우리 법과의 비교 목적으로 소개하였다.

제4장에서는 보험중개사의 권한과 권리에 관하여 논하였다. 우선 보험중개사의 권한으로서 중개인의 일반적 지위를 개관한 다음 보험중개사가 보험계약당사자의 대리인이 될 수 있는지를 먼저 검토하고 그 개별적인 사항으로 보험중개사의 보험계약체결권 유무, 고지권한(의무) 유무, 보험료수령권 유무, 보험금청구권 유무에 대하여 구체적으로 고찰하였다. 그리고 보험중개사가 보험자의 수권여하에 따라 보험자의 대리인이 될 수 있는지와 그 구체적인 사안으로 보험료 수령권·소손해 사정권 등에 대해 설명하였다. 보험중개사의 권리의 문제로는 수수료 등 보수청구권과 유치권의 성립요건과 그 내용을 검토하였다.

제5장에서는 보험중개사가 보험계약당사자인 보험계약자와 보험자에 대하여 어떠한 의무를 부담하는가와 그 위반 시의 책임에 대하여 설명하였다. 보험중개사의 의무에 관해서는 특히 선관주의의무, 위임계약이행의무, 지시복종의무, 설명·공시의무, 인도의무와 결약서 작성교부의무와 상사 중개인에 관한 견품보관의무 등 기타의 의무의 부담여부에 대해 검토하였다. 보험중개사의 책임에 관해서는 통상 보험중개사는 보험계약자나 보험자와 일정한 중개계약을

체결하는 당사자라는 점에서 채무불이행책임을 지는 경우가 있고, 업무수행상의 고의과실로 인해 타인에 대한 불법행위를 구성할 수 있다는 점을 밝혔다. 나아가 감독법규에 의해서도 보험중개사의 일정한 책임이 성립할 수 있다는 것을 설명하였다.

　제6장에서는 이상에서 논의된 사항을 토대로 하여 결론을 도출하였다.

제2장 보험중개사의 의의

제1절 개 념

I. 정 의

보험중개사(insurance broker, Versicherungsmakler)라 함은, 불특정 다수의 보험계약자 또는 보험자로부터 위임을 받아 보험계약자와 보험자 사이의 보험계약의 체결을 중개하는 것을 영업으로 하는 독립적 상인을 말한다. 따라서 일정한 보험자로부터 위임을 받아 보험계약의 체결을 계속적으로 대리 또는 중개하는 것을 영업으로 하는 보험대리점(상법 제87조, 보험업법 제2조 제9호)과 다르고, 1인의 보험자에 전속하여 보험계약의 체결을 계속적으로 중개하는 보험모집인4)과도 다르다.

보험업법 제2조 제10호는 "보험중개사라 함은 독립적으로 보험계약의 체결을 중개하는 자(법인이 아닌 사단 또는 재단을 포함한다)로서 제89조의 규정에 의하여 등록된 자"라고 규정하고 있다.5) 따

---

4) 보험업법 개정으로 보험설계사로 명칭이 변경되었다.
5) 1996년 제정된 일본보험업법 제2조 제15항에 의하면「보험중개사가란 보험계약의 체결의 매개에 있어서 생명보험모집인 및 손해보험모집인이 그 소속 보험회사를 위해 행하는 보험계약의 체결의 매개 이외의 것을 행하는 자」라고 하고 있어서 우리나라 보험업법에서의 보험중개사의 개념정의보다 넓게 규정하나 우리의 보험중개사의 업무

라서 보험중개사가 되기 위해서는 소정의 자격요건을 갖추어 금융감독위원회에 등록하여야 한다. 한편 뉴욕주 보험법 제2010조는 보험중개사를 "소정의 보수나 수수료를 받고 자기 외의 보험계약자를 위하여 보험계약의 체결을 권유, 교섭 또는 주선하거나 위험의 판정 또는 보험가입에 조력하는 자"로 규정하여 보험중개사의 개념정의를 하는 한편으로 보험중개사가 보험계약자를 위한 보험모집조직임을 분명히 하고 있다. 우리나라의 경우에도 보험중개사는 보험계약자를 위한 조직으로 보고 있지만, 구체적인 수권이 없는 한, 영·미 국가에서처럼 보험계약자를 위하여 보험계약의 체결을 대리할 수 있는 권한까지 부여된 것으로는 볼 수 없다는 점에서 그 차이가 있다. 이는 보험중개사가 영·미법상의 보험중개사(insurance broker)제도와 그 연혁법적 성질을 달리하는 데서 오는 차이로 이해해야 할 것이다.

Ⅱ. 상법상 중개인 여부

보험중개사에 대해서는 상법의 특별법인 보험업법과 부속법령에서 규정하고 있지만(보험업법 제2조 제10호, 제89조 내지 94조 등) 보험업법과 그 부속법령은 그 입법목적이 보험사업의 효율적인 지도 감독에 있다는 점에서(보험업법 제1조 참조) 보험중개사의 법적 성격의 규명과 그에 따른 권한범위, 권리, 의무, 책임 등의 법률관계의 설명에는 미치지 못한다. 보험중개사가 '중개인'이라는 명칭을

영역도 동법상의 개념정의에 구속적으로 한정되지는 않으리라는 점에서 결국은 그 차이가 없다고 본다.

사용하고 있다는 외관상의 표현에서뿐만 아니라 상법상의 중개인에 해당하는지 여부가 실천적으로 문제되는 것은 이러한 까닭에서이다. 이하에서 구체적으로 보험중개사가 상법상의 중개인에 해당하는지를 보험업법 제2조 제10호와 상법 제93조의 규정을 토대로 살펴보기로 한다. 상법에 의하면 중개인은 「타인 간의 상행위의 중개를 영업으로 하는 자」이다(상법 제93조). 상법상 중개인의 개념을 토대로 하여 보험중개사의 개념과 업무내용을 비교하여 보험중개사가 상법상 중개인에 해당하는지 여부를 분석한다.

1. 「중개」행위

보험중개사는 보험자와 보험계약자의 사이에서 보험계약의 체결을 「중개」하는 자이다. 보험상품의 특성은 일반적인 상품과 달리 보험사고가 발생하지 않으면 상품의 구체적인 효용이 잘 나타나지 않는 데 있으므로, 일반계약자가 그 보험상품의 내용을 사전에 파악하기 어렵다. 또한 보험사업 자체는 위험에 대한 고도의 이해와 그러한 이해를 뒷받침하는 법적, 경제적 제도의 존재가 있어야만 성립하고 안정적으로 발전할 수 있다. 이러한 보험계약의 복잡성과 무형적 특성은 공급자와 소비자를 매개할 별도의 독립적인 참여자를 필요로 하게 된다. 이를 구체적으로 살펴보면 보험자인 보험회사의 입장에서는 보험상품의 특성에 맞추어 기호가 다양하고 넓은 지역에 분포한 보험소비자를 상대로 판매활동에 전문적으로 종사하는 자를 필요로 하며, 구입자인 보험계약자로서는 보험제도의 성격이나 보험약관의 내용에 대한 이해가 부족하고 보험계약상 필요한 행위에 대하여 능동적으로 대처하는 경험이 부족하여 이러한 지식과 경험을 소유하고 자신의 수요에 합당한 보험상품을 선택함에 도움을 주는 보조적 존재를 필요로 하게 된다. 보험중개사는 보험자와 보험계약자 사이에서 그러한 욕구를 충족시켜 주는 매개자로서 출현하였다. 즉 보험중개사는 계약의 양 당사자 측에서 갖지 못한 보험에 관한 전문적인 지식과 경험으로 인하여 다른 영역에서의 중개인보다 더욱더 중개활동을 적극적이고 광범위하게 수행하는 특질을 갖게 되었다. 보험계약체결에서의 보험중개사의 구체적인 업무처리내용을 본다면 다음과 같다.6)

ⅰ) 보험회사와의 중개위탁계약을 체결한다.

ⅱ) 보험계약자에게 보험가입의 권유를 한다.

ⅲ) 보험계약자와 중개위탁계약체결을 한다.

ⅳ) 보험계약자의 욕구와 희망부보내용을 청취한다.

ⅴ) 보험계약자의 위험을 분석하고 보험가입내용을 기획한다.

ⅵ) 보험계약자와 계약조건을 설정한다.

ⅶ) 보험회사에게 중개인 지명장을 제시하고 복수의 보험회사와 교섭한다.

ⅷ) 보험계약자에게 보험구매 계획서를 교부한다.

ⅸ) 보험계약자가 보험회사, 보험상품을 최종선택하여 청약서를 작성한다.

ⅹ) 보험회사에게 보험회사의 선택을 통지하고 그 청약서를 송부한다.

ⅺ) 보험회사가 보험중개사에게 인수 의사를 통지한다.

---

6) 기홍철, "보험중개사제도의 의의와 활성화방안", 보험학회보 제128호, 1998, 22면 참고.

xⅱ) 보험회사의 인수의사 표시를 보험중개사가 보험계약자에게 전달한다.

xⅲ) 보험계약자가 보험중개사에게 보험료를 지급한다.

xⅳ) 보험중개사가 보험료를 보험자에게 전달한다.

xⅴ) 보험회사는 보험중개사에게 영수증을 발행한다.

xⅵ) 보험중개사가 보험계약자에게 영수증을 전달한다.

xⅶ) 보험중개사가 보험계약자와 보험자 모두에게 결약서를 작성하여 교부한다.

xⅷ) 보험자가 보험중개사에게 보험증권을 발행한다.

xⅸ) 보험중개사가 보험계약자에게 보험증권을 교부한다.

xx) 보험중개사가 보험자에게 수수료를 청구하고 지급받는다.

이와 같이 보험중개사는 계약체결을 위하여 이해관계자를 탐색하고, 교섭에 임하는 당사자의 의사결정에 영향력을 행사하는 등 보험계약의 성립을 위한 다양하고 계속적인 준비활동을 한다고 할 수 있으므로 그의 행위는 「중개」행위에 해당한다.

2. 「타인 간의 상행위」의 중개

(1) 「상행위」의 중개

상법상의 중개인이 되기 위해서는 중개대상인 계약의 적어도 일방당사자의 행위가 상행위여야 하고[7] 그 행위는 영업적 상행위여

---

7) 양승규·박길준, 상법요론(제4판), 삼영사, 1997, 136면; 최기원, 상법학 신론(상), 박영사, 1998, 259면; 정찬형, 상법강의(상), 박영사,

32

야 하며 보조적 상행위는 포함되지 않는다고 본다.[8] 이는 상행위편
의 중개인에 관한 규정이 반복되는 상행위의 중개를 예정하고 있기
때문이다. 토지, 가옥의 중개와 같은 상행위 이외의 행위를 중개함
을 영업으로 하는 이른바 민사중개인은 상법 제46조 제11호에 해당
하는 상행위를 영업으로 하는 상인이라고 할 수는 있으나 상법상의
중개인이라고는 할 수 없다.[9] 보험중개의 경우 보험중개사가 중개
하는 보험계약자와 보험자 중 적어도 보험자는 보험업법 제5조 제2
항에 의하여 주식회사, 상호회사, 외국보험사업자에 한하고 상호회
사의 경우에는 보험계약자와 사원의 범위가 일치하고 보험계약체결
의 관념, 보험계약체결의 중개나 대리는 상정하기 어려우므로 결국
주식회사와 외국보험사업자로 범위가 축약된다. 외국보험사업자는
주로 본점이 아니라 지점의 형태로 우리나라에 진출할 것이 예정되
나, 보험업법 제2조 제7호에서 그러한 지점 형태의 외국보험사업자
도 보험업법에서 규정하는 보험사업자로 볼 뿐만 아니라 지점에서
의 영업도 본점으로부터 분리되어 영업활동을 할 수 있는 조직으로
그 독립성을 인정하기 때문에 주식회사의 상행위성과 함께, 그 상
행위성을 인정함에 아무런 문제가 없다. 영리보험회사의 경우에는
이와 같이 보험자가 주식회사이므로 그가 하는 보험계약의 체결은
상행위(상법 제46조 제17호)에 해당하여 그를 보험중개한 행위는
상사중개가 될 것이다.

1999, 269면: 강위두, 상법요론, 형설출판사, 1997, 136면.

8) 서돈각, 제3전정 상법강의(상), 법문사, 1985, 190면: 손주찬, 전정 증보
   판 상법(상), 박영사, 1986 312면: 정희철·정찬형, 제2개정판 상법원
   론(상), 박영사, 1997, 263면: 임홍근, 상행위법, 법문사, 1989, 666면:
   강위두, 상법총칙·상행위법(제2전정판), 형설출판사, 1988, 323면.
9) 정찬형, 앞의 책, 269면.

(2) 「타인 간」의 상행위의 중개

보험중개사의 행위가 (상사)중개인의 행위로 평가되기 위해서는 「타인 간」의 행위를 중개하여야 한다.

① 중개인은 자신이 당사자가 되는 계약을 체결하는 자가 아니라 타인의 계약체결을 매개하여 촉진하는 자이기 때문이다. 「타인 간」의 계약체결을 중개해야 한다는 것은 「중개」라는 개념정의로부터 필연적으로 도출되는 개념이고 보험중개사의 경우에도 이러한 개념정의를 충족함에는 별 문제가 없어서 보험중개사도 상법상의 중개인이리고 할 수 있다. 이 개념적위 한계와 함께 보험중개사가 자기나 자기를 고용하는 자의 보험중개를 하는 것은 다른 보험계약자의 보호나 보험계약질서의 건전성유지를 위해서 일정한 제한이 있어야 한다. 또 보험의 원리에서 단순히 보험료 할인을 받기 위해서 자기 중개인을 둔다면 보험모집질서를 문란케 하는 것이 될 뿐만 아니라 자기 중개사가 남설될 때 일반계약자는 보험자와의 관계에서 불평등하고도 과중한 보험료를 부담하게 되어 보험계약상 평등의 원리에도 반한다고 하겠다.[10] 또한 전업의 보험중개사를 육성하기 위해서도 자기 자신 또는 자기 자신과 일정한 관련을 가진 자를 보험계약의 당사자로 하는 것은 바람직하지 않은 것이다. 그리하여 보험업법 제101조에서 보험중개사는 보험대리점과 같이 그 주된 목적으로서 자기나 자기를 고용하고 있는 자를 보험계약자 또는 피보험자로 하는 보험을 모집하지 못한다고 규정한다. 이 경우에도 자기 보험중개를 전적으로 금하는

---

10) 노상봉, 1998년 개정 보험업법 축조 해설, 1998, 498면.

것이 아니라 일정한 한도의 자기보험중개만 금지하는 것으로 정책적인 목적을 달성하고자 도모하고 있다.[11]

② 중개인의 중개대상인 「타인 간의 행위」는 불특정 다수인의 행위이다. 널리 타인 간의 상행위의 중개를 하고 중개위탁을 하는 쌍방의 당사자 모두 특정되어 있지 않다는 점에서 대리상(상법 제87조) 특히 중개대리상과 구별된다. 그리하여 중개인을 「순간적 중개인」이라고도 한다.[12] 보험중개에 있어서 보험계약자와 보험자는 모두 특정되어 있지 않다. 비록 보험중개사가 업무의 편의상 보험자와 업무계약을 체결하여 그 업무계약을 체결하지 않은 보험자와의 거래는 기피한다거나 보험중개사가 보험계약자로부터 대리권을 수여받아 그의 대리인으로 활동하는 경우에도 다른 보험자나 보험계약자와의 거래가 언제든지 법적으로 아무런 장애 없이 가능하다는 점에서 보험중개사의 고객인 보험자와 보험계약자는 소수의 제한된 범위로 한정될 수 없고 언제나 「불특정」한 상태로 남아 있다고 할 수 있다. 보험계약자 측에서는 보험중개사에 대하여 보험자로부터 독립하여 공정한 중개를 해 줄 것으로 기대하는 것이어서 그 기대와 신뢰를 보호하기 위해서도 필요한 것이다.

---

11) 보험업법 제101조 제2항은 「보험중개사가 모집한 자기 또는 자기를 고용하고 있는 자를 보험계약자 또는 피보험자로 하는 보험의 보험료 누계액이 당해 보험중개사가 모집한 보험료의 누계 100분의 50을 초과하게 된 때에는 당해 보험중개사가 자기나 자기를 고용한 자를 보험계약자 또는 피보험자로 하는 보험을 모집하는 것을 그 주된 목적으로 한 것으로 본다」고 하여 금지하는 자기보험중개 등의 상한선을 50%로 설정하고 있다.
12) 정찬형, 앞의 책, 259면.

3. 보험중개사의 독립성 문제

(1) 의의와 취지

보험중개사는 보험계약을 주선함에 있어서 양 당사자로부터 중립적인 입장 즉 독립적인 지위에 있어야 할 것이 요구된다(상법 제93조 이하 참조). 이는 중개인의 개념 중 「타인 간」의 상행위의 중개를 영업으로 한다는 측면에서도 요구되는 것이지만, 계약당사자로부터 중립성을 유지한다는 것은 「타인 간」의 상행위의 중개가 유지되는 범위 내에서도 추가적으로 요청될 수 있는 것이나. 이는 계약당사자로부터 영향을 받지 않고 공정한 계약체결을 하게 하기 위함이다. 상법 제93조 이하의 규정도 이러한 중개인의 중립성, 독립성을 전제하는 규정들이다. 이러한 중개인의 중립성과 독립성은 대리상 특히 중개대리상과 크게 구별되는 표지이기도 하다. 즉 중개대리상은 중개행위를 업으로 하는 독립된 상인이지만 일정한 상인을 위하여 상시 중개행위를 해야 한다는 점에서 중개인으로서의 독립성이 결여되어 중개인과는 구별된다.

(2) 보험중개사의 경우

영·미에서는 보험중개사를 보험계약자의 대리인이라고 보는 것이 다수의 견해이지만,[13] 우리 보험업법이나 상법은 그렇게 규정하

---

13) Edinburgh Assur. Corp. v. R. L. Burns Corp., 479 F. Supp.138, 144-47. 151(C. D Cal. 1979); Howard Fuel v. Lloyd's Underwriters, 588 F. Supp.1103, 1106 n.7, 1108(S.D.N.Y. 1984); Thebes Shipping, Inc. v. Assicurazioni Ausonia SPA, 599 F. Supp.405, 409(S.D.N.Y. 1984); Craifie v. Firemen's Ins. Co. of Newark, N. J., 191 F.

고 있지는 않다. 다만 당사자의 특약에 의해서 보험중개사가 보험계약자의 대리인이 되는 것은 가능하다고 할 것이고 보험중개사의 전문적 능력과 보험계약자의 수요에 비추어 보아 보험계약자의 보험중개사에 대한 대리권 수여는 경제적, 사회적 관점에서도 필요하다고 할 것이다. 이 경우 문제로 되는 것은 보험계약체결의 중개를 영업으로 하는 보험중개사가 그 계약당사자 특히 보험계약자의 대리인이 됨으로써 중개인에게 요청되는 계약당사자로부터의 독립성을 상실한다거나 중립성을 훼손하여 상법상의 중개인으로 볼 수 없게 되는가이다.

생각건대 상법 제93조 이하 규정에서의 중개인의 중립성 요청을 중개인이 계약당사자 중 누구와도 관계 맺지 않는다는 형식적 의미의 중립성보다는 공정한 거래를 기하는 실질적 의미의 중립성 요청으로 이해해야 한다고 본다. 상법 제94조에서도 중개인이 중개한 행위에 관하여 당사자를 위하여 지급 기타의 이행을 받지 못한다고 본문에서 정하고 있으나, 곧이어 단서에서 다른 약정이나 관습이 있으면 그러하지 아니하다고 한다.

중개인의 독립성은 반드시 강행법적으로 요구되는 사항이 아니며, 당사자의 편의나 사정에 따른 대리권의 부여는 인정되어야 할 것으로 본다. 보험중개사가 보험자로부터 수권을 받아 보험료수령권 등을 대리하는 경우에도 특정의 보험자에 얽매여 보험계약의 체결에 진력해야 하는 의무를 지는 것이 아닌 점에서 보험대리점과 구별되고, 보험계약자의 대리권을 가지는 경우에도 그 밖의 불특정

Supp.710(D. Minn. 1961); Rich Maid Kitchens, Inc. v. Pennsylvania Lumbermen's Mut. Ins. Co., 641 F. Supp.297, 303(E. D. Pa. 1986); Owens v. Aetna Life & Casualty Co., 654 F. 2d. 218, 220(3d Cir.), 등의 판례.

한 보험계약자와도 거래할 수 있다는 점에서 그 보험계약자만에 종속되는 것은 아니라고 해야 하므로, 그 독립성은 유지되고 있다고 해야 한다. 다만 이 경우 중개인으로서의 지위와 대리인으로서의 지위가 중첩, 양립하므로 구체적인 법률관계는 각각의 지위에 따라 모두 발생하게 된다고 본다. 우리 보험업법상의 취지도 보험중개사가 보험계약자로부터 독립적으로 활동해야 한다는 것보다는 기존의 보험모집이나 보험대리점과 달리 보험자로부터 독립적이어야 한다는 것으로 봐야 할 것이다(보험업법 제101조 참조).

일본 보험중개사의 경우에도 그 개념정의(일본보험업법 제2조 제15항)는 우리와 유사하나 보험중개사가 보험계약자 측에서 활동하는 것이 가능하다고 보고 있다.[14]

이상의 논의에서 살핀 바와 같이 보험중개사는 ① 「중개」행위를 하는 자이고, ② 「상행위」의 중개를 하는 것이며, ③ 「타인 간」의 상행위를 중개하고 있고, ④ 보험계약당사자인 보험계약자나 보험자와 업무계약을 체결하거나 대리권을 수여받는 관계에 있다고 할지라도 그 「독립성」을 유지하는 법적 지위에 있다고 판단되고 보험중개사는 상법상의 중개인에 해당한다고 할 수 있다. 그러나 구체적인 경우에 계약당사자 특히 보험계약자로부터 대리권을 수여받은 때에는 보험계약의 체결을 대리할 수도 있고, 이때에는 상법상 중개인에 관한 규정의 적용이 일부 배제될 수 있다고 본다.

---

14) 保險每日新聞社, 新保險業法 Q&A, 1996, 148頁.

Ⅲ. 보험중개계약과 위임관계

1. 중개계약의 법적 성질

중개계약이라 함은, 상행위의 중개를 위탁하는 자가 중개인에게 중개로 인하여 계약이 성립하면 일정한 보수를 지급하기로 하고 중개인은 중개인수를 하기로 한 합의를 말한다.[15] 중개계약의 법적 성질은 중개인이 중개인수를 한 것이 일방적 중개계약에 의한 것인지 쌍방적 중개계약에 의한 것인지의 여부에 따라 달리 논해져야 한다.

일방적 중개계약(einseitig verpflichtender Handlelsmaklervertrag)이라 함은 본계약(중개로 인하여 성립되는 계약)의 일방 당사자의 위임(이를 '일방적 위임'(Alleinauftrag)이라 한다)만이 있는 중개계약이고, 쌍방적 중개계약(zweiseitig verpflichtender Handlelsmaklervertrag)이라 함은 본계약의 양 당사자의 위임(이를 '쌍방적 위임'(Doppelauftrag)이라 한다)이 있는 중개계약을 말한다. 일방적 중개계약의 경우에는 중개인이 위임자를 위하여 본 계약의 성립에 진력해야 할 의무까지는 지지 않고 단순히 정보를 제공하는 정도의 의무를 지는 데 반해, 쌍방적 중개계약의 경우에는 중개인이 본계약의 성립에 진력해야 할 의무를 지게 된다.

어떤 중개계약이 일방적 중개계약인지 쌍방적 중개계약인지는 구체적인 사정에 따라 결정해야 한다. 그러나 특약이 없는 경우와 구체적인 사정에 의해서도 결정할 수 없는 경우에는 어떻게 해석해야

---

15) Gierke-Sandrock, Handels-und Wirtschaftsrecht, 1975, S. 503.

할지가 문제된다. 대체로 우리나라에서는 쌍방적 중개계약으로 보는 견해가 우세하나,[16] 독일에서는 일방적 중개계약으로 보는 견해가 우세하다.[17]

쌍방적 중개계약의 법적 성질에 관해서는 이를 위임계약으로 보고 민법상 위임에 관한 규정이 적용된다는 견해가 통설이고,[18] 중개인의 보수청구권은 본계약이 성립한 경우에만 인정된다는 점을 들어 위임에 유사한 특수계약이라고 하는 견해도 있다.[19] 일방적 중개계약의 법적 성질에 관해서는 쌍방적 중개계약과 마찬가지로 위임에 유사한 특수계약(ein geschäftsbesorgungsähnlicher Vertrag sui generis)이라고 보는 견해가 있지만,[20] 중개인이 계약의 성립을 위한 진력의무를 지지 않고 계약의 성립이라는 일의 완성을 목적으로 하여 계약의 성립이라는 결과가 초래된 때에 보수를 청구할 수 있으므로 도급계약에 유사한 것으로 보는 견해도 있다.[21]

---

16) 정희철, 상법학(상), 박영사, 1989, 187면: 서돈각, 앞의 책, 191면: 손주찬, 앞의 책, 313면: 이기수, 상법학(총론·상행위), 박영사, 1996, 429면.
17) Gierke-Sandrock, Handels-und Wirtschaftsrecht, 9. Aufl., Walter de Gruyter &Co., Berlin, 1961, S. 504.
18) 서돈각, 제3전정 상법강의(상), 법문사 1985, 191면: 정희철, 상법학(상), 1989, 박영사, 176면: 손주찬, 전정증보판(개정상법) 상법(상), 박영사, 1984, 208면: 서정갑, 개정 상법(총칙·상행위), 일신사, 1986, 257면: 이병태, 전정상법(상), 법원사, 1988, 192면.
19) 임홍근, 상행위법, 법문사, 1989, 673면.
20) Gierke-Sandrock, a.a.O., S.504 그 이유는 중개인의 활동으로 인하여 계약이 성립하는 경우에 위임자는 중개인에게 보수를 지급하여야 하므로 중개계약이 위임에 유사한 특수계약이라고 한다.
21) 임홍근, 앞의 책, 673면.

2. 보험중개계약의 법적 성질

보험계약의 체결을 위한 중개는 보험계약자와 보험자 쌍방으로부터 위임을 받는 쌍방적 위임에 의하는 것이 보통이고, 보험계약자로부터만 위임을 받는 일방적 위임은 예외적인 것이 된다. 따라서 통상적으로 보험중개사가 보험계약의 체결을 위해 진력할 의무를 지게 되는 쌍방적 중개계약이 체결되는 것으로 보아야 할 것이고, 보험중개사의 의무를 보험계약의 체결을 위해 진력해야 하는 것으로 이해하는 것은 보험계약자가 보험에 관해 지식, 경험이 부족하고 보험중개사는 보험에 관한 전문적 지식을 갖춘 자임에 비추어 보험계약자의 신뢰를 보호해야 한다는 점에서도 타당하다고 하겠다. 그리고 이 쌍방적 중개계약은 보험중개사가 계약체결을 위해 성실히 노력해야 할 의무를 위임인에 대하여 진다는 면에서 사무처리의무를 부담하는 것과 같은 의미를 지니게 되고, 이는 민법상 위임계약을 체결한 것에 해당한다고 할 것이다. 다만 보험중개사의 보수에 관해서 본다면 보수청구권의 성립은 보험중개사에 대한 중개계약이 보험중개사의 중개로 인하여 보험계약이 체결되어야만 인정될 수 있다는 특색을 보이고 있어 순수한 위임계약이라고 할 수는 없고 위임계약의 성격을 가장 많이 지닌 특수계약이라고 할 것이다. 보험중개사의 보수청구권 성립요건에서만 보험계약의 성립을 요구한다는 점에서 보수 지급문제 이외의 법률관계에 있어서는 대체로 위임계약의 법리에 의해야 할 것이다.

3. 보험중개계약으로 인한 위임계약관계

(1) 위임계약관계의 성립

보험중개사는 보험계약자와 보험자 쌍방과 중개계약을 체결하는 것이 보통이고, 이로 인하여 보험계약자나 보험자와의 사이에 위임계약관계가 성립한다. 그 중개계약 시에는 보수청구권에 관한 계약도 병행하여 체결하는 것이 보통이다.

A. 보험중개사의 보험자와의 위임계약관계

보험회사가 보험중개사에게 중개 업무를 위임할 때에는 상호간의 원활한 업무수행을 위하여 양자간에 업무계약을 체결하는 것이 보통이다. 그 업무계약체결 전에는 보험회사와 보험중개사는 상대방의 신용능력을 심사한다.[22] 영국의 경우 1988년 보험회사를 대표하는 영국보험협회(The Association of British Insurers: ABI)와 보험중개사를 대표하는 영국보험·투자중개인협회(The British Insurance and Investment Broker's Association: BIIBA)는 양자의 이해를 조화시키고 보험계약자의 이익을 보호하기 위해 손해보험 통일표준업무계약서(Model Terms of Business Agreement for General Insurance: TOBA)를 작성하기로 합의하였다. 이러한 계약서는 영국에서의 보험중개사 업무계약에 관한 표준을 보여주고 있다. 이 계약서는 후일 발생할지도 모를 당사자 간의 분쟁에서 유력한 증거로 사용될 수 있을 것이다.[23]

---

22) H. Cockerell & G. Shaw, Insurance Broking and Agency, Witherby Co. & Ltd., 1979, p.66.
23) R. W. Hodgin, Insurance Intermediaries and the Law, Lloyd's of

B. 보험중개사와 보험계약자와의 위임계약관계

보험중개사의 업무가 복잡해지고 보험계약자와의 분쟁이 빈발하기 쉬운 현재의 환경에서는 서로간의 권리의무를 분명히 하는 명시적인 계약이 요청된다. 영국의 경우 종래에는 구두계약이 많이 행해졌지만, 최근에는 특히 다국적기업에 있어서 업무위임계약서(Broker's Letter)가 발행되는 예가 많아졌다. 그러나 아직도 보험중개사와 보험계약자 간의 중개계약은 보험중개사와 보험자 간의 계약처럼 정형화되지 않고 구두로 체결되는 예가 많다.[24]

(2) 위임계약관계의 소멸

중개계약은 각 당사자가 언제든지 해지할 수 있고(민법 제689조 제1항) 당사자 일방의 사망 또는 파산으로 종료하며, 수임인인 보험중개사가 금치산선고를 받은 때에도 종료한다(민법 제690조).

London, 1987, p.73 참조. 참고로 보험중개사 지명계약서를 예시하면 다음과 같다.

년 월 일

○○○주식회사귀하

보험중개사의 지명에 관하여

19 년 월 일 ○○○중개회사를 우리 회사의 손해보험계약에 관한 보험중개사로 지명합니다. 이 지명은 대한민국에 있어서 우리 회사의 현재 또는 장래의 사업에 관하여 적용됩니다.

이 지명에 의해 과거의 보험중개사지명은 그 효력을 상실합니다. 이 지명은 우리 회사의 서면에 의한 해약의 통고가 있지 않는 한 유효합니다.

24) R. W. Hodgin, op.cit., p.54.

Ⅳ. 보험모집인 및 보험대리점과의 구별

보험모집인은 일사전속제가 적용되고 계약체결의 대리권이 없으며 계약체결의 중개만 할 뿐이다.[25] 영국·미국에서는 특별한 반대약정이 없는 한 보험중개사는 보험계약자의 대리인으로 보기 때문에 보험계약자를 위한 '체약대리권'을 갖는다는 점에서도 보험모집인과 구별된다. 그러나 우리나라·일본·독일의 경우에는 보험중개사는 보험계약자로부터 특별한 수권이 없는 한 계약체결의 대리권이 없고 계약체결의 '중개권'만 갖는다는 점에서 보험모집인과 공통된다. 다만, 보험중개사는 보험회사와는 독립적이고 대능한 시위에서 보첩회사와 보험계약자 간을 중개하는 점에서, 보험회사에 전속되어 있고 비독립적으로 보험모집을 하는 보험모집인과 구별된다고 하겠다.

보험대리점은 보험계약의 체결권을 가지는 보험체약대리점과 중개만을 하는 보험중개대리점으로 나눌 수 있는 데 일반적으로 손해보험의 경우에는 보험체약대리점이 이용되고 생명보험의 경우에는 그 특수한 성격으로 인하여 승낙권을 보험자에게 집중시킬 필요에서 보험중개대리점이 많이 이용된다.[26] 그러나 보험중개대리점은 우리 현행법상 시행되지 않고 있다. 보험대리점은 독립한 상인이라는 점에서는 보험중개사와 같다. 그러나 보험대리점은 보험자와의 사이에 전속계약을 한다는 점에서 보험중개사와 다르다. 전속대리점은 물론이고 비전속대리점도 'independent' agency라는 표현과는 달리, 하나의 보험자에게 전속하지 않고 여러 보험자 사이에서의 선택의 폭만 인정될 뿐 그 대리점계약을 하지 않은 보험자와는 거래할 수 없다는

---

25) 양승규·장경환·정호열, 보험모집인의 법적 지위에 관한 연구, 서울대 법학연구소, 1996, 41면.

26) Keeton & Widiss, Insurance Law, 1988, p.36.

점에서 여전히 '전속적'인 성격을 지니고 있고, 대리점계약의 상대방인 보험자의 관리 통제를 받는다는 점에서는, 보험중개사와 크게 다르다. 즉 보험대리점은 '보험자를 위해' 계약을 체결하거나 중개하는데 반해, 보험중개사는 원칙적으로 '보험계약자를 위해' 계약을 체결(영국·미국의 경우)하거나 중개(우리나라·일본의 경우)한다는 점에서 구별된다. 다만 비전속대리점의 업무 영역은 보험중개사의 업무 영역과 상당한 정도 경합할 것이다.[27]

보험중개사를 비롯하여 보험모집인·보험대리점 등 기타 보험모집조직의 권한을 비교하면 다음 표와 같이 나타낼 수 있다.

[각종 보험모집조직의 권한 등 비교]

권한 등	직급 (직급)	모집인	전속 대리점	비전속 대리점	보험중개사*
보험자와의 관계	종속적	종속적	종속적	독립적	독립적
요율협상권	유	무	무	무	유
보험료수령권	유	무	유	유	무(유)
고지수령권	유	무	무	무	무(유)
체약대리권	유	무	유	유	무(유)
영업종목	기업성	가계성	가계성	가계성, 기업성	가계성, 기업성
불법행위에 대한 책임	보험자	보험자	보험자	보험자	자신

* 보험중개사의 보험료수령권, 고지수령권, 체약대리권에 대해서 보험업법시행규칙 제24조 제1호에서는 이를 부정하고 있으나 보험자의 구체적인 수권에 따라 얼마든지 인정할 수 있다고 본다.

자료: 보험개발원, "보험중개사제도 도입방안", 공청회자료(1996. 11).

---

27) 일본에서는 이른바 비전속대리점과 유사한 승합대리점의 존재로 인해 보험중개사의 도입필요성에 대한 부정적 견해가 강하게 존재했었다.(保險每日新聞社, "新しい募集制度の解説－ノンマリン代理店制度中心として", 1973, 104頁.)

제2절 유 형

I. 손해보험중개사와 인보험중개사

우리나라의 보험중개사는 취급보험종목별로 생명보험중개사, 손해보험중개사, 제3보험중개사로 3분된다. 생명보험중개사는 생명보험, 연금보험(퇴직보험 포함) 등을 중개하고, 손해보험중개사는 화재보험, 해상보험(항공, 운송보험 포함), 자농자보험, 보증보험 등과 그 재보험을 중개하며, 제3보험중개사는 상해보험, 질병보험, 간병보험 등과 그 재보험을 중개한다(보험업법 제35조). 보험중개사는 보험계약자가 당면한 위험을 확인·평가·분석하고, 위험관리서비스의 일환으로 보험계약자에 대해 조언하며, 보험에의 가입을 권유하고 중개를 하게 된다. 따라서 보험중개사는 보험계약자의 위험상태 및 과거 손해율 등에 대한 제반 정보를 갖고 있어야 하고, 이러한 정보의 관리에는 비용이 소요된다. 「원보험→재보험→재재보험」이라는 일련의 보험계약 단계별로 서로 다른 보험중개사가 위험상태에 대한 기초조사를 하게 된다면 그에 따라 비용이 발생하고 그 비용의 보험계약자에 대한 전가부담은 커지게 될 것이다. 보험계약에 있어서 하나의 조직이 위험분석에서부터 재보험 및 클레임 처리까지 일괄적으로 처리할 때 그 비용이 절감되고 고객의 편익이 제고된다. 보험중개사는 영업개시와 동시에 보험계약체결의 중개수수료의 수수, 보험사업자에 대한 보험료의 지급 등 보험중개 업무와 관련된 모든 자금거래를 취급할 전용계좌를 개설하고 중개 업무에 관련하여 수수한 모든 수입(보험료를 포함하여)을 그 계좌에 입금하도록 엄격한 회계 처리 기준을 규정하고 있다(보험업감독규정 제162조).

Ⅱ. 개인보험중개사와 법인보험중개사

보험중개사는 조직형태별로 개인보험중개사와 법인보험중개사로 구분된다. 개인과 법인은 등록기준과 영업보증금 예탁 및 계산서류 제출 등에 있어서 다르기 때문이다. 법인보험중개사의 경우에는 영업 규모가 크고, 다수의 피용인을 고용하여 영업을 하기 때문에 등록기준을 강화하고 영업보증금 예탁수준도 높이고 있다. 그 구체적인 차이로는 등록신청 시 개인의 경우 신청인의 주민등록 등본(외국인인 경우 출입국관리법에 의한 외국인등록증 또는 이와 동등하게 취급되는 서류)을 제출하고 법인은 정관, 법인등기부 등본, 주주나 출자자 명부를 제출해야 한다(보험업 감독규정 제147조 제1항 제2호, 제3호). 또, 영업보증금에 있어서 개인인 경우 1억 원 이상, 법인인 경우 3억 원 이상을 예탁해야 함이 원칙이다(보험업법시행령 제37조 제1항). 법인인 보험중개사는 보험계약의 체결을 중개함에 있어 미리 보험계약자에게 당해법인의 주식 또는 출자지분의 25% 이상을 소유한 자의 명단을 교부·설명하여야 한다(보험업법시행령 제41조 제3항, 보험업감독규정 제24조 제3호).

제3절 우리나라 보험중개사제도의 연혁과 현황

Ⅰ. 연 혁

보험중개사는 보험자로부터 독립하여 보험계약자와 보험자 간의 보험계약체결의 매개를 한다는 점에서 보험모집인, 보험대리점이나 직급조직에 비해 많은 장점을 지니고 있다. 기존의 보험모집조직의 비전문성과 높은 유지비용은 보험자에게도 부담을 주고 특히 보험계약자의 보호에 있어서 큰 문제점을 지니고 있었다는 점에서 보험중개사제도의 도입은 보험계약자를 실질적으로 보호하거나 보험계약 질서를 공정하게 확립하기 위해서 자연스럽게 그 대안으로 고려될 수 있는 사안이었다. 그러나 보험중개사제도는 기존의 보험모집조직의 취약성을 보완하려는 동기에서보다는 외압 내지 OECD 가입을 위한 성급한 요구수락이라는 배경을 더 많이 지니고 도입되었다. 그 구체적인 도입과정을 보면 1977년, 보험중개사제도를 최초로 보험업법에 규정하였으나 상징적인 규정이었을 뿐 구체적인 실시를 위한 시행령을 두지 않고 있다가, 1990년 9월 개최된 한·미무역회의, 1991년 3월에 제네바에서 열린 한·EC 일반기업환경 실무회의에서 독립대리점과 보험중개사제도의 도입요구를 받았다.

그 이유는 우리나라 보험산업이 의존하는 일사전속 판매제도가 외국계보험회사의 신규진입에 제약을 주고 있기 때문이었다.[28]

---

28) 정병대 "보험중개사제도 도입의 의의와 그 전망", 보험학회보 122호, 1997, 118면.

그러나 1992년 UR 협상의 결과로 제출된 최종양허표에서는 비전속 대리점제도만 수용하기로 하고, 보험중개사제도의 도입과 대외개방은 국내보험시장의 미성숙, 보험시장의 혼란 등을 이유로 보류하였었다. 그러다가 OECD가입이 갑자기 결정되면서 다시 이 문제가 검토되어 결국 1995년 11월에 개최된 OECD 보험위원회에서 우리나라에도 그를 도입하겠다는 것과 함께 도입 일정프로그램을 제시하기에 이르렀다. 그에 따라 손해보험중개사는 1997년 4월, 생명보험중개사는 1998년 4월에 우리나라에 수용되게 되었다.

1995년 11월 도입 일정프로그램의 발표 이후 보험업법시행령과 시행규칙을 개정하여 보험중개사제도를 구체적으로 규정하였다. 이에 따라 1996년 11월 20일에는 보험심의위원회와 금융발전심의위원회의 심의를 거쳐 그 개정안을 발표하였으며, 1995년 11월에 약속한 도입 프로그램에 따라 1997년 1-2월 중에는 보험중개사 연수를 실시하고, 2월 말에 시험공고를 한 뒤, 3-4월에는 보험중개사 시험을 실시하기로 하였다.[29] 그 도입과정을 사후적 관점에서 검토해 본다면 사전에 보험모집시장에 대한 영향을 충분히 검토하지 않고 그 수용여부를 결정하였고 그 도입결정 후 시행까지에 필요한 준비기간을 1년밖에 갖지 않았다는 것은 사전에 법적, 경제적으로 보험중개사제도에 대해 준비할 여유마저 부족하였음을 보여주고 있다. 보험중개사제도의 도입배경을 우선순위로 분명하게 한다면 외국의 보험판매조직의 우리나라에의 진입을 위한 목적이 첫째이다. 그 이외에 우리의 일사전속판매체제가 보험업의 대외개방에 대처하기에는 부족하다는 것과 국내산업의 효율성제고 필요성 등이 부차적인

---

29) 유지호, "보험중개사 제도의 도입과 영향", 보험동향, 보험개발원, 1996. 11., 3면.

근거로 작용하였다. 보험모집조직의 일사전속현상은 우리 보험업의 경쟁을 위해 바람직한 것은 아니나 유치산업보호를 위해서는 그 변화를 서서히 조정할 필요가 있다고 본다. 보험계약자보호라는 관점에서도 보험판매조직의 보험자에 대한 탈종속관계에서 출발해야 한다는 당위성은 직급→보험모집인, 전속대리점→비전속대리점→보험중개사의 순서로 발전할 것을 요구하는 것이고 비전속대리점과 업무유사성이 긴밀한 보험중개사제도가 비전속대리점이 도입된 지 1년이 지난 데 불과한 시점에서 그 정착추이를 분석해 볼 여유도 없이 도입된 것은 보험모집조직의 혼란을 초래할 우려마저 다분히 안고 있는 것이었다.

「보험중개사」라는 낯선 형태의 새로운 모집조직의 의미는 두 가지의 측면에서 이해되어야 한다.

첫째, 이 모집조직의 수요, 필요성이 우리 보험시장에 있었던가이다. 수요 없는 도입은 있을 수 없는 일이다. 국내의 기존 보험모집조직에서 부족함이 있었다면 그 원인, 대책을 논의하고 과거를 반성하며 낯설지만 새로운 모집방식(조직)이 향후 보험자나 보험계약자에게 어떤 편의와 가치를 조달해 줄 것인가의 미래를 예측하면서 그 정착방안을 현실적으로 추구하는 것이 신제도 도입에 앞서야 할 자세이다. 또 비전속대리점(independent agent)과의 업무경합, 중복가능성은 없는 것인지도 보험중개사에 대한 수요 측면에서 고찰해야 할 부분이다.

둘째, 우리의 시장을 외국에 개방한다는 뜻에서 이루어진 국제경제적 측면을 고찰하는 것이다. 우리는 부존자원이 빈약할 뿐만 아니라 경제성장 자체도 폐쇄적인 체제로는 불가능한 상황하에 있다. 우리의 경제적 약점을 극복하고 세계적인 자유무역질서 내에서

생존을 확보하기 위해서는 한편에서 국제교역질서의 대세를 존중하는 적응적 자세를 유지하면서 또 다른 한편으로는 내부적으로 경제적 능력을 제고하고 질서를 정비해야 하는 현실적 위치에 있다고 할 수 있다. 이러한 현실적 사정이 보험시장에 보험중개사의 도입을 가져온 중요한 요소로 작용하였다. 우리나라에 대한 보험중개사제도의 도입압력에는 생명보험시장규모 세계 6위, 손해보험시장규모 세계 8위라는 우리 보험시장 규모에 대한 제외국의 관심이 반영되어 있다. 보험중개사제도 도입을 요청한 외국의 입장에서는 그 국가의 우세한 보험중개사를 통한 영업이익의 낙관과 함께 보험중개사를 매개로 한 자국 보험자(보험사업자)의 영업이익의 희망적 전망도 함께 반영했을 것으로 추정된다. 그러나 이는 반대당사자로서의 우리의 입장으로는 금융질서 안정에 관계되는 중대한 문제라고 할 수 있다.

아쉽게도 이 두 가지의 측면 모두 신제도의 도입 이전에 충분히 검토되지 못하여 보험모집의 부문에서 불확실성과 혼돈의 충격이 가해진 것이 사실이다. 보험은 금융질서의 일부라는 점에서 그 불확실성과 혼돈은 보험에 가입하는 자뿐만 아니라 보험사업의 주체에게도 유해한 것이다.

그러나 이 제도를 어떻게 활용하고 새로운 보험영업질서에 어떻게 적응하느냐 하는 것은 전적으로 우리의 지혜와 역량에 달려 있는 문제라 생각된다. 보험중개사 도입과정에서의 성급한 결정 등은 우리의 자발적 의사의 소산이 아닌 측면을 지니고 있으나, 보험중개사의 장점을 살리고 기존 보험모집조직의 문제를 보완해야 할 필요성의 문제는 별개의 차원인 까닭이다. 즉 도입과정에 대한 비판의식을 지니는 것과 도입된 유용한 제도를 선용하기 위해 노력하는 것은 별도의 사안이고 특히 보험중개사제도가 소비자인 보험계약자 보호라는 보험거래계의 요청에 가장 부합하는 영업조직이라는 그 장점에 주목해야 할 것이다. 새로 도입된 보험중개사제도는 우리의 보험모집시장에 적응해야 하는 과제 이외에도 그 도입과정에서 나타난 바와 같은 외국의 보험중개사와 경쟁해야 하는 과제를 함께 안고 있다. 구미의 보험중개사는 2차대전 이후의 급격한 구조조정 과정에서도 적응하고 진화된 보험모집 조직체로서 거대한 조직을 지녔거나 특화한 전문성을 갖추고 있다는 점에 유의하여 우리의 풍토에 맞는 기법과 서비스로 경쟁체제를 갖추어 니가야 할 것이다.

II. 현 황

우리나라 보험중개사는 1997년 4월 손해보험중개사 시험이 실시된 이래 현재까지 3회에 걸쳐 인보험과 손해보험으로 나누어 시험 합격자가 배출되었으나 그 등록이나 활동은 활발하지 않다. 이를 구체적으로 살펴보면 다음과 같다.

• 보험중개사시험 합격자현황 •

[초기의 시험합격자현황]

구분	인보험	손해보험
1997년		51명
1998년	50명	80명

[최근의 시험합격자현황]

구분		생명보험 중개사	손해보험 중개사	제3보험 중개사	합계
2002년	응시자	82	215		297
	합격자	17	41		58
	합격률	20.7%	19.1%		19.5%
2003년	응시자	91	170		261
	합격자	38	53		91
	합격률	41.8%	31.2%		34.9%
2004년	응시자	243	136	41	420
	합격자	62	11	13	86
	합격률	25.5%	8.1%	31.7%	20.5%
2005년	응시자	275	176	59	510
	합격자	42	32	24	98
	합격률	15.3%	18.2%	40.7%	19.2%

[보험중개사 등록현황]

구 분	인보험	손해보험
개 수	1	16(법인 7, 개인 9)

자료: 금융감독원 보험중개사 통계자료(1999. 5. 31. 현재).

위의 자료에서 보듯 초기 보험중개사 시험의 응시, 등록, 활동은 저조하고 나아가 초기(1998년 2/4분기)의 모집실적을 보면 생명보험의 경우 모집인은 76.5%, 대리점은 3.4%, 손해보험의 경우는 모집인이 44.8%, 대리점이 40.1%의 모집실적을 보이고 있으나 보험중개사의 모집실적은 통계상에도 그 실적이 거의 나타나지 않고 있을 정도이다(각 생명보험사와 손해보험사의 월말 보고서 참고). 이러한 사정은 최근의 현황에서도 크게 달라지지 않고 있다. 이는 다음의 이유에 기인하는 것으로 생각된다.

ⅰ) 보험중개사 도입 초기에서의 경영위험에 대한 우려.

ⅱ) 우리의 보험회사가 보험모집인, 보험대리점 등 기존보험모집조직에 많이 의존하고 앞으로도 그러한 경향은 지속되리라는 전망.

ⅲ) 외국계 보험중개회사에 대한 열악한 경쟁력.

ⅳ) 그리고 무엇보다 보험료율이 정형화되어 있고 보험회사에 따라 보험상품의 내용이 유사하여 보험중개사가 적극적으로 보험계약자를 위하여 행위할 여지가 많지 않다는 점.

ⅴ) 보험가입(부보)이 연고에 따르거나 리베이트 제공이라는 불건전 관행에 따라 행해지는 폐습이 존재한다는 점이다.

한국계 보험중개사가 개인보험중개사나 법인보험중개사 모두 보험중개영업환경의 미비와 보험회사가 기존 보험모집방식에 의존하는 구태로 인하여 부진한 실정에 비하여 외국계 보험중개사 회사의 국내활동은 위에서 본 한국계 보험중개사보다 상대적으로 활발하다(자료 참조). 이는 국내 손해보험시장과 생명보험시장이 큰 이유와 함께 외국계 보험중개회사의 영업이익의 낙관과 외국 보험자(보험회사)의 진출에 대한 전망도 반영되어 있으리라고 본다. 앞으로 본격적인 보험시장개방이 이루어지면 이와 같은 외국계 보험중

개사의 진출현상은 더욱 두드러지리라 예상된다. 외국계 보험중개
사의 장점은 대자본뿐만 아니라 오랜 역사와 경쟁경험에 따른 영업
기법이다. 외국계 보험중개사의 국내진출에 대해서는 의혹과 경계
만으로 바라볼 것이 아니라 우리 보험업과 보험계약관행의 폐습을
일소하고 소비자인 보험계약자보호를 위해 선의의 경쟁을 하는 계
기로 삼아야 할 것이다. 외국계 보험회사의 국내진출 현황을 구체
적으로 보면 다음과 같다.

[국내진출 외국보험중개사 현황(1997. 7. 현재)]

회사명	국적	형 태	직원수(명)	인가날짜
Rollins Hudig Hall	미국	대리점	3	1980. 9.
Sedgwick	영국	주재사무소	11	1986. 4.
Guy Carpenter	미국	주재사무소	5	1989. 7.
Bain Hogg	영국	주재사무소	6	1990. 12.
Wills Faber	영국	주재사무소	4	1991. 4.
Johnson and Higgins	미국	대리점	16	1991. 8.
Jardine Insurance Broker	영국	주재사무소	7	1993. 8.
AON Risk Service	미국	대리점	20	1994. 1.
Miller	영국	대리점	9	1996. 6.
SHARON Agency	미국	대리점	6	1996. 8.
CE Heath	영국	주재사무소	5	1997. 1.

자료: 황영준, "손해보험 브로커제도 시행에 따른 영향분석", 손해보험, 1997. 8,
40면.

[보험중개사 상위 10개사 중개수수료 현황(2004년)]

순위	상품	금액
1	Marsh Korea(외국계)	184억7000만 원
2	AON(외국계)	143억2000만 원
3	코림손해보험중개서비스(합작사)	59억4000만 원
4	Willis Korea(외국계)	45억5000만 원
5	JLT(외국계)	28억2000만 원
6	Ins. 손해보험중(국내사)	19억9000만 원
7	Feedable U.S 손해보험(외국사)	16억9000만 원
8	BRM Korea(국내사)	13억1000만 원
9	IMI Korea(국내사)	10억
10	IBS(국내사)	9억1000만 원

자료: 한국보험중개사협회.

앞으로 보험시장의 발전에 따라 보험중개사의 입지가 확대될 것이나, 구미에서도 보험중개사제도의 발전과 변화를 선도한 것은 자발적인 혁신과 시장의 힘[30]이었다는 점에 유의한다면 보험중개사의 성공은 전적으로 보험중개사 자신의 노력에 달려 있는 문제이고 그에 대한 정부의 역할은 매우 제한적인 것이 될 수밖에 없으리라고 본다. 우리와 유사한 사정하에서 보험중개사제도를 도입한 일본에서는 보험자에 대한 종속정도가 낮은 기존의 승합대리점이라는 조직의 존재로 인해서 보험중개사의 활동을 평가절하하려는 인식이 있으나[31] 우리의 경우에는 그와 달리 보험소비자인 보험계약자를 위한 조직을 운영해 본 경험이 거의 없다고 할 수 있는 환경에 있으므로 그 역할을 보험중개사에게 기대해 볼 수 있을 것이다.

---

30) 정병대, 앞의 논문, 20면 참조.
31) 保險每日新聞社, "新しい募集制度の解說 -ノンマリン 代理店制度中心として-", 1973, 103頁.

제3장 외국의 보험중개사제도

제1절 영 국

I. 현 황

영국에서의 보험중개업은 해상보험에서 발전하였고 이는 보험계약이 성립하기 위해서는 보험인수자를 찾고 보험증권을 준비하는 전문적인 직업인이 해운업자나 보험업자와는 별도로 필요하였기 때문이다.[32] 16세기 런던에는 상품거래를 행하는 브로커라고 불리는 중개인이 있었는데, 그들은 중개 업무 이외에도 다양한 사업을 영위했던 것으로 보인다. 그들이 보험중개에 관여했던 것으로 보이는 최초의 증거가 Crown가에서 Richard Chandler에게 Thomas Gresham경과의 거래에 대한 특허를 주고자 했던 1574년의 기록에 나타난다. 이특허가 보험중개사에 대한 인가의 선구적인 예가 되는 셈이다. 18세기와 19세기에는 런던 이외에도 글래스고우(Glasgow)와 리버풀(Liverpool)에서 해상보험중개사가 활동하였다. 이러한 중개인의 활동은 주로 로이드 보험시장에서 대부분 이루어졌다. 19세기 중엽의 영국에서는 전화번호부 제도가 도입되어 직업별로 등록되면서 보험

---

32) H. Cockerell & G. Shaw, Insurance Broking and Agency, Witherby & Co. Ltd., 1979, p.4.

중개사의 활동상황도 이로써 자세히 추론될 수 있다. 당시 순수한 보험중개사는 95명이 등록되고 해운업과 겸영하는 보험중개사는 191명, 기타 영업과 보험중개사를 겸한 자가 42명이나 되는 등록명단이 발견되었다. 이를 보면, 대체로 다른 상업활동을 하면서 보험중개업을 겸한 것이 보험중개사의 초기 형태인 것으로 보인다. 1900년의 런던전화번호부에는 순수하게 보험중개사로 등록된 자가 277명, 해운업을 겸영하는 보험중개사는 300명으로 기록되어 있어서,[33) 보험중개사로서의 분업이 서서히 진행되고 있음을 알 수 있다.

화재보험 분야에서는 보험중개사가 이용되기 전에 보험대리점이 주로 이용되고 있었다. 즉 화재보험은 해상보험과는 아주 다른 방식으로 발달하였던바, 1710년에 Sun Fire Office사가 화재보험계약을 여러 도시에 설치한 대리점을 통하여 체결한 것이 그 효시이고, 나아가 18세기 말엽에는 전국에 이르는 대리점망까지 확보하기에 이르렀다. 이러한 대리점은 그 지역의 소방차까지 운영하면서 화재진화를 감독하기까지 하였다. 그리하여 보험중개사는 19세기 말까지는 화재보험에서 그 역할을 하지 못하다가 대형보험사들이 이익보험(loss of profit insurance)과 화재보험에 대해 관심을 보이기 시작하면서 발전하기 시작하였다. 이는 해상기업의 퇴조와 함께 로이드 보험자가 비해상보험의 영역으로 관심을 갖게 된 결과이다.

그 후 Cuthbert Heath라는 선구적인 기업인에 의해 1885년 재보험중개업, 1889년 도난보험중개업, 그리고 1895년에는 지진보험중개업도 각각 탄생하였다.

생명보험 분야에서는 2차대전 전까지 보험중개사가 거의 활약하

---

33) R. Clews, A Textbook of Insurance Broking, Woodhead-Faulkner, 1987, p.6.

지 못하다가 1945년 이후 많은 대형 중개인과 대리점이 생명보험과 연금보험 분야를 전담하는 부서를 개설하였다. 1968년의 한 조사에 의하면, 보험중개사가 일반생명보험은 29%, 연금계약은 90% 이상을 중개한 실적을 보일 만큼 성장하였다.[34]

상해보험의 경우에도 보험중개사의 활동이 미약하다가 2차대전 이후 자가용의 증가로 자동차보험에 대한 보험중개사가 대거 등장하였다.

보험중개업의 국제화, 대형화의 계기가 된 것은, 1890년대에 영국에 있어서의 Bowring가가 미국의 해상보험 사업 분야에 진출하여 영국의 보험중개방식이 미국대륙에 수용된 것이다. 이후 1950년대 말에서 1960년대 초기의 세계경제구조의 고도화 추세에 의해 보험중개업의 대형화도 함께 달성되었다. 이러한 추세에 따라 보험중개사는 그 전문성과 진취성을 수단으로 해외지점을 개설하거나 외국의 대형 보험중개사와 제휴하면서 해산과 합병을 거듭한 결과 오늘날의 다국적기업형태로서의 대형 보험중개사회사까지 등장하게 되었다.

이와 같이 영국에서의 보험중개사는 보험대리점과 때로는 경합하고 때로는 협력하면서 발전해 온 보험모집조직의 양 대축의 하나이다. 이러한 보험중개사는 작은 규모에서부터 큰 규모의 다국적기업에 이르기까지 다양한 형태로 서구의 보험모집을 선도하는 조직으로 정착하기에 이르렀다.

---

34) H. Cockerell & G. Shaw, op.cit., p.9.

1. 손해보험중개사의 현황

영국에서는 우리 보험중개사와 달리 손해보험중개사와 생명보험 중개사의 구별이 명확하지 않으나 보험중개사등록평의회(Insurance Brokers Registration Council: IBRC)에 등록하는 것은 손해보험중 개사가 원칙이므로35) 그 등록구분에 의해 손해보험중개사인지의 여부를 판단한다는 전제에서 볼 때 그 손해보험중개사 현황과 보험 계약취급 현황은 다음과 같다.

[영국 손해보험중개사 현황]

(단위: 명, 개)

개인(손해) 보험중개인		법인(손해) 보험중개인		전체(손해보험중개사와 생명보험중개사의 합계)	
1993	1994	1993	1994	1993	1994
1,262	1,253	2,628	2,538	3,917	3,796

출처: 김기홍 외, 보험중개사의 이론과 실무, 일지사, 1997, 380면 참고.

위 표에서는 생명보험중개사의 수보다는 손해보험중개사의 수가 압도적으로 많으며 특히 개인이 보험중개업을 하기보다는 법인의 형태를 이루어 중개업을 하는 경우가 많음이 나타나고 있다.

영국에서의 보험중개업의 대상으로는 개인보험계약의 비중보다 기업보험계약의 비중이 높다. 또 가계보험보다는 전문적인 기업보 험 영역에서 보험중개사의 활동 여지가 많으며 보험중개사의 업무 는 경제적 효과가 채산성의 요청에 의해 보험가액이 큰 물건의 보

---

35) 생명보험중개실적이 49%를 초과하는 때에는 IBRC에의 등록이 거부 된다.

험의 중개에 치중하기 때문인 것으로 분석된다. 이는 보험중개사의 전문성을 살릴 수 있는 직역이 기업형 보험계약 분야인 요인도 있으려니와, 가계보험에서의 기존 모집조직의 경합요인도 무시할 수는 없을 것이다.

영국의 손해보험계약 영역에서 보험모집 실적 면에서 살펴볼 때 보험중개사가 차지하는 비중은 다른 어떤 보험영업조직보다 크다. 이를 표로써 나타내 보면 다음과 같다.

[영국의 보험영업조직별 손해보험 영업실적]

(단위: 100만£보험료)

보험영업조직 \ 보험계약	자동차 보험	기타 가계보험	비해상 기업보험	해상항공 보험	총 계
중개인	2,298	707	6,832	1,005	10,842
기타 독립조직	685	1,414	719	80	2,898
직접판매	1,565	613	719	46	2,943
직 급	245	660	270	-	1,175
대리점	49	1,225	270	11	1,555
기 타	49	94	180	-	323
총 계	4,890	4,712	8,990	1,142	19,734

자료: Insurance Pocket Book, 1999, p.198에서 일부 수정.

또 보험중개사 중 대형 보험중개사의 조직은 대체로 다국적기업이 차지하고 있고, 영국에서도 이러한 다국적 기업형태를 취하는 보험중개사회사가 다수 있다. 그 상황을 보면 다음과 같다.

세계 순위	회사명	원보험 중개	재보험 중개	서비스 제공	투자 수입	기타
3	Sedgwick	55.0	7.0	22.0	5.0	0.0
5	Willis Corroon	42.0	17.0	10.0	7.0	0.0
9	Minet Group	43.0	21.0	3.0	9.0	6.0
10	JIB Group	68.0	12.0	0.0	7.0	2.0
11	Bain Hogg	57.1	12.9	0.9	8.2	7.2
23	CE Heath	21.9	11.7	0.4	7.7	37.3
16	Lowndes Rhambert	70.0	11.0	0.0	3.0	2.0

자료: Business Insurance, July 22, 1996, p.5(단위: 100만£보험료).

2. 생명보험중개사의 현황

영국에서의 생명보험중개사의 등록 및 활동현황은 손해보험중개
사에 비해 미약한 상태를 보인다는 것은 앞에서 설명한 바와 같다.
영국에서의 생명보험중개사의 등록상황과 활동현황을 구체적으로
보면 다음과 같다.

[영국생명보험보험중개사 등록현황]

규제기관	중개인수
FIMBRA(Financial Intermediaries Managers and Brokers Regulatory Association)/PIA(Personal Investment Authority)	3,820
IMRO(Investment Management Regulatory Organization)	125
SFA(Securities and Futures Authority)	149
SIB(Securities and Investments Board)	4
IBRC(Insurance Brokers Registration Council)	1,224

자료: Tillinghast, Insurance Pocket Book, 1996, p.82(단위: 명(개)).

영국의 생명보험 모집시장에서 모집조직별 활동현황을 보면, 크게 보험중개사조직을 포함한 독립중개조직과 특약대리점이 시장을 양분하고 있다. 독립중개조직의 시장점유율은 40%, 특약대리점은 57%이고 나머지는 직접판매조직에 의해 모집되고 있다.

독립중개조직에는 생명보험중개사(독립투자자문사 포함), 은행, 건축조합 등이 있고, 이 중 독립 중개조직이 차지하는 비율 40% 중에서 보험중개사가 37%를 점하고 있다는 점에서 볼 때 영국에서는 손해보험 영역보다는 못하지만 생명보험에서도 보험중개사의 활동이 큰 편이라 볼 수 있다.

[생명보험에서의 보험영업조직의 비중]

연 도 보험영업조직	1994	1995	1996	1997	1998
총보험료(100만£)	2,262	1,996	2,325	2,682	3,139
독립모집조직(합계)	30	35	37	43	40
은 행	1	1	1	1	1
중개인	25	31	34	39	37
상조회	1	1	1	1	1
기 타	2	2	2	2	2
대리조직(합계)	67	62	60	55	57
은 행	12	10	11	12	10
상조회	5	3	3	2	1
직 급	42	42	39	33	38
기 타	8	7	8	8	8
직접판매	3	3	3	3	3
총 계	100	100	100	100	100

자료: Insurance Pocket Book, 1999, p.70.

II. 법적 지위

영국에서의 보험중개사는 보험계약당사자 중 누구의 대리인인지, 또 어떤 대리권을 가지는지, 그 범위는 어떠한지와 그가 갖는 권리와 부담하는 주의의무 등에 대해 살펴본다. 이에 관해서는 영국의 특수한 법리가 있기는 하지만 우리 법과 비교할 때 큰 시사가 될 수 있으리라고 본다.

보험중개사의 법적 지위에서 무엇보다 중요한 것은 영국에서 보험중개사는 대체로 보험계약자의 대리인인 것으로 인정된다는 점이다.[36] 비록 보험중개사가 보험자로부터 수수료를 받는 경우에도 이는 마찬가지이다.

그러나 때때로 어떤 거래과정에서 한사람의 보험계약자의 대리인인 보험중개사가 예외적으로 그 상대방인 보험자의 대리인으로 될 수 있는 것은 당사자자치원칙에 비추어 당연하고 이 경우에 발생하는 쌍방대리는 각 당사자가 동의한 경우에 허용된다는 제약이 부가된다.[37] 그리하여 보험계약에서 보험계약자를 위하여 보험계약을 체결하는 보험중개사가 또 한편으로 보험자를 위히어 커버노트(cover note)를 발행하는 등의 행위에 있어서는 보험자의 대리인이 되는 것이다. 따라서 영·미법 특히 영국법에서 보험중개사의 어떤 행동이 보험계약자를 위한 행동인지 여부를 판단하는 것은 보험계약자로서는 매우 중요한 문제가 될 것이다.

1. 개 념

영국에서 보험중개사의 개념에 대해 명확히 규정한 바는 없다. 이는 영국에서 수백 년의 역사를 지닌 보험중개사의 활동 영역과 권한 등 법적 지위는 관습과 판례에 의해 별 불편 없이 규율되어 왔다는 점에 기인할 것이다. 다만 보험중개사등록평의회 행위규범(Code of Conduct)에서 보험중개사에 대해 "영업 중인 보험중개사, 등록부에 등재된 개인보험중개사 또는 법인보험중개사를 말한다"[38]

---

36) H. Cockerell & G. Shaw, op.cit., p.42.
37) 우리나라 민법 제124조에서도 「대리인은 본인의 허락이 없으면……동일한 법률행위에 관하여 당사자 쌍방을 대리할 수 없다.」고 하여 쌍방 대리의 일정한 한계를 규정하고 있다.

라고만 정하고 있을 따름이다. 이는 특히 불문법 국가의 관행이 반영된 것으로 보인다. 보험중개사가 보험계약자와 보험자의 보험계약체결의 매개 역할을 함과 동시에 대체로 보험중개사는 보험계약자로부터의 특별한 수권이 없이도 보험계약자의 대리권을 가진 자로 인식되고 있다. 따라서 영국에서의 보험중개사는 「보험계약자와 보험자의 보험계약체결을 독립적 지위에서 중개하면서 대부분의 경우에 보험계약자를 관행적으로 대리하는 자」라고 표현할 수 있을 것이다.

즉 영국에서는 오래전부터 보험중개사는 보험계약자와 보험회사의 사이에서 보험계약을 중개하는 자로 인식되어 왔기 때문에 법적인 정의가 없어도 운영에는 큰 문제가 없었다. 또한 보험중개사는 보험회사와 보험계약자의 중간자로 표현되고 있지만, 실제로는 보험계약자의 대리인으로 인정되고 있다. 따라서 보험중개사의 행위는 대리법(Law of Agency)의 적용을 받는다.

2. 구 분

보험중개사는 보험계약체결내용에 따라 손해보험중개사와 인보험중개사로 일응 개념구분할 수 있다. 즉 취급보험종목에 따라 원보험중개사(direct insurance broker)는 생명보험중개사(assurance broker)와 손해보험중개사(insurance broker)로, 재보험중개사(reinsurance broker)는 재생명보험중개사(reassurance broker), 재손해보험중개사(reinsurance broker)로 각각 구분하는 것이 보험중개사의 업무내용에

---

38) 1977년 보험중개사(등록)법 제10조에 의거, 보험중개사등록평의회가 제정한 행위규범 「용어정의」 부분 참조.

따른 합당한 분류이다. 그러나 영국에서는 보험중개사에 대한 규제법을 다양하게 정해 두고 있다는 점에서 보험중개사를 보험중개사등록법에 의한 보험중개사, 로이드 보험에 의한 로이드 중개인, 금융서비스법에 의한 생명보험중개사로 구분할 수 있다. 또한 보험중개사가 어떤 법적 형태를 취하는가에 따라 개인재보험중개사와 법인재보험중개사로 나눌 수 있다.

3. 대리권 유무

보험중개사로서 보험계약자의 한쪽 당사자의 대리인이 될 수 있는가에 대해서는 많은 논란이 있을 수 있다. 이는 중개(broking)라는 행위가 계약의 양 당사자를 항상 중립적인 입장에서만 상대하여 거래하여야 하는가의 문제이기도 하지만 보다 근본적으로 각 나라에서의 보험중개사의 역사·활동 양상 등에 기인한다고 보며 보험계약당사자와의 대리관계 가부, 유무에 대한 원형(prototype)은 없다고 본다. 다만, 영국의 보험중개사는 판례상 대체로 보험계약자의 대리인인 것으로 인정된다.[39] 보통 보험중개사와 보험계약자 사이에 대리권수여계약이 체결되고 이는 또한 불요식계약인 점에서 특별한 형식을 요하지 않고 보험중개사와 보험계약자 간의 대리관계가 성립할 수 있게 된다. 즉 보험중개사의 계약체결대리권(체약대리권)은 형식을 갖추거나 또는 형식을 갖추지 않고 보험계약자로부

---

39) Edinburgh Assur. Corp. v. R. L. Burns Corp., 479 F. Supp.138, 144-47, 151(C. D. Cal.1979); Howard Fuel v. Lloyd's Underwriters, 588 F. Supp.1103, 1106 n.7, 1108(S.D.N.Y. 1984); Craigie v. Firemen's Ins. Co. of Newark, N. J., 191 F. Supp.710(D. Minn. 1961) 등 판례.

터 수여될 수 있다. 대리인이 되고자 하는 보험중개사에 의해 문서
화된 신청서가 작성되기도 하지만, 이러한 신청서가 존재하지 않더
라도 구두의 계약에 의해 대리권이 발생할 수 있고 당사자의 행위
에 있어서도 그 대리권의 발생이 추론될 수 있다. 보험중개사의 상
대방으로서는 대리행위를 하는 보험중개사가 어떤 권한을 가지고
있는지 알 수 없기 때문에 그는 당사자의 행위에 의해 대리인으로
서의 보험중개사가 어떤 권한을 가지고 있는지 추측할 수 있을 뿐
이고 이때 그의 신뢰가 정당한 것이라면 보호되어야 한다.[40] 보험
중개사는 이러한 수권행위가 특별히 존재하지 않더라도 관행상 보
험계약자의 체약대리인으로 인정된다고 한다는 점이 더욱 중요하다
고 본다.[41]

4. 대리권의 범위

대리인으로서 보험중개사의 권한은 당사자의 의사해석에 의해 결
정된다. 이는 구체적으로 그 대리권은 보험중개사가 특정한 위험에
대해서 특정한 날짜로부터 일정한 보험료에 보험계약을 체결할 것
을 본인으로부터 수권받는 경우와 같이 제한된 것일 수도 있고 더
넓은 범위로 위험기간 보험료 등에 관해 재량을 부여받은 대리권을
가질 수도 있을 것이다. 보험중개사는 때때로 제한된 기간 동안만
보험계약을 체결할 수 있는 권한을 가질 경우가 있는바, 그 기간
외에서의 보험중개사의 행위는 보험계약자에 대한 관계에서는 무권

---

40) 이 경우 결과적으로 대리인으로서의 보험중개사는 표현대리인으로
　　 인정되는 결과가 된다.
41) Edinburgh Assur. Corp. v. R. L. Burns Corp., 479 F. Supp.138,
　　 144-47, 151(C. D. Cal. 1979); Howard Fuel v. Lloyd's Under-
　　 writers, 588 F. Supp.1103, 1106 n.7, 1108(S.D.N.Y. 1984).

대리가 된다는 점에 유의하여야 하나, 보험중개사의 상대방의 신뢰가 정당한 것이었다면 그 신뢰는 보호받아야 할 것이다.

보험중개사가 일반적으로 보험계약자의 대리인이 된다고 하여 보험계약을 취소할 수 있는 권한은 없다고 본다. 해상보험계약에서도 그러한 취지의 판례가 있다.[42] 그러나 외국에서의 대리권 수여 관행은 영국의 관행과는 다르다는 점이 인정돼야 한다는 점에서 외국에서 보험중개사가 보험계약의 취소권을 가진 것으로 본다면 영국내에서도 그 권한을 인정받을 수 있을 것이다.[43]

대리권의 범위는 본인의 수권의사에 관세없이 싱대방의 신뢰외 보호를 위해서 넓게 인정되는 경우가 있다(금반언의 법리(estoppel)).

예컨대 보험중개사가 보험자로부터 수권을 받아 보험자가 백지의 커버노트(cover note)를 보험중개사에게 교부하고 보험중개사가 그 대리인으로서 그 커버노트의 세부내용을 기재하여 상대방인 보험계약자에게 교부한 경우, 보험계약자는 보험중개사가 커버노트를 발행할 권한이 있는 것으로 믿을 수 있고, 보험자는 상대방인 보험계약자에게 대리권수여를 철회하였다는 통지를 하지 않은 한에서는 대리권을 실질적으로 철회하였다고 하더라도 그 책임을 지는 경우가 있다고 할 것이다.

여기서 자기 자신이 대리인이라고 칭하는 자는 어떤 행위를 할 수 있는 권한이 있다고 거래 상대방에게 일견 보증(warranty)하는 의미가 있게 되고 만약 그러한 권한이 없는 경우라 할지라도 그 상대방에 대해서 그에 대한 책임을 스스로 부담해야 할 것이다.[44]

---

42) Xenos v. Wickam(1866) L.R. 2 H.L. 296.
43) Ruby Steamship Corporation Ltd. v.Commercial Union Assurance Co. Ltd.(1933) 150 L.T. 38, C.A.; 우리 사법상으로도 임의대리권의 범위는 그 대리행위의 준거법에 의해서 결정하는 것과 같다.

5. 무권대리의 추인

어떤 자가 자기의 권한 밖에서 다른 사람을 위하여 행위한 경우에는 원래 본인인 그 타인에게는 효력이 없는 것이지만, 본인은 그 사실을 안 때에 그 무권대리행위를 인정하고 추인에 의하여 자기 자신에게 유효한 것으로 만들 수 있다.

그렇게 되면 그는 그 무권대리인의 행위에 대해 결과적으로 법률효과를 받게 되어 무권대리의 상대방에 대해 책임을 지게 되고 무권대리로부터 발생한 이익에 대한 권리도 그 반면에 갖게 된다. 다만 그 추인 행위 당시의 사정으로 보아 그 본인인 보험계약자 자신이 완전히 그 계약을 맺을 수 있는 능력상태에 있는 때에만 그 추인이 가능하다.

보통은 타인인 보험계약자를 위하여 보험중개사가 권한 없이 보험계약을 체결한 경우에 그 보험계약자로 지정된 자는 자기 자신의 이익을 위해서 이를 추인하는 것이 상례일 것이다. 추인에 대해 특히 해상보험법(1906년) 제86조는 다음과 같은 규정을 두고 있다.

「어떤 해상보험계약이 타인을 위하여 선의로 계약체결된 경우에는 그 타인은 비록 사고가 발생한 후라 할지라도 이를 추인할 수 있다」.[45] 이는 해상보험계약에 있어서 특히 피보험자를 보호하기

---

44) 우리 민법 제135조는 제1항에서 「타인의 대리인으로 계약을 한 자가 그 대리권을 증명하지 못하고 또 본인의 추인을 얻지 못한 때에는 상대방의 선택에 좇아 계약의 이행 또는 손해배상의 책임이 있다」고 하고 제2항에서는 「상대방이 대리권 없음을 알았거나 알 수 있었을 때에는 전항의 규정을 적용하지 아니한다」고 하고 있다.

45) Marine Insurance Act(1906) §86. 「Where a contract of marine insurance is in good faith effected by one person on behalf of another, the person on whose behalf it is effected may ratify the contract even after he is aware of a loss.」

위한 규정이라고 할 수 있다.[46)]

6. 의 무

대리인으로서의 보험중개사의 의무는 우선 계약상 명시된 바에
의해 그 의무내용이 결정되고 계약상의 문언만으로 명백하지 않은
때에는 상관습에서 유래된 해석으로 해결해야 할 것이다.[47)] 대리인
인 보험중개사는 보험계약자나 보험자와 합의한 대로 행위해야 하
고 결코 그의 권한을 초과한 행위를 해서는 안 될 것이다.

보험중개사는 보험계약을 체결하거나 기타 고지, 통지 또는 이를
수령하거나 보험금청구를 대리하는 등의 의무를 이행함에 있어서 합
법적이고 합리적인 지시에 따라야만 하고 그 의무이행에 있어서의
합당한 기량을 발휘해야만 하며 만약 이를 이행할 수 없을 때에는
그 본인에게 통지하여 본인의 적절한 조치를 가능하게 해야 한다.

만약 정당한 이유 없이 이 대리인이 보험계약을 체결하는 것을
지체하는 경우에는 그로부터 보험계약당사자에게 발생하는 손해액
에 대해서 책임을 진다. 손해배상액의 산정에 있어서 이와 다른 취
지의 사례라고 설명되는 다음 판례가 있으나,[48)] 판례의 내용을 구

---

46) 보통 추인은 「상당한 기간 내」에 이루어져야 한다고 해야 할 것인데
  (신의칙) 그에 비해서 본다면 영국해상법은 매우 특수한 예라고 생
  각된다. 우리 민법 제131조에서는 추인여부에 대한 상대방의 최고
  권한을 인정하여 「대리권 없는 자가 타인의 대리인으로 계약을 한
  경우에 상대방은 상당한 기간을 정하여 본인에게 그 추인여부의 확
  답을 최고할 수 있다. 본인이 그 기간 내에 확답을 발하지 아니할
  때에는 추인을 거절한 것으로 본다」고 한다.
47) H. Cockerell & G. Shaw, op.cit., p.47.
48) H. Cockerell & G. Shaw, Ibid, p.47.; Cok. Russell & Co. v. Bray
  Gibb & Co.(1920) 3 Ll. L. Rep.7248에서는 보험중개사가 화물에 대

체적으로 검토해 보면 보험중개사에게 과실이 없어 배상책임을 부정한 것이기 때문에 앞의 설명과 전혀 모순되는 취지의 판례라고 할 수 없을 것이다.

그리고 보험중개사는 보험계약당사자로부터 수령하는 대가로서의 보수를 목적으로 행위한다는 점과 직업적 전문가라는 점으로 인해 자신이 부담하는 의무의 이행을 위해서는 최신의 기량과 지식을 갖출 것이 요구된다. 즉 보험계약자를 위해 행위한다는 관점에서 볼 때, 적당한 보험계약을 체결함에 있어서 합리적인 주의와 기술을 사용하여 유효적절하고 보험계약자의 경제적 요청에 부합하는 보험계약을 체결하도록 해야 하고 보험자에 대하여 보험계약자의 이익을 보호하기 위한 최선의 노력을 기울여야 한다. 그가 보험계약에 관한 사항이나 법률적으로 의미 있는 문제에 관해서 조언을 할 때에는 그는 그것이 정확하다는 것을 보증하는 의미가 있다는 점을 의식해야 한다.[49]

해서 보험계약을 체결할 것을 금요일 오후에 지시받았는데 그 정확한 도착날짜에 대해서는 통보받지 못하였다. 그리하여 금요일 오후에 그를 보험에 들게 하지 못했는데 그는 그 급박성에 대해 알지 못했기 때문에 그 다음주 월요일에 발생한 손해에 대해서 책임이 없다고 판시되었다.

[49] Sarginson Bros. v. Keith Moulton & Co.(1942) Ll. L. Rep.104 48, 69-70. 115 보험중개사는 보험계약자로부터 적들의 공격에 대해 목재를 보험에 들 것을 요청받았는데, 보험중개사가 그만 잘못 판단하여 그것이 보험에 들 수 없는 대상이라고 대답하였다. 그 목재는 결과적으로 적들의 공격에 의해서 파괴되었고 보험중개사는 그들의 잘못된 조언에 대해서 책임을 지게 되었다. Osman v. Ralph Moss Ltd.(1970) 1 Lloyd's Rep.313 48, 74, 75 사건에서는 보험중개사는 고객인 터키인에 대해서 배상책임을 지게 되었는데 그 내용은 다음과 같다. 즉 피고인 Ralph Moss Ltd.(보험중개사)은 원고인 터키인에게 재정적으로 부실한 보험회사와 보험계약을 맺을 것을 권고한 후 그 보험회사가 채무지급 불능상태에 빠졌을 때도 그 보험계약자

그러나 본인인 보험계약자가 보험중개사에게 일정한 보험에 들어 달라고 보험계약의 종류나 내용에 관해 특정하여 부탁한 경우에는, 그 보험계약이 그의 요청에 적합하지 않다는 것까지는 보험중개사가 책임지고 언급하거나 정정해 줄 의무가 없다.[50]

어떤 보험중개사가 보수 없이 무료로 보험계약당사자인 보험계약자나 보험자를 위해서 노력해 주는 경우도 있다. 그러한 경우에도 당사자 간에 주의의무를 경감하는 다른 약정이 없다면 보수를 받고 보험계약당사자를 위하여 일하는 경우만큼 필요한 정도의 합리적인 주의를 기울여야 한다. 누구든지 내가 없이 보험계약자나 보험자를 위하여 일할 의무는 지지 않지만, 만약 그가 대가 없이 노무를 제공하기로 약정하였다면 그 약정한 채무 자체에서 통상적으로 요구되는 정도의 주의와 기량을 발휘해야만 하는 것이다. 만약 그러한 정도의 주의를 기울이지 않아서 보험계약당사자에게 손해가 발생한 경우에는 그 주의의무의 정도에 관해서 보험중개사는 항변할 수 없다.[51]

그리고 어떤 보험중개사가 명시적이거나 또는 묵시적으로라도 어떤 특별한 기량을 가지고 있다고 보험계약자나 보험자에게 표시한 경우에는, 그 표시에 대해 표시자로서의 책임을 부담해야 할 것이다.

또 대리인으로서의 보험중개사는 언제든지 본인인 보험계약자 등에게 자기 자신의 거래에 대해서 관련되는 서류를 제출하고 설명해야 할 의무가 있다. 보험중개사가 본인인 보험계약자를 위해서 보

에게 그 보험이 더 이상 쓸모없다는 말을 해주지 않았다. 그리하여 그로 인해서 보험계약자가 입게 된 손해를 보험중개사가 배상하게 되었다.

50) Waterkeyn v. Eagle Star and British Dominions Insurance Co. Ltd.(1920) 5 Ll. L. Rep.42 48.
51) Gomer v. Pitt & Scott(1922) 12 Ll. L. Rep.115 49.

험금을 보험자로부터 수령하여 보관하는 경우에 그 보험금은 본인인 보험계약자가 수령한 것과 같은 대리법상의 효과가 있고 보험중개사의 보험금 수령과 동시에 보험계약자의 보험금에 대한 권리가 성립하는 것으로 보아 본인 아닌 다른 사람이 그에 대해서 우선권을 가지고 있다고 주장할 수 없게 된다. 예컨대 어떤 보험계약하에서 보험금을 수령하는 보험중개사는 다른 사람이 그 목적물에 대해서 권리를 가지고 있다는 이유를 근거로 하여 본인인 보험계약자의 보험금 인도청구를 거절할 수 없다.[52]

7. 로이드 보험중개사의 경우

(1) 로이드 보험의 특수성

로이드 보험시장은 영국의 보험업계에서 특수하게 존재하는 것으로서 로이드(Lloyd)라는 커피숍에서 개인의 자격을 지닌 다수의 보험자가 해상기업의 위험을 인수한 관행에서 비롯된 것이다. 로이드 보험중개사는 다른 보험중개사에 비해 보험자와 더 밀접한 관련을 맺고 있다. 이는 로이드 보험시장의 다음과 같은 특수한 구조에 연원하는바, 로이드 보험시장은 보험증권의 발행, 보험료의 수령 클레임 처리 등에서 특이한 점을 지니는데 그 근저에는 로이드 보험인수인이 그 연혁적 이유로서 다양하고 분산된 개인으로 구성되어 있다는 점이 작용하고 있다. 이들은 비록 다수이기는 하나 분산되고 고립된 개인일 뿐이므로 위험에 대한 인수조합(syndicate)을 결성할 필요가 있게 된다. 로이드 보험시장에서의 보험계약의 인수는

---

52) Roberts v. Ogliby(1821) 9 Price 269 50.

바로 이러한 인수조합(syndicate)단위로 이루어진다. 위험이 작은 경우에는 하나의 인수조합(syndicate)에 의해 보험인수가 이루어지기도 하나 위험이 큰 경우에는 수개의 인수조합(syndicate)에 의해 공동인수되는 것이 상례이다. 이 인수조합에서는 인수조합에 가입한 다수의 개인보험자를 대표(대리)하여 활동할 자를 필요로 하게 되고 그리하여 인수대리인(underwriting agent)이 선임된다. 이 인수대리인은 로이드협회(Lloyd's Corporation)의 사무실(Room)에서만 인수업무를 수행한다. 로이드 보험의 조직은 그 역사적인 이유와 함께 상호 신뢰와 권한 위임의 관계로 서로 연결되어 있는 까닭에 로이드 보험의 인수조합(또는 인수 대리인)도 그 로이드 보험시장의 관습과 계약절차에 숙달된 보험중개사를 요구하게 되는바,53) 이는 통상의 보험중개사와는 다른 로이드 보험시장에 특유한 중개인이 될 것이다.54) 이는 로이드법에 의해 잘 표현되어 있다.55) 로이드 보험중개사 자신도 보험중개권을 지닌 자('substitutes')와 로이드 사무소에 의사전달만 하는 중개인('messengers')으로 나뉜다.

---

53) 로이드 보험중개사가 특별히 요구되는 이유는 구체적으로 다음과 같이 설명하고 있다.(C. Henley, The Law of Insurance Broking, Longman, 1990, p.220) (a) 특별한 지식과 경험, (b) 보험료지급에 필요한 재정적 능력, (c) 보험증권 발행 등 행정적 업무에 필요한 능력, (d) 보험자와의 인간관계, (e) 마케팅 능력.

54) 그 예외적인 경우로서 자동차보험 등에 있어서는 로이드 보험시장에서도 로이드 보험중개사가 아닌 자와의 직접거래가 인정되는데 이는 로이드 보험자가 다른 협회 보험회사에 대한 경쟁을 효율성 있게 해준다는 데 기인할 것이다. 다만 이때에도 그 중개인은 보험료지급에 관해 로이드 보험중개사의 보증(guarantee)을 받아야 한다.

55) 로이드법(1982년 개정된 법) 제8조는 다음과 같이 정하고 있는데 (1)항은 로이드 보험자의 개별책임, (2)항은 로이드 보험자의 보험인수인의 제한, (3)항은 로이드 보험중개사에 대해, (4)항은 위 사항의 위반에 대한 벌칙을 규정하고 있다.

로이드 보험중개사 사무소의 규모는 거대한 회사로부터 아주 소규모의 사무소에 이르기까지 다양하게 존재하고 있고 대규모나 중규모의 사무소는 전문가를 고용하여 보험중개 업무를 다시 여러 분야로 세분하여 운영하고 있다.

(2) 로이드 보험중개사의 권한

로이드 보험자는 그 개별성, 분산성으로 인하여 로이드 인수조합(syndicate)을 결성하였다고 하나 여전히 보험계약자가 직접 로이드 보험인수조합을 직접 상대방으로서 대하기에는 로이드 보험시장의 전문성과 상호신뢰관계에 익숙하지 않은 까닭에 적당하지 않다. 따라서 로이드 보험인수조합의 인수 대리인은 로이드 중개인을 그 거래의 직접 상대방으로 하여 보험계약체결하기를 요구하는바, 그에 따라 보험계약자는 보험자와 직접 상대할 수 없다는 특수한 환경에 처하게 된다. 로이드 보험시장의 이러한 성격은 보험계약체결에 있어서 보험계약자의 수동성을 강화할 뿐만 아니라 로이드 보험자 자신도 수동적인 성격을 띠게 하여 로이드 보험인수인 자신을 중개하거나 대리하는 자들(인수대리인)을 필요로 하게 된다. 따라서 로이드 보험중개사는 중개인으로서 슬립(slip)작성방식으로 계약체결중개(대리)를 할 뿐만 아니라 때로는 보험자의 대리인 역할까지 겸임할 것이 요청된다. 이는 로이드 보험시장에서의 중개인이 보험자의 계약대리권을 제한적으로 행사하는 가인수권(binding authority)을 갖는다거나, 슬립(slip)을 작성하는 행위 등으로 표현된다. 그 권한을 구체적으로 보면 다음과 같다.

A. 가인수권(Binding authority)

로이드 보험중개사는 보험계약의 청약에 대해 보험자(underwriter)가 인수하기 전에도 자신의 권한과 책임으로 보험계약자의 보험보호를 부여하는 경우가 있다. 이를 가인수권(binding authority)이라 하고 이때 보험중개사가 발행하는 것을 중개인 커버노트(broker's cover note)라고 한다.56) 중개사 커버노트는 보험자가 보험계약의 인수여부를 결정할 때까지 잠정적인 보험인수를 한 의미를 지니고 있고, 보험자가 슬립(slip)에 서명(initial)한 후 중개인이 발행하는 커버노트(cover note)와 구별된다. 이는 보험계약의 청약과 승낙 간의 시간적 차이를 극복하고 보험계약자를 보호하기 위해 인정되는 것이다. 이는 로이드 보험시장에서만 존재하는 것은 아니지만 로이드의 보험계약 구조에서 특히 유용한 것이라고 할 수 있다.

B. 클레임(claim) 처리권

로이드 보험중개사가 보험계약자의 대리인으로서 보험계약체결을 한 경우에는 대체로 보험계약자가 그에게 보험자를 상대하여 클레

---

56) E. R. Hardy Ivamy, General Principles of Insurance Law, 5. ed., Butterworths, 1990. p.91: 커버 노트(cover note)란, 보험증권(policy)이 발행되기까지에는 여러 절차와 시간이 소요되므로 보험증권이 발행되기 전에 보험사고가 발생한 때에도 보험계약자에게 보험보호를 해 주기 위한 목적으로 발행되는 증서이다. 커버 노트에는 두 종류가 있다. 첫째는 보험중개사가 발행하는 것으로 중개인 커버노트(broker's cover note)라고도 하는데 슬립(slip)에 보험자(underwriter)가 서명(initial)하기 전에 보험계약자에게 교부된다. 이 경우 보험사고가 발생한 때에는 보험중개사가 책임을 지고 이러한 뜻에서 중개인 커버노트(broker's cover note)라고 불린다. 둘째는 보험자(underwriter)가 발행하는 것으로 슬립(slip)에 보험자가 서명(initial)한 후 보험증권(policy)발행 전에 중개인(broker)이 보험인수인의 수권하에 보험계약신청인(보험계약자)에게 발행하는 것이다.

임에 관한 협상을 할 권한까지 위임한다.[57] 매우 작은 규모의 보험 중개사가 아니라면 그 특화한 분야의 전문적 지식으로 그 부문에 대해서만 클레임 처리의 권한이 주어지는 경우가 많다. 만약 보험 자의 대리인으로 손해사정인 등이 선임되어 있어서 그 손해사정인 이 보험자의 대리인 자격으로 손해의 발생액에 대한 권한을 행사하 는 경우라면 그 손해사정인과 협상할 의무를 부담하게 될 것이다.

(3) 로이드 보험중개사의 의무

A. 슬립(slip)작성의무

로이드 보험중개사는 일반 보험중개사와 같이 최선의 기량과 지 식으로 보험중개를 해야 한다는 점에서는 같다. 그러나 로이드 보 험중개사는 그 일반적인 의무 이외에도 로이드 보험자에게 보험계 약자의 위험내용에 대해 충실히 알려야 할 의무가 있다. 이는 ⅰ) 슬립(slip)의 작성과 ⅱ) 조사보고서, 클레임서류작성 의무 등으로 표현된다.

슬립(slip)이라 함은 보험계약서류의 일종으로 계약의 청약과 승 낙의 내용이 모두 이에 기재되고 그 뒷면에는 부보위험의 내용이 기재되는 점에서 여러 가지 용도를 지닌 특수한 서류라 할 것이다. 이는 로이드 보험에 특유한 것은 아니나, 로이드 보험에서는 로이 드 중개인이 그 작성의무를 지고 그를 통해 부보된 위험에 대한 정 보를 보험자에게 제공해야 한다는 점에서 로이드 보험중개의 한 요 소로 언급할 가치가 있는 것이다.

슬립(slip)의 구체적인 용도는 다음과 같다. ⅰ) 위험을 인수하는

---

57) H. Cockerell & G. Shaw, op.cit., p.48.

보험자에 대한 참고자료, ⅱ) 슬립(slip)을 기초로 보험증권을 작성하는 자(보험중개사)에 대한 참고자료, ⅲ) 보험료를 산정하는 자에 대한 참고자료를 제공하는 것이다.

B. 보험료 지급의무

보험료 지급의무는 원칙적으로 보험계약자가 부담하는 의무이다. 그러나 로이드 보험시장에서는 보험자(underwriter)와 직접 접촉하는 자는 보험계약자가 아니라 로이드 보험중개사라는 점에서 그 로이드중개사가 보험료를 보험자에게 직접 지급할 의무가 있다는 관행이 있다. 해상보험계약의 중개에 관해서는 해상보험법에 명문화되었으나[58] 비해상보험계약에서는 그렇지 않아서 문제인데, 법원은 그러한 관행을 알지 못한 보험계약자에 대한 구속력은 부정한 바가 있다.[59] 따라서 보험료가 보험자에게 보험계약자와 보험중개사에 의해 이 중 지급된 경우에는 보험계약자가 자신의 보험료지급에 대해 보험자에게 대항할 수 있고 보험중개사에게 대해서도 이는 같다.

(4) 로이드 보험중개사의 특수한 법적 지위

로이드 보험중개사의 특수한 법적 지위에 대해서는 위에서 고찰한 바와 같다. 따라서 보험계약자 입장에서 특히 주목해야 할 점은 다음과 같이 될 것이다. 즉 로이드 보험자와의 계약에서는 보험중개사를 통해서 보험계약을 맺을 때 그 보험중개사는 대체로 보험계약자 자신을 대리할 뿐만 아니라 보험자도 대리하는 복대리인(dual

---

58) 영국해상보험법(Marine Insurance Act) §53(1).
59) Legge v. Byas, Mosley & Co.(1901)18 T.L.R. 137 130; Matveieff v. Crossfield(1903) 19 T.L.R. 334.

agent)일 가능성이 크다는 것이다. 즉 보험계약의 청약에서는 보험계약자의 대리인이면서 다른 한편 로이드 보험자의 계약 가인수권(binding authority)을 가지는 경우가 많다는 점에서 복대리인일 수가 있다는 점이다. 이는 보험계약자와 보험자의 이익이 충돌하는 경우이므로 각각 당사자의 동의가 있어야 할 것이다.[60]

그뿐만 아니라 더욱 중요한 것은 보험중개사가 알고 있는 사항은 보험자가 알고 있는 것으로 볼 수 있고[61] 보험중개사에게 고지한 사항은 보험자에게 고지한 것으로 인정될 수 있다는 점이다.

Ⅲ. 감　독

1. 규제입법의 과정

영국 국내보험계약의 50% 분야가 보험중개사를 통하여 거래되고 있고 로이드 보험계약에 있어서는 전부가 (로이드) 보험중개사에 의해 보험계약이 체결되고 있는 실정에서[62] 보험에 대한 실질적인 감독을 기하기 위해서는 보험사업자에 대한 규제뿐만 아니라 보험중개사에 대한 감독이 불가피하게 된다. 보험중개사제도가 정착하는 단계에서 접어들면서 보험계약자나 보험자와 중개인 간에 보험계약의 내용, 즉 보험금 지급사유와 보험금액 등 중개계약의 내용에 대한 쟁송이 발생하게 되었다. 그를 사전에 예방하기 위한 조치

---

60) Firemen's Fund v. Excess(1982) Lloyd's Rep.599.
61) C. Henley, The Law of Insurance Broking. p.236.
62) Hugh Cockerell & Gordon Shaw, Insurance Broking and Agency, Witherby & Co. Ltd., 1979, p.161.

로써 1575년에 보험중개사를 왕립거래소 보험국에 등록하게 하였다. 그리고 보험중개사의 거래에 관한 전문법원을 두고 있었으나 영국의 법적 관행과 특히 영국보험계약에서의 관행으로 인해 성문의 법규를 두어 이를 규제하는 단계로까지 발전하지는 못하였다. 이러한 자유주의적인 풍토는 주로 보험중개사가 자율적인 단체에 가입하고 그 자율적 단체에서 문제를 해결하는 것에 만족한다는 점에 기인하여 분쟁처리에 관한 전문법원만 설치되었을 정도였다.[63]

보험중개사의 자율적인 규정에 의한 제재 이외에는 어떤 제재도 받지 않았고 보험자에게 실질적으로 부수를 받는 중개인이 다수 존재함에도 그 사정을 보험계약자가 알 수 있는 통계조차 잘 알려지지 않고 있었다. 그러한 상황하에 1960년대에 이르러서 보험중개사의 과실에 의한 보험계약자나 보험자에 대한 피해가 심대해지자 1970년대에는 보험중개사 규제입법을 마련하게 되었다.

정부에서는 보험매개자(insurance intermediaries)를 규제할 수 있는 전권을 부여하여 보고서(Green Paper)를 작성하였고 이는 영국 내에서 실질적으로 보험매개를 하는 모든 자를 규제의 대상으로 하였다.[64]

그러나 보험중개사규제입법(1977년의 보험중개사등록법)을 하는 과정에서 보험중개사의 자율적인 규제전통과 관행을 존중하여 정부에서는 보험중개사의 자율단체인 영국보험중개사평의회(British Insurance Brokers Association: BIBA)를 조직케 하고 그 단체에 등

---

63) Ibid., p.161: 대표적인 보험중개사의 자율기구로서 C.I.B(Corporation of Insurance Brokers), L.I.B.A(Lloyd's Insurance Brokers Assotion), A.I.B(Association of Insurance Brokers), F.I.B(Federation of Insurance Brokers) 등 4개의 단체가 있었다.
64) Ibid., p.162.

록함으로써 감독의 목적을 일차적으로 보험중개사 등록으로 달성코
자 하였다.[65] 또 의회 중 하원에 의해서만 보험중개사등록법
(Insurance Brokers(Registration) Act 1977)이 제정되고 그에 근거하
여 규제기관인 보험중개사등록평의회(Insurance Brokers Registration
Council: IBRC)도 설립되었다.[66]

그 후 영국의 독특한 보험시장인 로이드 보험시장에서 활동하는
로이드 보험중개사에 대한 규제법인 로이드 보험(Lloyd's Act
1982)과 생명보험중개사에 대한 규제법인 금융서비스법(Financial
Service Act 1986)이 차례로 개정 또는 제정됨에 따라 전반적으로
보험중개사에 대한 규제가 이루어지게 되었다.

2. 보험중개사규제법 및 규제체계

영국에서의 보험중개사 규제는 그 일반법인 보험중개사등록법
(Insurance Brokers(Registration) Act 1977)이 있고, 로이드 보험시장
에서의 특수성을 고려하여 제정한 로이드법(Lloyd's Act 1982), 그리
고 생명보험 등을 주로 중개하는 금융서비스법(Financial Services
Act 1986)이 있다. 보험중개사등록법은 보험중개사를 법적으로 규율
하는 일반법이라고도 볼 수 있으나, 생명보험계약을 포함한 장기적,
저축적, 투자적 성격을 지닌 보험계약을 주로 중개하는 보험중개사에
대해서는 그 금융거래적 성격에 주목하여 다른 투자적 금융상품과 함
께 금융서비스법(Financial Services Act 1986)에서 따로 규제하고 있
으므로, 주로 손해보험계약중개인을 대상으로 하는 것이라고 할 수

---

65) H. Cockerell & G. Shaw, op.cit., p.162.
66) C. Henley, The Law of Insurance Broking, Longman, 1990, p.260.

있다.[67] 로이드 보험시장은 영국 보험산업 역사의 기원이 되었을 뿐만 아니라 로이드 보험인수와 보험료지급 등에 있어서 다른 보험시장과 다른 특수성을 보이고 있다는 점에서 로이드법(Lloyd's Act 1982)을 별도로 제정하였다. 영국의 보험중개사 규제의 역사는 보험업이나 보험중개의 오랜 역사에 비추어 지극히 짧고 등록하지 않고서도 얼마든지 보험중개업(다만 비등록보험중개사는 '보험중개사'(insurance broker)이라는 명칭을 사용하지 못한다)을 영위할 수 있으므로 위의 3개의 입법의 규제를 받지 않는 보험중개사가 얼마든지 있을 수 있다. 다만 이때에도 자율규제(영국 보험자협회(Association of British Insurers: ABI)의 대상은 된다. 위에서도 언급한 바와 같이 보험중개의 규제는 그 규제역사가 일천할 뿐만 아니라 1960년대 이후에 발생한 보험계약자 보호의 맹점과 보험자와 보험계약자와의 분쟁에서[68] 나타난 문제점을 해결, 보완할 필요 최소한의 조치라는 취지에서 입법된 것이다. 또, 그 규제법에 의해 설치된 규제기관(보험중개사등록평의회, 로이드평의회 등)의 운영은 민간인이면서 규제대상인 보험중개사 자신으로 구성돼 있기 때문에 대체로 보험중개사에 대한 법적 규제는 자율적인 것이라고 할 수 있다.

(1) 보험중개사(등록)법(Insurance Brokers(Registration) Act 1977)

1977년의 보험중개사등록법은 보험중개사제도에 관한 일반적인 행정감독 법규이다. 따라서 영국 내의 보험중개사는 어떤 특별규정이 적용되는 경우를 제외하고는 이 보험중개사등록법의 적용을 받는다. 그러나 보험중개사등록법은 보험중개사의 감독에 관한 모든

---

67) R. W. Hodgin, op.cit., p.105.
68) H. Cockerell & G. Shaw, op.cit., p.161.

세부사항을 상세히 정할 수 없으므로 구체적인 제도시행에 따른 세부 규정은 보험중개사등록평의회가 제정하여 운영하도록 하고 있고 그에 따라 제정된 규칙에는 보험중개사의 등록, 제재, 징계위원회의 구성 등 징계절차, 보험중개사의 행위규범, 보험중개사의 재무요건 기타 사업영위요건, 보험중개사의 배상책임보험과 피해자에 대한 보상금제도 등이 있다.

보험중개사등록법의 구체적인 내용은 보험중개사등록평의회의 설립, 보험중개사의 등록 및 훈련, 등록거부에 대한 불복절차, 등록사항의 공시, 행위의 규제, 사업영위요건, 징계사건의 예비조사와 징계위원회의 구성과 심리, 등록사칭에 대한 벌칙 등으로 구성되어 있다.

(2) 로이드법(Lloyd's Act 1982)

로이드법은 1871년에 제정되었으나 3차례에 걸쳐 개정되었다. 1982년에 개정된 로이드 보험이 현행법에 해당한다. 제2차 개정 시까지는 중개인에 관한 규제가 없었으나, 1982년 3차 개정 시에 로이드의 중개인에 대한 규제가 실시되게 되었다.

즉 로이드 보험(Lloyd's Act)은 원래 영국의 특수한 보험시장인 로이드의 보험사업을 규제대상으로 하고 있지만 1982년 로이드 보험 개정 시에 로이드평의회에게 그 임무수행에 필요하고 목적이 적절한 경우 규칙(by-laws)을 제정 또는 개정할 수 있는 권한을 부여하였다.69)

---

69) R. W. Hodgin, Insurance Intermediaries and the Law, Lloyd's of London Press Ltd., 1987, p.111.: 그리하여 로이드 보험중개사로서는 로이드 보험에 의한 규제가 보험중개사등록법의 규제내용에 추가되

로이드 보험중개사에 대한 규제의 구체적인 집행기관으로서 로이드 보험에 근거하여 로이드 평의회(Council of Lloyd's: CL)가 설립되었다.

(3) 금융서비스법(Financial Service Act 1986)

1986년에 금융상품의 불안정성에 의하여 피해를 보는 금융상품투자자를 보호하기 위하여 증권업, 선물거래업, 투자자문업, 투자신탁업, 생명보험업 및 생명보험중개사업을 포괄하여 규제하는 금융서비스법을 제정하였다.[70]

금융서비스법이 생명보험 및 생명보험중개사를 포함하게 된 배경은 첫째, 생명보험을 취급하는 중개인이 기업연금기금의 운용조언자로서 뿐만 아니라 개인연금시장의 투자조언자로서의 기능을 할 정도로 보험중개기능을 넘어 각종 투자서비스를 하기에 이르렀기 때문이다. 둘째, 1978년 금융법(Finance Act 1978)개정에 의하여 생명보험회사의 투자재량이 커진 데에 기인한다.

1986년에 개정된 금융서비스법에서는 생명보험계약이 손해보험계약과 달리 보험기간이 장기이고 보험사고 시 보험수익자가 수령하는 보험금액이 거액인 점에 의해 투기적 금융상품의 성격이 있다고 보고 이를 중개하는 사업에 대하여 보험중개사등록법뿐만 아니라 금융서비스법의 규제대상이 된다고 하였다. 그리하여 금융서비스법에 의

는 것이지만, 아울러 로이드 시장에 참여할 수 있는 특권은 로이드 중개인에게만 부여하고 있다는 점에서 규제가 강화되는 대신 그 업무 영역도 확대된 셈이다.

70) C. Henley, The Law of Insurance Broking, Longman, 1990, p.266.

해 금융상품을 규제하는 기관을 보면, 정부산하에 증권투자위원회 (Securities and Investments Board: SIB)가 있고, 그 아래 증권투자위원회가 정한 기관으로 증권·선물규제기관(Securities and Futures Authority: SFA), 투자운용규제기관(Investment Management Regulatory Organization: IMRO)과 개인투자규제기관(Personal Investment Authority: PIA)이 있는바, 그중 증권투자위원회는 1994년 7월 18일 개인투자규제기관(PIA)을 생명보험의 원보험과 개인투자 분야의 규제기관으로 지정하였다.[71]

3. 감독의 내용

(1) 등 록

A. 등록요건

영국에서 보험중개사가 되기 위한 요건으로서 가장 중요한 보험중개사등록법상의 요건을 살펴보기로 한다.

(a) 보험중개사등록평의회에 있어서의 보험중개사의 등록을 위해서는 보험중개사등록평의회가 인정하는 다음사항 중 한 가지를 충족하고 있어야 한다.[72]

① 인정된 교육기관의 교육을 받고 그로 인해 보험중개사 등록평

---

71) 개인투자규제기관(PIA)은 금융서비스법에 근거하여 시행규칙을 제정할 수 있는데 그 시행규칙에는 교육자격규칙, 회원자격 및 재무요건과 보고규칙, 배상책임보험규칙 등이 있다.
72) Insurance Brokers Registration Act §3(1).

의회가 인정한 자격을 갖출 것.

② 보험중개사등록평의회가 인정하는 영국 이외의 국가에서 취득한 자격이 있을 것.

③ 보험중개사로서의 5년 분야의 사업경험이 있거나 2개 분야의 보험회사의 전업대리점(whole-time agent)으로서 사업을 할 것.

④ 보험중개사등록평의회가 인정하는 자격을 보유하는 경우로서 3년 분야 위의 ③에서 정하는 사업을 할 것.

⑤ 5년 분야 상기 ③에서 정하는 사업을 행하고 있는 자의 피용자이거나 보험회사의 피용자일 것.

⑥ 보험중개사등록평의회가 인정하는 자격을 가지고 3년 분야 상기 ③에서 정하는 사업을 행하고 있는 자의 피용자 또는 보험회사의 피용자로 근무할 것.

⑦ 5년간 보험중개사로서 사업을 행한 자와 동등하다고 인정되는 보험사업에 관한 지식과 경험을 지니고 있을 것.

⑧ 보험중개사등록평의회가 인정하는 자격을 가진 자로서 3년간 보험중개사업을 행한 자와 동등한 보험사업지식 및 실무 경험을 가지고 있을 것.

(b) 보험중개사가 보험중개사등록평의회에 등록하기 위해서는 앞에서와 같은 해당 자격요건을 갖추어도 이하의 요건을 추가로 충족시켜야 한다.[73]

① 등록보험중개사로서의 인격과 자질을 갖출 것.

② 일정한 자격의 경우에는 보험중개사 업무에 대한 적절한 실무 경험이 있을 것.

---

73) Insurance Brokers Registration Act §3(2).

③ 등록신청의 시점에 보험중개사로 업무를 수행하고 있는 경우
에는 다음과 같은 영업수행요건을 준수하여야 한다.

ㄱ) 사업에 관한 일정액 분야의 운영자본을 가질 것, ㄴ) 사업의
자산가액이 사업의 부채이액을 일정액 이상 초과할 것, ㄷ) 보험중
개사가 보험을 든 보험회사의 수와 부보액이 특정 보험회사에 부당
하게 편중하지 않아야 한다.

법인으로 보험중개업을 영위하려는 경우에는 위의 등록요건에 추
가하여 다음의 요건을 충족하여야 한다.74)

즉 ㄱ) 임원의 과반수가 등록보험중개사일 것, ㄴ) 임원이 1명뿐
인 법인은 그 임원이 등록보험중개사일 것, ㄷ) 임원이 2명인 법인
은 그중 적어도 1명이 등록보험중개사가고, 그 법인의 사업이 그
임원의 관리하에서 행하여지고 있을 것이다.

B. 등록기관

손해보험을 주로 취급하는 보험중개사는 보험중개사등록평의회에
등록해야 하고 생명보험상품을 주로 취급하는 보험중개사는 원칙적
으로 자율규제기관(Self Regulatory Organisation)인 개인투자규제
기관(Personal Investment Authority: PIA)에 등록하여야 한다.75)
보험중개사등록평의회에 등록한 보험중개사가 생명보험상품을 취급
하는 경우 생명보험상품을 취급하는 업무에 있어서는 금융서비스법
의 적용을 받지만 기타의 사항에 관해서는 일반법인 보험중개사등
록법의 적용을 받는다.

---

74) Insurance Brokers Registration Act §4(2).
75) IBRC에 등록한 보험중개사 중에서 투자업무를 포함한 생명보험업무
　　에 의한 수입이 총수입의 49%를 초과할 경우에는 IBRC가 그 등록
　　을 거부할 수 있다.

로이드 중개인은 로이드 보험시장의 특수성을 고려하여 로이드평의회(Council of Lloyd's: CL)에 등록해야 한다. 로이드 중개인에 대해서도 로이드 보험이 정하는 이외의 사항에 대해서는 일반법인 보험중개사등록법이 적용된다.

(2) 등록취소

등록보험중개사 또는 게재되어 있는 법인보험중개사가 범죄를 저지르거나, 직업윤리에 반하는 행동을 할 때에는 보험중개사의 등록부 및 일람표로부터 그 명단을 말소할 수 있고, 등록부 또는 일람표에 기재된 기업내용이 사기 또는 착오에 기재되어 있다는 것이 징벌위원회에 의하여 인정된 때에는 위원회는 해당중개인의 등록을 취소하도록 지시할 수 있다.[76]

(3) 회계 및 사업요건

영업 중인 보험중개사는 각각의 사업과 관련하여 항상 £1,000 이상의 운전자본을 보유하여야 한다.[77] 그리고 공동사업을 통하여 사업을 하는 보험중개사는 보험중개업과 관련하여 £1,000 이상의 운전자본을 보유해야 하나 이에 대한 책임은 각 공동사업자의 연대책임으로 한다.

영업 중인 보험중개사는 각각의 사업과 관련하여 자산을 부채보다 항상 £1,000 이상 확보하여야 하고 영업 중인 보험중개사는 보험계

---

76) Insurance Brokers Registration Act §15.
77) 보험중개사등록평의회(회계 및 사업요건) 규칙 승인명령(보험중개사 등록법 제27조(1)와 제28조(1)에 근거하여 1979년 4월 19일에 제정 한 것) 제3조.

약을 체결하려는 보험회사의 수 및 보험회사에게 중개하는 보험계약의 액에 관련하여 특정보험회사에 과도하게 의존해서는 안 된다.[78]

⑷ 예금계좌 및 회계기록에 관한 요건[79]

영업 중인 보험중개사는 각각의 보험사업에 대해 하나 이상의 구분된 은행계좌를 보유해야 한다. 당해 은행계좌는 계좌명에 영업 중인 보험중개사가나 등록된 법인명 또는 영업 중인 보험중개사가 공동사업인 경우에는 그 공동사업임을 밝혀야 한다. 각각의 은행계좌는 이후 「보험중개계좌」(Insurance Broking Account)라고 하고 당해 보험중개계좌의 입금란에 기입되어 있는 금액은 이 규칙에서 정해진 목적으로만 사용해야 한다. 보험중개사업과 관련하여 영업 중인 보험중개사가 중개수수료를 포함하여 보험거래에서 입금 받거나 수취한 모든 금액은 지체 없이 보험중개계좌에 입금해야 하고 다른 계좌에 입금할 수 없다. 보험중개사업과 관련하여 영업 중인 보험중개사가 보험거래에서 피보험자에게 지급될 보험금의 입금이나 보험회사에 지급될 보험료의 입금을 위해서는 보험중개사계좌만을 사용해야 한다.

⑸ 장부·서류의 보관

보험중개사는 사업에 관한 회계기록을 다음의 요건에 따라 기록

---

78) 보험중개사등록평의회(회계 및 사업요건) 규칙 승인명령(보험중개사
   등록법 제27조(1)와 제28조(1)에 근거하여 1979년 4월 19일에 제정
   한 것) 제4조, 제5조.
79) 보험중개사등록평의회(회계 및 사업요건) 규칙 승인명령(보험중개사
   등록법 제27조(1)와 제28조(1)에 근거하여 1979년 4월 19일에 제정
   한 것) 제6조.

하고 보관하여야 한다.[80]

① 회계기록은 사업의 거래내용을 나타내고 설명하기에 충분하여
야 한다.

② 기록대상이 되는 것은 정확한 재무상황을 나타내는 서류, 대
차대조표, 손익계산서 및 기타 재무제표이다.

③ 회계기록에 포함되는 내용은 일자별로 사업과 관련해서 수령
또는 지출한 금전의 금액과 그 내용, 사업에 관련된 자산과
부채의 기록이다.

④ 회계기록은 항상 관련 규정을 준수하여 작성하여야 한다.

⑤ 회계기록은 기록일로부터 적어도 3년 이상은 보관하여야 한다.

(6) 광고활동에 대한 규제

보험중개사가 광고에 있어서 사용하는 표현, 또는 보험중개사를 위
해 사용하는 표현은 오해를 초래하거나 과장된 것이어서는 안 된다.
또한 보험중개사에 의하거나 보험중개사를 위한 광고는 광고기준
국(Advertising Standards Authority)에 의해 공포된 광고실무기준
(Code of Advertising Practice)에 따라야 하고 이 범위 내에서 광
고실무기준은 보험중개사 행위규범의 일부를 구성하는 것으로 본
다. 보험중개사에 의한 또는 보험중개사에 대한 광고는 계약상의
급부, 즉 보험계약에 의해 제공이 의무화되어 있는 급부와 계약상
이외의 급부를 구별해야 하고, 이러한 광고가 계약상 이외의 급부
를 포함하는 경우 보험중개사는 그 예상을 해당보험자에 의해 제공

---

80) 보험중개사등록평의회(회계 및 사업요건) 규칙 승인명령(보험중개사
등록범 제27조(1)와 제28조(1)에 근거하여 1979년 4월 19일에 제정
한 것) 제7조.

된 예측치만 사용해야 한다. 또한 보험상품에 대한 광고는 1개 보험자의 것만 게재해서는 안 되며, 1개사의 광고만 게재한 경우에는 그에 대한 충분한 이유를 설명해야 한다.

특히 보험중개사가 사람(권유원 등)이나 서면을 통해 직·간접적으로 그들의 사업을 광고할 때에는 정보의 탐색이나 조언을 하기 이전에 자신의 신원, 직업 그리고 목적을 알려야 한다.[81]

제2절 미 국

Ⅰ. 현 황

1. 손해보험중개사의 현황

미국에서의 보험중개사는 보험대리점과의 겸영이 대체로 허용되기 때문에 양자가 명확히 구분되지 않고 있다. 보험중개사와 보험대리점은 보험자인 보험회사로부터 독립한 상인이라는 점에서 양자를 포괄하여 독립모집조직이라고 할 수 있다. 아래 표에서 보는 바와 같이 이 독립모집조직은 직급조직과 함께 시장을 양분하지만 전자의 비중이 압도적으로 크다.

---

81) 영국보험중개사 행위규범 제15조 내지 제18조 참조.

[미국 손해보험시장에서의 보험영업자의 활동현황]

(단위: %)

연 도 보험영업조직	1989	1990	1991	1992	1993
전국대리점 (National Agency)	38.5	37.8	37.4	38.3	38.4
지역대리점 (Regional Agency)	36.6	36.5	36.4	34.6	33.5
소 계 (Total Agency)	75.1	74.4	73.7	72.9	72.0
직 급 (Direct Writers)	24.9	25.6	26.3	27.1	28.0
총 계	100.0	100.0	100.0	100.0	100.0

자료: Best's Review(property & casualty), 1994. 12, p.6.

2. 생명보험중개사의 현황

손해보험중개사의 상황에서도 마찬가지지만 미국에서는 생명보험 시장에서도 그 규제입법은 주마다 다르다. 주에 따라 생명보험중개 사가 인정되는 경우가 있고 인정되지 않는 경우가 있다. 보험중개 사는 보험대리점보다 대형으로 운영되고 가계성 보험계약보다 주로 기업성 보험계약의 중개에 적합한 때문이라고 본다.

뉴욕주에서는 생명보험중개사가 인정되지 않고 있고 생명보험중 개사가 인정되는 다른 주에서도 생명보험중개사는 그리 활발한 활 동이 없어 생명보험시장에서는 비교적 보험중개사의 이용도가 낮은 것으로 나타났다.[82]

---

82) Tillinghast, Insurance Pocket Books, 1996, p.203.

II. 법적 지위

미국에서의 보험중개사제도는 영국의 보험중개사제도를 수용한 것과 함께 같은 불문법국가라는 점에서 영국과 비슷하게 운영되어 왔지만 보험중개사가 보험계약의 체결을 중개(대리)함에 있어서 보험자와 직접 거래하지 않고 대리점과 거래하도록 되어 있는 경우가 많다.[83]

보험중개사는 미국법상으로도 영국에서와 같이 보험계약자의 대리인인 것으로 일반적으로 인식되고 있다. 즉 보험대리점이 보험자를 위한 대리인인 것으로 인식되는 반면 보험중개사는 보험계약자 편에 서서 그의 대리인으로서 행위하는 자인 것으로 인정한다.[84] 그러나 그 대리권의 발생과 대리권의 범위가 반드시 명료한 것은 아니고 특히 보험중개사가 보험계약자의 대리인이라고 하더라도 보험계약자의 보험자에 대한 모든 사항에 대해 대리가 허용되는 것은 아니다.

1. 대리권의 발생

보험계약자를 위해 보험계약을 체결해 주겠다는 보험중개사는 그 보험계약자의 체약대리인이 될 수 있다.[85] 그리하여 대리관계가 성

---

83) H. Cockerell & G. Shaw, op.cit., p.177.
84) 그리하여 보험중개사의 인식사항은 보험자의 인식으로 인정되지 않고 보험중개사에 대한 고지는 보험자에 대한 고지로 인정되지 않는 것이 원칙이다. Manzella v. Paul Revere Life Ins. Co., C.A. 5(La.), 872 F. 2d 96.
85) Orsi v. Aetna Ins. Co., 703 p. 2D 1053, 41 Wash. App.233.

립하기 위해서는 한쪽 당사자가 청약하고 다른 당사자가 보험계약
을 체결시킬 것을 승낙함이 보통의 모습이다.[86] 대리권 수수도 계
약으로 파악되는바, 그 계약의 방식은 명시적인 경우도 있겠으나
묵시적으로 이루어질 수도 있다. 계약에 필요한 약인의 요건은 보
험중개사가 보수의 기대를 하고 상대방이 보험계약체결에 따른 상
응한 대가지급을 해야 하는 것으로 충족될 수 있으나,[87] 대리인으
로서의 보험중개사가 대가 없이도 보험계약자가 원하는 바를 성사
시키고자 한 경우라면 약인조차 요구되지 않는다.[88]

그러나 단순히 보험료를 산정해 주기로 약정한 정도에 지나지 않
는다면 보험계약체결권한까지 주어졌다고 할 수 없고,[89] 특정한 보
험계약사항에 대한 보험계약체결가능여부를 타진하기 위해 보험계
약자가 보험중개사와 접촉한 경우라면 보험중개사에게 광범한 대리
권이 수여되었다고 볼 수는 없게 되는 것이다.[90] 보험계약자와 보
험자의 사이에서 보험계약체결의 매개(중개)를 하는 보험중개사는
명시 또는 묵시적인 반대의 약정이 없는 한 중립적인 입장에서 중
개를 하는 것에 그치지 않고 보험계약자의 대리인 자격에서 보험계
약자편에 서서 행위하는 것으로 인정되는 묵시적 관행이 있다는 점
에서 영국에서의 보험중개사제도와 유사하고 독일, 일본, 우리나라

---

86) Scarsdale Villas Associates, Ltd. v. Korman Associates Ins.
    Agency, Inc. 11Dist., 533 N.E. 2d 81,127 Ⅲ. Dec. 463, 178 Ⅲ.
    App.3d 261.
87) Marshel Investments, Inc. v. Cohen, 634 P.2d 133, 6 Kan. App.2d
    672.
88) Zitelman v. Metropolitan Ins. Agency, App., 482 A. 2d 426.
89) Alford v. Tudor Hall and Associates, Inc., 330 S.E. 2d 830.
90) Southern County Mut. Ins. Co. v. First Bank and Trust of Groves,
    750 S.W. 2d 170 참조.

등 대륙법계의 보험중개사제도와 다르다고 할 수 있다.

보험자는 보험계약자에 의해 선정된 대리인으로서의 보험중개사와 거래해야만 하고 보험중개사에 대한 선택은 보험계약자가 완전히 자유롭게 할 수 있다는 점에서 보험계약에서의 거래당사자에 대한 선택의 이니셔티브는 보험계약자가 가진 것으로 이해될 수 있다.[91]

보험중개사의 보험계약자의 대리권 유무 문제는 당사자의 언행과 함께 모든 사실과 사정으로부터 추단되어 판단되어야 한다.[92] 보험중개사가 보험계약자의 대리인인가의 여부는 법률문제라기보다는 사실문제인 것으로 인식되고 있다.[93] 보험계약자가 보험중개사에게 보험계약체결을 위탁할 때에는 합리적인 약정을 할 수도 있고 이때 그 약정의 요소는 보험계약자와 보험중개사 사이의 과거의 거래상황, 대화도 참작해야 할 뿐만 아니라 지방적 관행에 의해서도 그 존재유무가 판단될 수 있다.[94] 보험계약자의 어떤 언행이 보험중개사에게 자신의 보험계약체결을 대리하게 한 것이라면 대리인으로서의 보험중개사는 보험계약자를 위하여 어떤 의무를 부담하는지도 그에 따라 판단될 수 있게 된다. 보험계약자가 보험중개사에게 어떤 방식과 어떤 사정하에서 대리권을 수여하였는가에 대해서는 그 대리권 범위가 구체적으로 어떠한가와 관련하여 논란이 있을 수 있는 문제다. 이때 당사자 간에 현재 사용되거나 과거에 사용된 적이 있는 양식으로서 보험계약자와 보험중개사 간의 보험계약체결 대리

---

91) Bishop v. American States Life Ins. Co., 635 S.W. 2d 313.
92) Detroit Trust Co. v. Transcontinental Ins. Co. of New York, 287 p.535, 105 C.A. 395.
93) Jelsma v. Scottsdale Ins. Co., 437 N.W. 2d 778, 231 Neb. 657.
94) Scarsdale Villas Associates, Ltd. v. Korman Associates Ins. Agency, Inc., Dist., 533 N.E. 2d 81,127.

권수여의 계약 조건이 포함된 것을 당사자가 당연히 미리 인식하고 있다는 점을 전제할 수도 있다.[95] 보험계약자와 보험중개사 간의 대리권수여계약이 있었는가에 관해 입증이 문제될 때에는 보험계약자가 보험중개사에게 한 보험에 들게 해 달라고 한 청약은 문서뿐만 아니라 구두로도 증명될 수 있는 것이다. 그 증명의 정도는 보험계약자가 보험중개사에게 보험에 들게 할 의무를 부담시켰다거나 보험계약자 자신이 보험에 가입할 의사가 있었다는 사실을 증명함으로써도 족하다.[96]

2. 내리권의 범위

보험계약자를 위한 대리인으로서의 보험중개사가 어떤 권한을 구체적으로 갖는가는 당사자의 명시적, 묵시적 수권행위에 의해 밝혀질 수 있고 대리인의 권한범위에 관한 대리의 일반원칙에 의해서도 밝혀질 수 있다.[97]

보험중개사는 본인인 보험계약자가 수여한 권한만을 갖게 되는 것이고,[98] 보험계약자는 실질적, 외관적 권한범위 내의 보험중개사의 모든 행위, 계약, 표시에 구속된다.[99] 또, 그 대리권 범위 내에서는 그 대리인인 보험중개사의 행위에 의해 어떤 행위든 할 수 있게

---

95) Scarsdale Villas Associates, Ltd. v. Korman Associates Ins. Agency, Inc., 1Dist., 533 N.E. 2d 81.

96) Northtown Warehouse and Transp. Co. Inc. v. Transamerica Ins. Co., 1Dist., 507 N.E. 2d 189.

97) Lavoie v. North British & Mercantile Ins. Co., 161 A. 376, 85 N.H. 550.

98) Orsi v. Aetna Ins. Co., 703 p. 2d 1053, 41 Wash. App.233.

99) Eagle Star & British Dominions v. Tadlock, D. C. Cal., 22 F. Supp.545. 이는 우리 민법 제114조 제1항과 같다.

된다.[100] 보험계약체결에 관한 권한을 수여받은 대리인(보험중개사)으로서는 그 위탁사항[101]에 부가되는 것으로 거래계에서 합리적으로 인정되는 범위의 사항에 대해서까지 권한을 행사할 수 있고, 보험자는 보험증권 발행 전에 있어서 보험계약에 관련된 사항에 관해서는 보험중개사를 상대할 때 보험계약자를 위한 모든 권한을 가진 것으로 봐도 될 것이다.[102]

만약 어떤 손해보험에 있어서 보험중개사가 보험계약체결과 함께 그 계약의 유지여부에 대한 권한마저 수여받은 경우라면, 보험중개사는 기존의 보험계약을 대체하여 새로운 보험계약을 체결할 수도 있고 구보험증권을 대체하여 새로운 보험증권을 수령할 권한이 있다고 본다.[103] 보험계약을 대체할 수 있는 권한에는 바람직하지 않은 기존의 보험계약 기간을 단축할 수 있는 권한도 포함된다.[104] 보험중개사가 보통 보험증권을 수령할 권한도 보유하는 것은 보험증권은 보험계약체결의 효과로 당연히 부수되는 것이기 때문이다.[105] 보험계약자는 그 자신이 사후에 추인하지 않는 한 대리의 권한범위를 초과하는 대리인(보험중개사)의 행위, 계약, 표시에 의

---

100) Stevenson v. Sun Ins. Office, 119 p.529, 17 C.A. 280.
101) 미국법상 engagement라고 하는바(Lavoie v. North British & Mercantile Ins. Co., 161 A. 376, 85 N.H. 550) 우리 법상 중개위탁 약정의 의미로 이해할 수 있다.
102) Hammond v. Insurance Co. of North America, D.C.N.Y., 37 F. Supp.674.
103) Insurance Underwriters' Agency v. Pride, 294 S.W. 19, 173 Ark. 1016.
104) Lavoie v. North British 7 Mercantile Ins. Co., 161 A. 376, 85 N.H. 550.
105) Insurance Underwriters' Agency v. Pride, 294 S.W.19, 173 Ark. 1016.

해 구속되지 않는다.[106) 보험중개사에게 주어진 권한이 특정한 사안에 관한 것이라면 그 사안에 관한 보험계약자 측의 엄격한 지시사항을 넘어서서 보험계약자를 구속할 수는 없고[107) 예컨대 특정 보험계약을 체결하라는 지시를 보험중개사가 보험계약자로부터 받은 경우에 다른 종류의 보험계약을 체결할 수 있는 권한까지 허용되지는 않는 것이다.[108)

보험계약의 체결과 보험계약의 취소는 그 요건을 달리하고 법적 효과도 전혀 반대이므로 보험중개사는 그가 단지 보험계약자로부터 보험계약체결대리권을 수여받았다는 점만으로는 보험계약 취소의 의사표시를 수령할 권한까지 보유한다고 볼 수는 없다.[109)

보험중개사가 보험계약의 체결을 위한 포괄적인 권한을 보험계약자로부터 수여받은 경우 보험중개사는 자신이 직접 보험계약을 체결할 수 없는 경우에 한하여 다른 대리인을 선임할 수 있고(subagent; 복대리인) 이때 그 선임된 복대리인은 보험계약체결을 위한 방법에 있어서 보험중개사와 같은 권한을 지니고 합리적 기량을 발휘하고 주의를 기울여야 할 의무를 보험계약자에 대해 진다.

보험계약자는 그의 대리인으로서 보험중개사의 보험증권상 계약사항 및 보험증권상의 특별기재사항의 의미에 대한 인식에 따라 본인으로서 구속되고, 따라서 보험중개사가 보험계약사항에 관해 인식하고 있다면 보험계약자 자신의 보험계약사항에 대한 무지는 변

---

106) Zenith Box 7 Lumber Co. v. National Union Fire Ins. Co., 175 N.W. 894, 144 Minn. 386.

107) Maryland Casualty Co. v. Peoples, 26 Pa. Super. 142.

108) Celina Mut. Casualty Co. v. Baldridge, 10 N.E. 2d 904, 213 Ind. 198.

109) Jelsma v. Scottsdale Ins. Co., 437 N.W. 2d 778, 231 Neb. 657.

명될 수 없는 것이다.110) 보험계약자를 위한 보험중개사의 무권대
리행위에 대해서도 추인의 일반법리가 적용된다.111) 즉 보험중개사
가 권한을 넘어 행위하여 무권대리행위로 평가되는 경우에도, 추인
당시 그 무권대리행위 사실을 완전히 보험계약자가 안 경우에 한해
서 추인에 의해 마치 이전에 적법한 대리권한부여가 있었던 것처럼
보험계약자는 그 보험계약에 관한 권리를 보유하고 의무를 부담하
게 되는 것이다.112) 명시적 추인을 하지 않더라도 보험중개사의 행
위에 따른 이익을 수령하는 것은 보험중개사의 무권대리행위에 대
한 보험계약자의 묵시적 추인으로 볼 수 있다.113)

보험계약자가 보험중개사의 무권대리행위를 추인함에 있어서는
그 무권대리행위의 일부에 대해 추인하거나 거절할 수는 없고 전부
를 추인하거나 거절하여야 한다. 추인은 또 합리적인 기간 내에 이
루어져야 한다.114)

3. 쌍방대리의 문제

보험중개사는 보험자와의 대리권 수여계약에 의해서 보험자의 대
리인이 될 수 있다. 이때 행정관청으로부터 보험중개사로서 인허받

---

110) Johnson v. Maryland Casualty Co., 60 A. 1009, 73 N.H. 259.: 그
러나 그러한 경우에도 보험계약자는 보험중개사의 권한이 종료한
후라면 보험중개사의 인식에 의해 구속되지 아니하는 것은 당연하
다(무권대리의 법리).
111) Kennedy v. Mennonite Mut. Fire Ins. Co., 152 p.639, 96 Kan. 598.
112) Belk's Department Store of New Bern, North Carolina v. George
Washington Fire Ins. Co., 180 S.E. 63, 208 N.C. 267.
113) R. L. Mathis Certified Dairy Co. v. Alexander, Inc., 349 S.E. 2d
270, 180 Ga. App.404.
114) Stuycesant Ins. Co. v. Barkett, 11 S.W. 2d 87, 226 Ky. 424.

았는지 보험대리점으로서 인허받았는지 그 형식적인 문제는 별로 중요하지 않다.[115] 다만, 이 경우에는 쌍방대리의 문제가 발생하는 바, 영·미 판례상 대리법에서도 원칙적으로 쌍방대리가 금지된다는 점이 문제이다.[116] 그러나 예외적으로 양 당사자의 동의가 있거나 고객으로서의 보험계약자가 보험중개사가 보험자로부터 보수를 받고 있음을 알고 있다는 사실이 합리적인 인식인 것으로 인정되는 경우에는 쌍방대리도 허용된다고 본다.[117] 다만 이 경우에도 보험중개사가 보험계약자로부터 대리권을 수여받아 보험계약자에 대한 의무를 부담하는 한 보험계약자의 대리인으로서의 지위를 우선해야 한다.

보험중개사는 보험계약자의 대리인으로 되는 것이 통상적인 모습이지만 보험계약자가 보험자와의 계약에 의하여 그 대리인이 되는 것에는 지장이 없다. 그리하여 보험중개사는 보험계약자와 보험자 모두를 대리하는 경우가 있게 된다.[118] 계약당사자로서의 쌍방대리를 허용하면 그 쌍방대리는 적법하고 유효하게 효력을 지니게 된다.[119]

---

115) Crown Life Ins. Co. v. Stokes, 794 F. 2d 501.
116) Restatement of Agency, Second(1958), §313.
117) B. Harnet, Responsibilities of Insurance Agents and Brokers(Vol.1 Matthew Bender, 1992), §2.08.
118) Diplomat Homes, Inc. v. Commercial Standard Insurance Co., 384 F. Supp.558, 564-65(W. D. Mo. 1975).
119) Frasor-Yamor Agency v. Country of Del Norte, 68 Cal. App.3d 201, 137 Cal. Rptr. 118(1st Dist. 1977).

4. 제정법의 영향

보험중개사가 누구의 대리인인가 하는 것은 법률문제라기보다는 오히려 사실판단의 문제로 인식되고 있다.[120] 다만 그 사실관계의 판단인 대리인 여부에 관하여 일정한 제정법의 영향을 받는 경우가 있다. 예컨대 미국 오하이오주법에 의하면 생명보험계약의 중개를 하는 자는 누구든지 보험계약자와 보험자 간의 협상에 있어서 보험자의 대리인이 된다고 규정하고 있는데,[121] 그 제정법의 영향에 따라 보험중개사를 보험자의 대리인으로 판단한 사례가 있다.[122] 그리고 플로리다주법[123]에 의하면 보험중개사가 보험자로부터 청약서 양식을 받아 보험계약자에게 제시를 하면 그 보험중개사는 보험자의 대리인으로 된다.[124]

그러나 이러한 제정법의 대리권 유무에 대한 영향에 대해 다른 입장을 보이는 판례도 있다. 즉 텍사스주의 법원은 텍사스주법이 보험중개사가 고객인 보험계약자를 위하여 보험계약을 맺어주고 보험증권을 교부한다는 법률규정[125]이 있다고 하더라도, 익세스라인 중개인(excess line broker)[126]이 언제나 보험계약자의 대리인이 되

---

120) Travelers Indemnity Co. v. National Indemnity Co., 292 F.2d 214, 220(8th Cir. 1961).

121) Ohio Rev. Code Ann. §3911.22(Anderson 1971).

122) New Jersey Life Ins. Co. v. Getz, 622 F. 2d 198, 199, 201(6th Cir. 1980).

123) Fla. Stat. Ann. §626.746(3) [1980년 Fla. Laws ch. 80-341, §9로 개정].

124) Brown v. Inter-Ocean Ins. Co., 438 F. Supp.951, 954(N. D. Ga. 1977).

125) Article 21.38, §3 of the Texas Insurance Code [1967년 Tex. Gen. Laws ch. 185, §4로 개정].

126) 익세스라인 중개인(excess line broker)이란 당해 주 내에서 영업할

는 것만은 아니고 州 밖의 보험자의 대리인으로 될 수도 있는 것이라고 하였다.[127] 즉 미국의 판례에서 나타난 제정법의 보험중개사의 대리권에 대한 영향은 대단히 제한적인 것임을 보여주고 있다.

5. 증거개시(Discovery)의 문제

보험중개사가 보험가입과 보험증권의 작성에 대해 중요한 역할을 하고 있기 때문에 그가 보관하는 서류는 보험계약자와 보험자 간의 소송에서 중요한 증거가 될 수 있고 이러한 서류에 대한 보험계약 당사자의 증거개시청구의 인정여부는 보험계약당사자의 보험계약에 관한 권리실현에 대단히 중요한 논의가 된다.

(1) 보험자의 증거개시청구

보험중개사가 보험계약자의 대리인으로 행위하였다고 인정되고 있는 한 보험계약체결과정에서 보험중개사가 작성한 서류는 보험계약자의 승인 또는 동의를 받은 것이라고 볼 수 있다. 이러한 서류에는 보험계약자가 원하는 보험계약 사항에 관한 기록, 보험자에게 제시하는 보험증권 초안문서, 보험계약 협상과정에서 주고받은 서신이 포함된다. 로이드 보험의 경우에는 보험중개사가 보험자가 승낙할 것을 기대하는 슬립(slip)을 소지하고 있을 것이고 그 슬립은 보험증권내용의 기초가 될 뿐만 아니라 드물긴 하지만 슬립(slip)의 내용으로써 보험증권 문구의 오류를 수정하는 근거로 사용하기도

　　수 있는 허가를 받지 않은 보험회사와의 계약을 체결할 권한이 있는 중개인을 말한다.

127) Foundation Reserve Insurance Co. v. Wesson, 447 S.W. 2d 436(Tex. Civ. App.1969).

한다.[128] 그러나 보험중개사가 보험계약자의 대리인 자격에서 행한 진술은 결과적으로 보험계약자에게 불리하게 작용하게 되는 경우도 있을 수 있다.[129] 그뿐만 아니라 보험계약자의 진술이 보험중개사의 서류에서 발견되어 보험계약자에게 불리한 법률효과가 주어지는 근거가 될 가능성이 있다. 보험중개사의 서류가 보험계약자와 보험중개사 간에서 보험계약체결에 대한 의사표시를 한 증거자료가 될 수 있고, 이 기록이 만약 소송에서의 진술과 불일치할 때에는 보험자에게 유리한 증거로 신청되어 법원에서 입증자료로써 사용될 수 있다.

(2) 보험계약자의 증거개시청구

보험계약자도 또한 보험자와의 보험계약 관련 소송에서 보험중개사가 한 진술이나 보험중개사가 작성한 서류를 자신에게 유리한 목적으로 법원에 증거개시할 것을 청구할 수 있다. 대체로 보험자는 보험계약에 관하여 보험중개사와 협상하고 그 결과 협상의 과정이나 결과로서 보험자의 진술이나 서류를 남기게 마련인 까닭이다. 그리하여 보험자의 법정에서의 진술내용과 협상과정에서의 보험중개사에 대한 진술이나 근거서류가 일치하지 않을 때에는 보험계약자는 법원에 증거개시신청을 할 수 있고 그에 따라 보험중개사가 보험계약자를 위하여 증언하거나 증거서류를 법원에 제출할 수도 있다.[130]

---

128) American Broadcasting Cos. v. Underwirters at Lloyd's, No.81 Civ. 50(KTD)(S.D.N.Y. 1981); Tokyo Marine & Fire Ins. Co. v. National Union Fire Ins. Co., 91 F. 2d 964(2d Cir. 1937).

129) 미국 연방 증거법 801(d)(2)(D)은 「대리나 고용 영역에서 대리인이나 피용인에 의하여 이루어진 진술은 그(대리나 고용)관계의 존속 때까지는 전문증거가 되지 않는다」라고 규정한다.

130) 미국 연방 증거법 801(d)(2)(A) 참고.

Ⅲ. 감 독

1. 감독의 배경

미국에서의 보험업과 보험중개업은 국가경제와 개인의 권리보호 취지에서 정부의 일정한 규제를 받고 있다. 그 규제권한이 연방정부에 속하는가 주정부에 속하는가에 대해서는 논란이 있어왔으나 현재는 보험업과 보험중개업은 연방의회의 규제사항이 아니라 주의회의 규제사항인 것으로 인식되고 있다. 특히 변액보험(Variable Insurance)이 인정되지 않던 시기에 있어서 연방헌법 제1조 제8절 제3항의 '통상조항(commerce clause)'과 주의 규제권한과의 관계를 어떻게 정립하는가 하는 것이 보험사업규제문제의 하나로서 논의되었다.[131] 이 논의에서 연방의회의 입법대상으로서 '외국과의 통상과 각 州간 및 인디안 부족과의 통상을 규제하는 것'으로 정해져 있다는 사실에서 보험사업이나 보험중개업이 과연 '통상'에 해당하는가가 문제되었는데, Paul v. Virginia case[132]에서는 보험계약에서는 보험계약당사자의 서명과 대가의 지급이 강제되는 것으로 보험계약당사자 간에 체결되는 개인적 계약과 같은 것이므로 주와 주 사이에서 이루어지는 '통상'에 속하는 것은 아니라고 보았다. 이 판결에 의해 보험사업의 규제에 대해서는 각 주법에 의하게 되었다.[133]

그러나 그 후 United States v. South-Eastern Underwriters

---

131) N. R. Burke, "Is the Business of Insurance Commerce?", 42 Mich. L. Rev. 409(1943): 梅津昭彦, 保險仲介者の規制と責任, 中央經濟社, 1997년, 10면.
132) 75U.S.(8Wall.) 183(1868).
133) N. R. Burke, op.cit. at 411-412.

Association 사건134)에서는 판례의 태도에 변경이 생기게 되었다. 즉, 헌법이 부여한 연방의 주간 통상규제의 권한은 국가적 복리를 위한 것이고 주의 경계 밖에서 활동한 기업 중에 통상조항에 기하여 의회에 부여된 권한을 전혀 무시하고 존재할 기업은 하나도 없으며 그러한 주와 주 간의 '통상'사업에는 보험사업을 제외할 이유가 없다고 보아 보험사업의 규제권이 연방의회의 권한사항으로 회귀하는 듯했다.135) 이러한 판례상의 논란을 거쳐 연방의회의 권한과 주의회의 권한이 충돌하는 문제를 근본적이고 안정적으로 해결하기 위해 1945년에 맥카렌 - 퍼커슨법(McCarran-Ferguson Act)이 연방의회에서 제정되었다. 여기에서 각 주법에 의한 보험사업에 관한 계속적인 규제와 과세목적은 각 주 내에 있어서의 공공의 복리에 있다고 볼 수 있고 특히 이에 관해 연방의회가 침묵하고 있다고 하여 각 주에 의한 보험사업의 규제와 과세의 권한을 배제하는 것으로는 볼 수 없다고 하여 보험사업의 규제를 주의회의 권한사항인 것으로 확고히 인정하기에 이르렀다.136) 따라서 맥카렌 - 퍼거슨법(McCarran-Ferguson Act)의 규정에 의해 미국에서 각 주는 스스로 보험업법과 관련 법규를 제정할 권한을 갖고 되고 또 각 주가 자율적인 입법과제를 무난히 성사시키는 한 연방정부가 이에 개입할 권한은 없는 것으로 되어 있다.137)

미국에서 보험업 내지 보험상품이 증권규제법의 규율대상으로 될 수 있는가에 대해서는 대체로 소극적인 입장이 지배하고 있었다. 즉

---

134) 322 U.S. 533(1944).
135) 322 U.S. 552-553.
136) 59 Stat. 33(1945), 15 U.S.C. §1011-1015.
137) H. Cockerell & G. Shaw, Insurance Broking and Agency, Witherby & Co., Ltd., 1979, p.176.

1933년 제정된 증권법에서는 보험회사에서 발행하는 보험증권을 증권법의 적용대상에서 명문으로 배제하였다.[138] 왜냐하면 '증권(Security)'의 개념 속에는 보험증권은 해당하지 않는 것으로 이해했기 때문이다.[139] 1940년의 투자회사법(Invest Company Act of 1940)에서도 보험회사는 동법 제3조(a)에서 규정하는 '투자회사'로부터 제외되고 있고,[140] 1940년의 투자상담자법(Investment Advisers Act of 1940)에서도 '전통적' 보험상품을 판매함을 유일한 목적으로 하는 보험회사가 '투자회사'로부터 제외되는 것은 당연하다고 하였다.[141] 이러한 소극적인 입장에 변화가 생긴 것은 변액보험상품이 등장하면서부터인데 그 예로 변액년금보험계약이 있다.[142] 변액년금보험제도는 1951년 교직원 퇴직년금조합(Teachers Insurance and Annuity Association)에서 시도하여 1952년 대학교직원 퇴직변액년금기금(College Retirement Equities Fund)에서 계승하였던바, 연금계약에 의한 급부금은 종전과 달리 퇴직연금기금에의 출자액을 기준으로 한 변액으로 지급받는 것이었다. 퇴직연금기금 운영자 측에서는 기금을 주식 등에 투자하게 되고 이는 별도의 계정으로 관리하게 될 뿐만 아니라 투자위험을 고객이 부담하게 되었다는 점에서 증권에 관한 규제기관인 SEC의 규제를 받아야 하는 것이 아닌가 하는

---

138) Securities Act of 1933 §3(a)(8).

139) 증권의 개념에 관한 대표적인 판례로서 SEC v. W. J. Howey Co.(328 U.S. 293(1946))가 있는바, 여기서 증권의 개념징표로서 ⅰ) 공동사업에, ⅱ) 금전을 투자하고, ⅲ)타인의 노력으로부터 이익을 얻는 것이 제시되었다.

140) Invest Company Act §3(c)(3).

141) Investment Advisers Act §202(a)(11).

142) T. Frankel, "Variable Annuity, Variable Insurance and Separate Accounts", 51 B.U.L. Rev. 173(1971).

문제로까지 발전한 것이다. SEC v. Variable Annuity Life Ins. Co ., [143] Prudential Ins. Co. v. SEC, [144] SEC v. United Benefit Life Ins. Co.에서 이 문제는 특히 논의되었다. [145] 이러한 규제목적의 기초를 이해하기 위해서나 증권관련법의 적용여부를 논하기 위해서도 '보험'의 개념을 분명히 정립하는 것이 필요로 하게 되었는데 Helvering v. LeGierse [146] 사건에서 '역사적으로 통상 이해되는 보험이란 것은 위험의 이전(risk shifting)과 위험의 분산(risk distributing)을 포함한다'고 하였다. 이러한 논의과정을 거쳐 미국보험감독관협회(National Association of Insurance Commissioners: NAIC)에서는 변액생명보험표준법(Variable Life Insurance Model Regulation)을 채택하여 변액생명보험계약을 규제하고자 하였고, SEC는 1978년 규칙 제154조를 제정하여 보험회사가 발행하는 연금계약서에 대한 1933년의 증권법 적용여부의 지침을 제시하였다. 보험계약(또는 보험계약중개) 전부가 증권법의 적용대상이 되는 것이 아니라 투자적 성격이 강한 일정한 보험계약(또는 보험계약중개)만이 그 적용대상이 되는 것으로 하였다. 따라서 그 적용이 되는 계약으로서는 ⅰ) 일정율의 연금지급에 대한 보증이 없는 계약, ⅱ) 예탁기금조항을 포함하는 계약, ⅲ) 주요 부분이 투자인 계약으로 입법하였다.

　이러한 역사적 변천과정에서 보험계약은 연방의회의 규제를 받는 것이 아니라 주의회의 보험법에 의해 규제되고 그리고 예외적으로 변액보험계약의 일정한 유형에 대해서는 연방증권법의 적용도 받는

---

143) 359 U.S. 65(1959).
144) 326 F. 2d 383(3d Cir. 1964).
145) 387 U.S. 202(1967).
146) 312 U.S. 531(1941).

업무로 되었다.

이에 따라 보험모집(보험중개업 포함)에 대한 규제도 각주의 보험법에 의거하여 주보험청이 시행하고 있다. 영국, 독일 등 유럽제국이 보험모집의 대부분을 보험중개사 자신으로 구성하는 협회에 의해 자율적으로 규제하는 것과는 대조적으로 미국은 주보험청에 의한 단일적이고 타율적인 규제체계를 형성하고 있다. 그러나 주에 따라서는 규제의 내용이나 방법에 있어서 상당한 차이를 보이는 경우도 있다. 예를 들어 하와이, 아이오와, 미시간, 몬타나, 오하이오, 오래곤, 텍사스 주 등에서는 보험중개사가라고 하는 개념 자체가 제정법상으로도 인정되지 않고 있다. 또한 미국법상으로는 보험중개사와 보험대리점과의 구별도 모호하여 양자가 혼동될 여지도 많다. 보험중개사제도를 인정하고 있는 주라고 하더라도 법적으로 개인자격의 중개인은 전혀 인정하지 않고 법인자격의 중개인만 인정하는 경우도 있다.147)

그럼에도 불구하고 전국적으로 활동하는 보험중개사에 대해서는 규제를 통일할 것이 필요하기 때문에 통일된 규제법에 대한 필요성이 제기되고 있다. 이런 움직임의 발로로 미국보험감독관협회(National Association of Insurance Commissioners: NAIC)와 전국보험중개사협회(National Association of Insurance Brokers: NAIB)에서 표준법을 제시하고 있다. 그러나 이들 표준법은 보험중개사에 대한 규제법의 기본적인 사항만 제시하고 있을 뿐 구체화되지 못해 문자 그대로

---

147) B. Harnet & I. Lesnick, The Law of Life and Health Insurance(Vol. 3), Matthew Bender, 1988, §11.04; NAIC, Agents and Brokers Licensing Model Act §3에서 agent와 broker를 각기 정의하고 있지만 이 정의만으로는 구체적인 경우의 구분의 명확성을 기할 수 없다.

표준법으로만 존재하고 있다.

2. 감독의 내용

미국은 각 주별로 보험사업에 대한 규제법이 다르고 주에 따라서는 보험중개사제도 자체를 인정하지 않는 예도 있다.[148] 보험중개사, 보험대리점, 보험모집인 등 모집종사자(intermediary)들은 대체로 각 주별로 면허를 취득할 것을 요건으로 하고 있으며 면허취득에 시험합격이 요구되기도 하고 그렇지 않는 경우도 있다. 대부분의 주에서는 보험중개사와 보험대리점에 대해 별도의 규율을 하고 있고, 보험중개사에 대한 규제내용의 주요한 점은 대체로 모집종사자 자신이 영업하고자 하는 종목이나 등급에 대해 주의 면허를 얻어야 한다는 것과 보험료 부당할인(rebating), 보험자에 의한 수수료, 요율, 보험조건, 보너스 등의 형태에 의한 보험계약자에 대한 차별적인 대우, 허위진술과 여러 회사의 보험상품에 대해 전체적으로 비교하지 않고 부분적이고 불완전하게 비교를 하여 고객에게 제시하는 행위, 부당한 수당수수, 구계약을 신계약으로 대체하는 환승계약(twisting) 등을 금지하는 내용으로 이루어져 있다.[149] 보험중개사 규제입법이 아니라도 보험계약자 보호를 위한 그와 유사한 내용은 각 주의 공정거래법(Unfair Trading Act) 등의 법률에서도 규정되는 등 여러 법률에 걸쳐 그에 대한 내용이 산재하고 있다.

미국보험감독관협회에 의하여 제정된 보험대리점 및 보험중개사 면허에 관한 통일 표준법(A Model Uniform Agents and Brokers

---

148) Hugh Cockerell & Gorden Shaw, Insurance Broking and agency, Witherby & Co. Ltd., 1979, p.177: 예를 들면 켄터키주, 텍사스주, 테네시주, 미시건주, 미시시피주, 플로리다주, 오클라호마주 등이다.
149) Ibid., p.179.

Licensing Act)150)은 모집종사자를 보험모집인 이외에도 보험대리점, 보험상담사(insurance consultants), 한정보험대리점(limited insurance representatives)으로 나누고 보험중개사도 통상의 보험중개사(insurance brokers)와 익세스 라인 브로커(excess line broker)로 구분하며 각 유형의 모집종사자는 그 고유의 영업으로서 보험계약의 모집, 증권발행, 손해사정업무(보험중개사에 한정한다)를 담당한다.151) 본 연구에서는 미국에서의 대표적인 보험법으로 알려져 있는 뉴욕주 보험법상의 보험중개사제도를 살펴보고자 한다.

(1) 보험중개사의 정의와 구분

"보험중개사가란 소정의 보수나 수수료를 받고 자기 이외의 피보험자나 면허보험중개사를 위하여 보험계약 또는 연금계약체결의 권유, 교섭 또는 주선을 하거나, 위험을 판정 또는 보험가입에 조력하는 개인, 조합, 비법인사단, 회사"라고 정의하고 있다.152) 보험대리점은 보험자에 의해 보험영업을 하도록 지정된 보험자의 대리인인 반면에 보험중개사는 대리하는 보험자가 없이 대리점이 아닌(즉 계약자 등의) 대리인으로서 영업을 한다. 즉 보험중개사는 예외적으로 보험자가 그에게 커버 노트(cover note) 발행권을 위임하고 보험료수령 등

---

150) 다만 그 효력은 권고적인 것에 그치고 있다.

151) H. Cockerell & G. Shaw, op.cit., p.177.

152) 뉴욕주 보험법 제2101조(c)에서는 In this article, 「"insurance broker" means any person, firm, association, corporation who or which for any compen-sation, commission or other thing of value acts or aids in any manner in solciting, negotiating or procuring the making of any insurance or annuity contract or in placing risks or taking out insurance, on behalf of any licensed insurance broker, ……」라고 규정하고 있다.

의 대리권을 수여한 경우가 아니면 보험계약자의 대리인이 된다.

보험중개사의 종류에 대해서는 보험중개사(brokers)(제2104조), 익세스 라인 중개인(excess line brokers)(제2105조), 재보험중개사(reinsurance intermediary)(제2106조)으로 나누고 있다. 보험중개사에 대한 규제를 기본적인 사항으로 예정하면서 익세스 라인 중개인과 재보험중개사는 보험중개사 자격을 전제하고 그 위에 따로 면허를 요구하고 있다. 특히 익세스 라인 중개인에 대해서는 15,000$ 이상의 보증금증서(bond)나 그에 대신할 증거금을 보험감독관에게 예치해야 한다는 재무적 부담을 면허의 발급이나 갱신요건으로 요구하고 있다. 이는 익세스 라인 중개에 따르는 불안정성을 이러한 감독사항으로 커버하려는 배려일 것이다.

⑵ 보험중개사에 대한 면허

A. 면허주체와 요건

보험중개사는 보험에 관한 광범한 감독권을 갖고 있는 보험감독관으로부터 면허를 얻어야 한다. 면허제도는 소비자(보험계약자 등) 보호측면이 강하지만 보험모집 종사자 자신을 보호하는 면도 있다. 보험모집 행위에서 불공정한 행위 자체는 보험모집조직 자신의 출혈경쟁이 된다는 점에서 이를 제한하는 규제는 바로 보험모집조직(보험중개사) 자신을 이롭게 하는 것이 된다. 또한 보험중개사, 재보험중개사, 대리점 등은 각각의 영업에 대해 면허를 받아야 하고 만약 면허받지 않은 채로 영업을 하면 이들 모집종사자뿐만 아니라 그에 대해 보수를 지급하고 영업을 하게 한 보험자까지도 범죄를 구성할 수 있다. 보험감독관은 피보험자의 이익을 보호하는데 있어 중개인으로서 신뢰할 수 있고 유능한 개인, 조합, 비법인사단, 회사에 대하여 면허를 발급할 수 있다.[153] 보험중개사 면허없이는 주 내에서 보험중개사로서 활동할 수도 없고 보험중개사의 명칭이나 상호 또는 유사명칭을 사용해서도 안 된다.[154] 면허의 유효기간은 24개월간으로 하고 있다(뉴욕주 보험법 제2104조(g)).

면허제도의 취지는 주 내에서의 일반시민을 보호하기 위해서 모든 보험중개사의 전문적인 활동기준을 갖추고 유지하게 함에 있다(뉴욕주 보험법 제2104조(a)(2)).

보험감독관이 면허를 발급하거나 갱신허가 전에 면허신청자나 종속면허신청자(sub-licencee)[155]는 규정된 양식에 의한 신청서를 보험감독청에 제출하여야 하고 접수된 신청서와 관련하여 보험감독관은 관련인과 서류에 대해 조사를 할 수 있다. 보험감독관은 면허를 발급하거나 갱신하기 전에 신청인에게 그 신청의 이익 주체, 제2324조 위반 시[156] 신청자가 얻게 된 이익이 있다면 그 이익, 기타 요건에 부합하다고 생각하는 사실에 대해 위증벌의 경고하에 진술의 진실성을 요구할 수 있다(뉴욕주 보험법 제2104조(d)(1)(2)).

보험중개사 면허신청인 및 종속면허신청인은 면허발급 시에 18세 이상이어야 하고, 다음의 A~C 중 하나의 요건을 갖추어야 한다(뉴욕주 보험법 제2104조(c)).

(A) 보험업무의 기본적인 분야를 90시간 이상 연수받거나 그에

---

153) 뉴욕주 보험법 제2104조(a).
154) 뉴욕주 보험법 제1201조(b).
155) 면허신청자가 개인이 아니고 조합, 비법인사단, 회사인 경우에 그 내부의 임원, 직원 등이 영업을 할 수 있게 하기 위하여 종속면허자로 지정하고 이 지정을 발급하는 면허에 표시하게 하는 제도이다. 뉴욕주 보험법 제2105조(e) 제2106조(a)(2) 참조.
156) 수수료 반환 및 차별금지조항.

상응하는 것으로 보험감독관의 승인을 얻은 방법과 내용의 과정을 이수하여야 한다. 이 과정은 주 교육청의 교과과정으로 등록되어 있거나, 보험대학 또는 그에 상응하는 교육수준을 갖는 다른 연수소에서 연수 이전 5년 동안 상응한 수준을 유지한 기관으로서 보험감독관으로부터 승인을 받은 기관이어야 한다.

(B) 면허신청의 직전 3년 동안에 통산 1년 이상 보험대리점 또는 보험중개사의 정규 피고용인으로서, 화재, 해상, 배상책임, 근로자재해보상 및 보증보험 중 한 가지 이상의 보험부문에서 계약체결 또는 손해사정에 관한 책임 있는 보험직무에 종사한 자. 이 경우에 해당하는 자는 신청서와 함께 본 호의 요건에 합치됨을 나타내는 사실을 기재하여 기재사항이 사실과 다를 경우에는 위증죄에 의해 처벌되는 진술서를 고용주가 서명하고 진실임을 확인하여 제출해야 한다.

(C) 합중국 군대의 군무에 복무하기 직전 3년 동안 또는 제대 직후에, 통산 1년 이상 보험회사, 보험대리점 또는 보험중개사의 정규 피고용인으로서 화재, 해상, 배상책임, 근로자재해, 보증보험 중 한 가지 이상의 보험부문에서 계약체결 또는 손해사정에 관한 책임 있는 보험직무에 종사한 자로, 그 제대한 날로부터 1년 이내에 면허를 신청한 자. 이 경우에 해당하는 자는 신청서와 함께 본 호의 요건에 합치됨을 나타내는 사실을 기재하여 기재사항이 사실과 다를 경우에는 위증죄에 의해 처벌되는 진술서를 고용주가 서명하고 진실임을 확인하여 제출해야 한다.

익세스라인 중개인(excess line broker)이나 재보험중개사로 활동하기 위해서는 각각 2105조, 2106조에 따라 면허를 받아야 한다.

보험중개사가 되기 위한 요건에 자본금 등과 같은 일정금액의 재무요건을 요구하지는 않고 있다.[157]

면허갱신의 경우를 제외하고, 면허신청인 및 종속면허신청인에 대해 보험중개사로서의 활동할 능력을 가지고 있는가를 판정하기 위하여 필기시험을 요구하여야 한다고 규정하고 있다(뉴욕주 보험법 제2104조(e)).[158] 아무런 능력검증도 없이 모든 종목에 대해 보험중개사의 등록을 허용하는 것이 영국의 면허당국(Insurance Brokers Registration Counsil)과 보험중개사평의회(British Insurance Brokers Assciation)가 직면하고 있는 문제인데,[159] 미국의 경우는 시험이나 경력요건을 요구함으로써 이런 문제가 상대적으로 극복되고 있다. 다만 이런 시험이 지나치게 피상적인 지식을 테스트하고 기존종사자에 대한 득례소지를 인정한다는 점에서 그 실효성이 있을지는 문제이다. 보험중개사 자격시험은 ASI(Assessment System Incorporated)가 주관하고 있고 객관식 선다형(multiple-choice question)으로 치루어지고 있다.[160]

보험중개사의 자격요건으로 보다 더 엄격한 교육과 경력기준을 부과하지 않고 있는 점에 대해서는 비판적인 시각이 있다. 즉 보험중개사에 대한 면허에서는 소비자 보호를 위한 목적에 충실하게 면허신청자에게 필수적인 자질, 적절한 훈련과 경력, 분명한 행동양식이 확립될 것을 요구해야 한다고 보고 면허제도에 따르는 면허정지나 철회 등 벌칙시행만으로는 보험시장을 바람직한 정책 방향으로

---

157) 다만 익세스라인 중개인(excess line broker)의 경우에는 면허발급 시 또는 갱신 시에 1만 5천 달러의 보증금증서(bond) 또는 이에 상응하는 증거금을 보험감독관에게 제출하거나 예치하여야 한다(뉴욕주 보험법 제2105조(f)).
158) 따라서 미국 뉴욕주에서도 대체로 중개인 면허시험에 합격하여야 중개인으로서 활동할 수 있는 것으로 이해해야 한다.
159) H. Cockerell & G. Shaw, op.cit., p.178.
160) 김기홍 외, 앞의 책, 391면.

116

이끄는 것이 충분히 달성될 수 없다고 한다.[161]

보험대리점과 보험중개사의 겸업에 대해서는 특별히 금지하는 규정이 없고 일반적으로 독립대리점(independent agent)은 보험중개사를 겸업하고 있다는 점에서 우리와 매우 다르다. 미국에서의 독립대리점이 보험중개사의 자격을 겸하는 이유는 첫째, 보험중개사의 자격을 보유함으로써 대리점 계약을 체결한 보험회사가 취급하지 않는 다른 보험상품도 함께 보험계약자에게 제공할 수 있어 선택의 다양성이 증대되기 때문이다. 둘째, 대리점계약을 체결하지 않은 보험회사와의 보험계약체결 또는 공동인수를 하고자 할 때 편리하다는 것이다. 대리점 계약의 경우는 대리점계약의 유지를 위해 일정 규모 이상의 계약실적을 유지하여야 하는 부담이 있으나, 보험중개사의 경우는 그 부담이 없기 때문이다.

독립대리점이 보험중개사를 겸하는 경우에도 쌍방대리는 원칙적으로 인정되지 않는다. 따라서 개별 사안별로 보험중개사는 보험계약자와의 이익 갈등이 생기는 경우 보험대리점으로서의 역할을 할 것인지 보험중개사의 역할을 할 것인지 분명히 하여야 한다.

B. 면허의 제한

보험감독관은 사안에 따라 보험중개사 신청인이 보험료 반환 및 차별행위 금지조항[162]에 위반하여 어떠한 급부나 이익을 수수하였거나 수수하려고 한 것이 인정되는 때에는 면허를 거부할 수 있다. 또한 면허발급 전 12개월 동안 또는 면허발급 후 12개월 동안 수취한 또는 수취할 수수료 중 다음 A, B, C의 재산이나 위험에 관련

---

161) H. Cockerell & G. Shaw, op.cit., p.179 참조.
162) 뉴욕주 보험법 제2324조 참조.

된 보험에서 발생한 것이 순수수료 총액의 10%를 초과할 때는 면
허의 발급이나 갱신을 거부할 수 있다(뉴욕주 보험법 제2104조
(d)(3)). 이는 자기보험중개계약을 일정한도에서 제한하려는 것이
다.163)

C. 면허의 취소와 정지

보험감독관은 보험중개사가나 그 종속중개인(sub-licencee)이 다
음 각 경우에 해당하는 때에는 면허갱신 거절, 면허취소, 면허정지
등의 결정을 할 수 있다.164)

① 이 법의 조항을 위반하거나 업무수행과정에서 어떤 법률을 위
  반한 경우
② 면허의 신청과정에서 중요 사항에 대해 허위진술한 경우
③ 부정직하거나 사기적인 죄책이 있는 경우
④ 보험중개사 자격으로 행위하는 데 신뢰할 수 없거나 무능력을
  나타낸 경우

보험중개사의 면허가 취소되거나 정지되면 면허 취소, 정지 전에
면허자와 종속면허자에 대한 통지를 하여야 하고 청문절차를 열 수
있게 하여야 한다. 이는 면허취소 또는 면허정지 통지 후 10일 이
상의 기간에 행해져야 하고(뉴욕주 보험법 제2110조(a)(b)) 면허받
은 보험중개사 또는 이의가 있는 자가 면허취소 정지에 대해 충분

---

163) 우리 보험업법에서는 50%의 상한선을 정하여 자기보험중개계약을
    하는 것을 금지한다는 점에서 미국 뉴욕주 보험법의 자기보험중개
    계약의 제한은 상당히 엄격한 것이라고 할 수 있다.
164) 뉴욕주 보험법 제2110조.

히 이유 있는 항변을 보험감독관에게 제출한다면 보험감독관은 그 통지와 심리절차 후에 그러한 면허취소나 정지의 결정을 하여야 한 다(뉴욕주 보험법 제2110조(g)). 보험중개사의 면허가 취소되거나 정지되면 즉시 면허효력이 종료되고 모든 종속면허자에 대한 관련 권한도 소멸한다.[165)

(3) 기타 감독사항

A. 업무개선명령

보험중개사가 보험법에 규정한 조항을 위반하는 행위를 하는 경 우 보험감독관은 이를 제지하기 위한 중지명령을 위해 소송을 제기 할 수 있다(뉴욕주 보험법 제327조).

B. 무면허 보험자를 위한 중개금지와 예외

뉴욕주에서 보험사업의 면허를 받지 아니한 보험자에게 보험중개 를 할 수 없고 그러한 보험자가 보험계약이나 연금계약을 체결함에 있어서 어떤 방법으로도 지원할 수 없음이 원칙이나(뉴욕주 보험법 제2117조(a)) 다음과 같은 예외가 있다. ⅰ) 면허받은 보험중개사 가 중개한 위험에 대한 재보험계약, ⅱ) 상설 장소가 본 주 이외의 지역인 재산의 멸실 또는 손상을 담보하는 보험계약, ⅲ) 보험의 목적물이 주 내에 있거나 주 밖에 있거나에 관계없이 관련 이익을 고려할 때 합리적이라고 볼 때의 다음의 해상보험계약.

ㄱ) 국가 간의 수출입 또는 연안운송 과정에서의 항해, 본선에의

---

165) 뉴욕주 보험법 제2110조(d).

운송, 운임, 또는 설비, 기타 선주의 이익, 화물, 상품 및 모든 동산과 그에 관련된 이익에 관한 위험을 담보하는 보험계약. 이 보험계약에는 최초 출발지로부터 최종 목적지까지의 육상 또는 수상운송은 물론 전쟁위험과 선박건조자 위험을 담보하는 보험계약이 포함된다. ㄴ) 원양항해선박과 관련하여 이 법 제1113조(a)의 21호에 명시된 위험을 담보하는 보험계약이다(뉴욕주 보험법 제2117조(b)).

C. 보험료 등 자금관리

보험중개사와 재보험중개사는 그 지위에 의하여 수수한 자금에 대하여 수탁자로서의 책임을 지고 당해 보험자의 명시적 동의가 없는 한 그 자금을 자기자금 또는 그가 보험중개사(또는 재보험중개사) 이외의 다른 자격에 의하여 보유하고 있는 자금과 혼합하지 못한다.166)

D. 광고의 규제

보험중개사는 특정보험자의 재무상태를 알리는 취지의 광고를 하거나 안내책자, 유인물, 카드의 발행교부나 기타 공지행위를 할 수 없음이 원칙이고 보험중개사 등은 주 내에서 어떤 광고나 공지행위에 의하여도 비인가보험자에 대한 주의를 환기시키는 행위를 할 수 없다. 보험중개사 등은 특정보험자를 언급하는 모든 광고, 공지, 게시판, 유인물, 카드에 그 보험자의 정식명칭과 미국에서의 본점소재지를 명시하여야 한다.167)

---

166) 뉴욕주 보험법 제2120조(a)(b).: 이는 보험계약자의 보험료 등의 특정성이 상실됨을 예방하여 파산 등 분쟁발생 시 문제발생을 막으려는 시도라 본다.
167) 뉴욕주 보험법 제2122조.

E. 허위표시 등의 금지

보험계약의 조건 등에 관하여 진실에 반한 행위를 하는 것은 형사상 범죄, 민사상 불법행위 성립이 가능한 것이지만 보험법에서 특히 보험계약자 등의 보호를 위하여 그 금지를 정하고 있다. 즉 생명, 상해건강보험사업의 인가를 받은 보험자의 대리점이나 대표자 및 보험중개사, 개인, 조합, 비법인사단이나 회사는 주 내에서 교부할 것으로서 생명, 상해건강보험이나 연금계약의 조건, 급부내용 또는 장점을 허위로 표시한 어떤 도화, 유인물, 설명서나 각서를 발간 또는 유통하거나 그의 발간 유통을 조장 허용할 수 없으며, 그러한 계약에 의하여 장래에 수령할 배당금, 잉여금이나 추가급부금에 대한 오류적 추정을 하지 못하고 당해 보험자가 유사한 계약에 대하여 과거에 지급한 배당금, 잉여금이나 추가급부금에 대해 허위 또는 오도적 설명을 할 수 없고 당해 보험자의 재무상태나 책임준비금제도에 관하여 여하한 오도적 진술이나 허위의 진술을 할 수 없다. 어떤 개인, 조합, 비법인사단이나 회사도 보험계약의 실효나 해지를 유인 또는 권유할 목적으로 특정보험사업자의 보험계약에 대하여 불완전한 비교를 해서는 안 된다.[168] 특정 보험사업자의 보험계약에 대한 비교가 제반 규제요건에 부합하지 않을 경우 그 비교는 불완전한 비교로 보고, 어떤 비교가 불완전한 것인가 또는 오도적 성질을 띤 것인가 하는 문제에 관한 사법적 기타 판단을 함에 있어서 보험계약자가 당해 계약조항, 계약조건 또는 급부내용을 알았거나 알고 있었다는 사실은 고려대상이 되지 않는다.[169]

---

168) 뉴욕주 보험법 제2123조(a)(1)(2).
169) 뉴욕주 보험법 제2123조(b)(c).: 이 규정을 위반하였거나 보험 또는 연금계약을 유인, 판매함으로써 어떠한 보수나 수수료를 고의로

F. 보수의 규제

보험중개사의 보수청구권에 대해서는 보험계약자의 보호를 위해 일정한 규제를 하고 있다. 즉 보험계약의 조사, 감정, 검토, 정산 또는 조언 및 권유에 대한 보수를 받기 위해서는 보수의 지급액이 기재되고 양 당사자가 서명한 서면협정서가 있어야 한다. 또한 보험중개사는 보험료에서 공제할 수 있는 수수료 이외 보험중개와 관련한 여하한 서비스나 클레임사정에 관한 보수를 청구할 수 없음이 원칙이나 당사자가 서명한 서면약정서에 의한 경우에는 가능하다.170) 이 각서나 계약서의 사본은 이 서비스의 수행 후 3년 이상 보관하여야 한다.171)

G. 위반행위에 대한 벌칙

보험법상의 감독규정을 위반한 행위에 대해서 행정적으로 중개인 면허를 취소, 정지, 갱신, 거부할 수 있고 그에 대해 일정한 행정절차나 불복절차가 규정되어 있다.172) 그에 더하여 행정벌이 가해지는 경우도 있다. 즉 감독관에 의해 유효하게 발행된 허가증이 없이는 보험중개사로 활동할 수 없으며, 수수료나 수당을 받을 수 없을 뿐 아니라 무면허 영업행위 시에는 다른 규정에 의한 벌금 이외에

수수한 보험대리점이나 대표자 또는 보험중개사 등은 보수 또는 수수료 액수에 대하여 민사상의 손해배상책임을 지고 그러한 위반행위에 이끌려 보험계약이나 연금계약을 체결한 자는 그 배상금액을 청구하여 사용, 수익할 수 있다. 나아가 그 위반행위 등으로써 다른 대리점, 대표자 또는 중개인이 그 보수나 수수료상당액의 손해를 입은 경우 그에 대해 배상책임을 지며 피해자는 그 배상금을 청구하여 사용, 수익할 수 있다(뉴욕주 보험법 제2123조(d)).

170) 뉴욕주 보험법 제2119조(a)(1).
171) 뉴욕주 보험법 제2119조(a)(2).
172) 뉴욕주 보험법 제2110조.

매 계약당 2천 달러 이하의 벌금이 부과될 수도 있다.[173] 또한 면허의 취소, 정지처분 대신에 매 위반행위에 대해 500달러, 전체 위반행위에 대해 2,500달러의 범위 내에서 벌금을 부과할 수도 있다.

보험중개사가 미인가보험자와의 거래가 허용되지 않은 보험계약을 미인가보험자에게 중개한 경우에는 첫 위반 시 500달러와 계속적으로 위반이 이루어진 경우 1개월당 500달러의 벌금을 다른 법률상의 처벌과는 별도로 부과된다.[174]

제3절 독 일

Ⅰ. 현 황

독일에서의 보험중개사제도도 자생적으로 기원하였다기보다는 영국법상의 보험중개사제도가 대륙으로 수용된 것이라고 할 수 있다. 그러나 독일에서는 다른 보험영업 조직에 비하여 보험중개사의 활동이 극히 미약한 수준에 있다. 이는 보험대리점 등 이른바 독립 외야 모집조직의 활동이 독일보험업계에서 원활한 보험모집 수행을 해온 점에 우선 기인하고 그 이외에도 영·미에서와 달리 해외 해상거래가 활발치 못했던 독일의 독특한 보험환경에 기인하는 점도 있다고 본다.

---

173) 뉴욕주 보험법 제2102조(a)(2).
174) 뉴욕주 보험법 제2117조(g).

종 류 \ 연 도	1991	1992	1993
1. 보험회사 피용인	25,1900	259,000	255,900
• 내근(inside) 또는 비사무직원(non-clerical)	183,600	184,900	181,900
• 외야 모집인(field service staff)	51,200	56,700	56,800
• 수습생(trainess)	17,100	17,400	17,200
2. 독립 외야 모집조직	359,000	359,000	359,000
• 전업(full-time)	59,000	59,000	59,000
• 부업(part-time)	300,000	300,000	300,000
3. 보험중개사	3,000	3,000	3,000
계	613,900	621,000	617,900

자료· Gesamtverband der Versicherungswirtschaft(GDV), Year Book 1995, p.2.

Ⅱ. 법적 지위

1. 개 념

독일에서의 보험중개사는 보험대리점처럼 보험계약을 직업적으로 중개하는 보험매개인의 일종으로 본다. 그러나 보험중개사는 보험자에 의하여 임명된 것이 아니고 보험자에 대하여 완전히 독립적인 지위를 가지고 있다는 점에서 보험대리점과는 차이가 있다. 보험중개사는 대체로 계약에 의하여 보험계약자와 대리관계를 맺고 있다. 그는 독일 상법 제93조의 상사중개인에 해당하고 동법 제1조 제2항 제1호에서 말하는 상인에 해당한다. 독일에서의 중개인은 영·미에서의 중개인(broker)과는 달리 본 계약당사자로부터 중립적인 지위에서 중개행위라는 매개를 하는 것이 원칙이어서 관행적으로 보험계약자의 대리인이 되지는 않는다는 점에서 영·미법에서의 보험중개사(insurance broker)와 다르다고 할 것이다. 또 보험중개사의 법적 형태는 자연인의 형태일 수도 있고 조합의 형식도 가능하고 법인으로도 가능하다. 오히려 대형의 보험중개사는 법인 특히 다국적 기업의 형태로 발전한 예가 많다. 보험중개사는 하수중개인(Untermakler)을 둘 수도 있는데, 그는 보험중개사를 위해서만 일할 수도 있고 직접 보험자를 상대로 보험계약의 체결을 중개할 수도 있다.

보험중개사의 법적 지위는 가장 기본적으로는 독일상법 제93조 내지 제104조까지의 상사중개인에 관한 규정이 적용되고 보충적으로는 독일민법 제8편(중개인계약)의 제652조 내지 655조의 규정에 따라서 결정된다. 그러나 보험중개사의 법적 규율은 충분하지 않으며 그 대신 보험중개업계에서의 약정과 상관습법이 매우 발달되어 있다는 점을 고려해야 할 것이다.[175]

2. 보험계약자와의 법률관계

(1) 중개계약의 체결

보험중개사는 독일상법 제93조 이하에서 규정하는 상사 중개인이지만 일반적인 업무 관행을 보면 보험계약자를 위하여 업무를 수행하는 데 그 업무 위탁의 내용은 명시적 또는 묵시적인 중개계약에 의해 정해진다. 이 경우 보험계약자와 보험중개사 간의 중개계약에

---

175) 이 경우 법규적용의 우선순위는 당사자 간의 약정->상법전->상관습법->민법전 등이 될 것이다.

있어서 보험자는 당사자가 아니므로 보험자의 동의를 필요로 하는
것은 아니고 보험계약자와 보험중개사 간의 청약과 승낙에 의해 중
개계약은 성립한다. 이 경우의 중개계약에는 고용계약과 도급계약
의 요소가 모두 포함되어 있는데, 보험계약자가 보험중개사에 대한
구체적인 업무수행의 지휘, 감독을 하지 않고 보험계약체결이라는
행위 결과에 대해 보수를 지급하기로 약정한 것이므로 도급계약의
요소가 더 우세하다고 본다.176) 때로 중개계약의 구체적인 내용에
의해 보험중개사는 보험계약자를 위한 계속적인 의무이행을 해야
하고, 이를 통하여 보험중개사는 일회의 계약성립을 위한 노려만을
하는 것이 아니라 보험계약자의 요구에 맞는 서비스를 계속적으로
제공해야 할 의무를 지기도 한다. 그러나 일반적으로는 중개계약에
의하여 보험중개사는 보험계약자에 대하여 항구적인 보험계약 매개
의무를 지지 않는다. 보험중개사로서는 개별적인 매개행위를 보험
계약자를 위해 행하면 족한 것으로 이해해야 할 것이다.177) 중개계
약에서 보험중개사가 보험계약자로부터 보험계약체결의 대리권을
부여받는다면 그에 의해 독일상법 제93조는 적용이 배제되고, 보험
중개사는 보험계약자의 대리인이 되어 그에 대한 주의의무도 강화
되는 것이다.

(2) 보험중개사의 권한

보험중개사가 보험계약당사자에 대하여 어떤 권한을 갖는가는 보
험중개사와 보험계약자와의 당사자자치원칙에 근거한 계약내용에

---

176) Bruck-Möller, VVG Kommentar, 1. Band, 8. Auf., 1961, vor
§§43-48 Anm. 38.
177) Müller-Stein, Das Recht der VersVermittlung, 4. Aufl. 1993, §7. 2. 1.

전적으로 의존한다. 독일에서도 영·미법에서의 보험중개사의 관행의 영향을 받아(비록 영·미법에서와 같이 보험중개사와 보험계약자 간의 관계가 밀착된 것은 아니라 할지라도) 보험중개사가 보험계약자로부터 대리권을 수여받아 보험계약자의 대리인으로 행위하는 경우가 많다는 점에서 보험중개사의 권한에 관한 논의는 보험계약자와의 관계에 집중되고 있다. 보험계약자는 중개계약에 의해 보험중개사에게 보험중개권한 또는 보험계약체결대리권뿐만 아니라 여러 가지 넓은(능동적이거나 또는 수동적인 행위에 관한) 권한을 수여할 수 있다. 이 권한은 명시적인 방법뿐만 아니라 묵시적인 방법으로도 수여될 수 있고, 보험중개사에게 어떤 권한이 주어졌는지 또는 어떤 범위에서 보험중개사가 행위할 수 있는지에 관해서는 거래계의 관습을 고려하여 신의성실의 원칙에 따라 해석해야 한다(독일민법 제157조[178]). 보험중개사의 행위가 보험계약당사자(특히 보험계약자)의 무권대리행위 후에 있어서도 본인의 일정한 귀책사유가 있는 경우에는 거래상대방의 보호를 위하여 표현대리의 성립을 인정할 수 있다. 보험계약자가 보험중개사에게 수여한 계약체결 등에 관한 대리권은 언제든지 철회할 수 있고 중개계약이 소멸하는 경우에 그 대리권도 함께 소멸한다.[179] 보험계약자가 보험중개사에게 수여한 대리권의 내용에 대해서는 계약체결권의 수여 여부, 의사표시와 그 수령에 관한 권한 유무 등이 해석상 논의될 수 있을 것이다. 보험계약자가 보험중개사를 교체한 후에는 보험계약자의 기존 보험계약내용에 대한 불만에 따라서는 기존보험계약의 계약해

---

178) 독일민법 제157조(계약의 해석)에서는 「계약은 신의성실에 따라 거래관행을 고려하여 해석하여야 한다」고 규정하고 있다.
179) 독일민법 제168조.

지권과 새로운 보험계약체결권이 새 보험중개사에게 주어질 수도 있다.

특히 문제가 되는 것은 보험중개사가 보험계약자에게 법률적 조언을 함에 아무런 제약이 없는가이다. 왜냐하면 보험중개에는 필연적으로 보험계약자에 대한 주의의무이행과 관련하여 보험계약내용에 필수적인 법률적인 조언을 할 필요가 있기 때문이다. 이에 관해 대체로 보험중개사는 필수적으로 일정한 범위에서는 직업적인 법률적 조언가인 것으로 인식된다. 그러나 법률조언은 비록 비법률가의 직업수행 영역에서 필요한 것이라고 하더라도 이를 일반적으로 광범하게 인정한다면 법률질서의 혼란을 초래할 것이기 때문에 법률상담법(Rechtberatungsgesetz)을 제정하여 일정한 규제를 하고 있다. 즉 법률상담법 제1조 제1호에서는 원칙적으로 직업적인 법률상담활동을 금지한다. 동조 동호에 의하면 보험중개사는 독립적인 법률상담사무에 종사할 수 없고, 특히 변호사와 같은 법률상담업무에 종사할 수 없다.[180] 그러나 법률상담법 제5조 제1항에서 예외적으로 직업수행에 '통상적으로 필요한 범위'에서는 법률조언을 할 수 있다는 조항을 두고 있는바, 그에 의할 때에만 보험중개사는 자신의 일과 직접적인 관련이 있는 법률문제에 한하여 조언할 수 있을 뿐인데 그러한 직접적인 관련성에 대한 판단은 그의 직업적인 활동을 위한 보조활동으로서 당해 법률적 조언이 반드시 요청되는가에 달려 있다.

독일 보험중개업에서의 관습법에 의한 보험중개사의 모습은 통상

---

180) Prölss-Martin, a.a.O., S.393 참조. 그에 비하여 우리나라의 변호사법에서는 제109조 제1호에서 「변호사가 아니면서 금품·향응 기타 이익을 받거나 받을 것을 약속하고 또는 제3자에게 이를 공여하게 하거나 공여하게 할 것을 약속하고 소송사건……기타 일반의 법률사건에……법률상담을 한 자를 처벌」한다고 정하고 있다.

보험계약자의 수탁대리인으로서의 보험중개사가고, 이에 의하면 보험중개사의 업무는 보험계약자에 대한 주의의무이행에 관해서 보험계약자 보호를 위한 일정한 법적 조언을 해야 하는 것이고, 그에 관한 한 그 업무와 일정 법률문제와의 직접적인 관련성이 인정된다. 따라서 보험중개사는 새로운 보험계약의 체결 시에 그 법률문제에 관해 '최선의 조언'(Best Advice)을 해야 할 의무를 이행할 수 있게 된다. 그러나 보험계약자와 보험중개사 사이에 체결된 중개계약에서 오로지 보험계약의 유지·관리만을 목적으로 하고 보험중개사가 보험계약의 변경이나 교체에 관해 아무런 위임도 받지 않은 경우 보험중개사의 업무와 법률문제와의 직접적인 관련성은 부정된다. 또, 보험중개사로서는 보험계약체결에 관한 법적조언을 해야 할 의무를 지지 않을 뿐만 아니라 업무와 직접적인 관련성이 없는 법적 조언을 한다면 법률상담법(Rechtberatungsgesetz에 저촉되는 결과가 될 것이다.181)

(3) 보험중개사의 의무

보험중개사의 의무의 내용과 범위가 어떠한가는 중개계약의 해석에 의해 결정할 문제이다(독일민법 제157조 참조). 특히 보험계약자와의 중개계약을 통해서 어떤 경우에는 보험중개사는 일회적인 중개의무만을 지는 것이 아니라 일정기간 계속적으로 단골인 보험계약자를 위하여 포괄적인 의무를 부담하게 될 것이다. 보험계약자로부터 보험계약의 체결과 유지에 관해 포괄적인 대리권을 수여받은 보험중개사가라면 보험의 목적이 지닌 위험분석에 의해서 보험계약자에게

---

181) Prölss-Martin, a.a.O., S.393.

가능한 한 최상의 보험보호가 제공되도록 도모해야 한다.

이 경우 보험계약의 체결 후에라도 보험중개사는 그 보험계약을 충실하게 관리하고 유지해야 한다. 즉 보험중개사는 보험계약자가 요청하지 않은 경우라도 보험계약의 유지·관리에 필요한 조사를 해야 하고, 보험목적에 대한 보험사고가 발생한 경우에는 그 보험사고 발생의 통지에 힘써야 하며, 손해를 계산할 경우에는 보험계약자의 정당한 이익이 반영되도록 해야 한다. 특히 보험계약자가 보험자를 상대로 보험금을 청구함에 필요한 증거를 확보하는 등의 노력을 기울이는 것은 보험계약자의 보험보호를 궁극적으로 보장하는 것이다. 보험계약자는 중개계약의 종료 후에 다른 보험중개사와 새로운 중개계약을 체결할 수 있는데, 이 경우 두 번째 중개인은 필요하다면 첫 번째 중개인에 의해서 체결된 보험계약의 내용이 보험계약자의 요구에 부합하는가 여부를 조사해야 하고 만약 기존의 보험계약내용이 보험계약자의 요구에 부합하지 않는다면 그 변경을 하도록 노력해야 한다.

보험중개사는 원칙적으로 보험계약자가 내린 구체적인 지시에 따라야 하지만 사리에 어긋난 보험계약자의 지시에는 따를 필요가 없다. 그러나 보험중개사가 보험계약자에게 보험계약의 내용과 법리를 충분히 설명한 반대 견해의 충고에도 불구하고 보험계약자가 사리에 벗어난 보험계약을 고집할 때에는 그 지시에 따라야 한다.[182] 보험중개사는 보험계약자를 위해 가능한 한 가장 좋은 보험보호를 선택하고 이를 올바르게 유지할 의무를 부담하고 있으나, 이러한 보험중개사의 보험자나 보험계약조건 등 보험계약내용에 관한 최선

---

182) 곽윤직, 채권각론, 박영사, 1997 485면도 같다.

의 선택을 할 책임이 보험중개사에게 무과실의 책임내용이 될 수 없고 보험계약자와의 약정이나 기타 사정에 의하여 특정한 보험자 그룹에 한정될 수 있다.

또한 보험중개사는 보통의 상인으로서 요구되는 주의의무를 기울여야 한다(독일상법 제347조 제1항). 이러한 의무에는 보험계약자에 대한 지도의무(Belehrungspflicht)가 포함된다.[183] 만약 보험중개사가 보험중개를 함에 있어서 이행보조자를 사용한다면 그 이행보조자의 고의나 과실 있는 행위에 대해서는 독일민법 제278조에 따라 보험중개사가 책임을 부담해야 한다.

보험중개사의 설명의무와 충고의무의 위반으로 인하여 보험계약자 등에 대해 손해를 야기한 때에는 배상책임을 부담해야 하고 인과관계의 증명에 있어서는 입증책임의 전환이 이루어진다.[184] 보험중개사가 보험계약자의 이익을 주의해서 보호하기로 중개계약에서 정한 이상, 손해가 발생한 경우에는 원칙적으로 보험계약자의 공동과실(독일민법 제254조)은 인정되지 않는다.[185]

(4) 보험계약자의 의무

---

183) 지도의무란 잘못되고 불충분한 청약을 보험계약자가 했다 할지라도 그 내용대로 보험자에게 청약한다면 보험보호의 목적을 달성할 수 없게 될 우려가 있다면 이를 보험계약자에게 적극적으로 알리고 교정해야 할 의무를 말한다. 보험계약자의 보호 취지와 보험중개사의 전문성을 고려할 때, 보험중개사는 보험계약자에 대한 적극적인 지도의무가 인정되어야 할 필요가 있는 것이다.

184) 보험중개사는 그 자신의 설명의무나 충고의무의 위반이 있었고 보험계약자 등에게 손해가 발생하였다면 그 발생한 손해가 그 자신의 의무위반으로 인한 것이 아니라는 것을 주장하고 입증해야 한다(Prölss-Martin, a.a.O., S.393).

185) 왜냐하면 보험계약자가 보험중개사를 믿고 그 자신의 이익을 별도로 보호하지 않은 데 대해서는 공동과실을 인정할 수 없기 때문이다(Prölss-Martin, a.a.O., S.393).

보험계약자로서는 보험중개사와 중개계약을 체결한 경우에 중개계약의 한 당사자로서 보험중개사에 대하여 보수지급의무 등의 의무를 부담한다. 보험계약자가 보험중개사가 중개한 보험계약을 보험자와 체결한 후에는 보험중개사는 보험계약자와의 중개계약을 이행한 것이 되고 그로써 보험계약자에 대하여 보수를 청구할 수 있다. 그러나 보험계약자는 보험중개사가 많은 비용을 들여서 가장 좋은 보험보호를 모색한 경우에도 이를 받아들여 보험자와 보험계약을 체결할 의무가 없다. 즉 보험계약자는 보험중개사가 매개한 보험자와의 보험계약을 할지 여부에 대해 최종적인 판단권을(보험중개사에게 대리권을 수여한 경우에도) 유보하여 지니고 있기 때문에, 바로 그 점에서 보험중개사는 많은 비용을 들이고도 계약이 성립되지 않는 데에 따른 위험을 스스로 져야 한다.

보험계약자가 중개계약에 의하여 보험중개사에 대하여 보수지급의무를 부담한다고는 하지만 거래계의 관행으로 볼 때에는 대체로 보험계약자가 보험중개사에 대하여 보수를 직접 지급해야 하는 것도 아니다. 대개 경우에 보험중개사는 보험계약의 성립 시 보험자로부터 보수를 받는다. 그러나 보험계약자는 보험중개사에 대하여 독일민법 제242조에 따라 자신의 보험의 목적과 보험보호에 관한 정보제공의무와 주의의무를 부담하는데, 그 범위는 중개계약의 해석에 의하여 정해진다.

(5) 중개계약의 종료

보험계약자와 보험중개사 간의 중개계약은 다른 계속적 법률관계에서와 같은 사유로 종료된다. 즉 중개인의 사망, 중개계약의 취소, 해제, 특히 중개계약의 기한이 없는 경우에는 계약의 해지에 의해서도 종료될 수 있다. 왜냐하면 중개계약도 높은 수준의 용역 제공 의무를 포함하는 계속적 계약관계로 볼 수 있기 때문이다.[186)]

3. 보험자와의 법률관계

보험중개사는 중개계약에 근거하여 보험계약자의 수탁대리인으로서 활동하는 것이 보편적인 형태이지만, 보험자와의 관계에 대해서도 보험의 인수에 관하여 법률의 규정 또는 계약에 의한 법률관계를 가질 수가 있다.

(1) 보험중개사의 주의의무

독일상법 제98조에 의하면 상사중개인은 그의 중개활동으로 인하여 발생한 손해에 대해서 양 당사자에게 책임을 진다. 보험중개사는 우선적으로 보험계약자의 대리인으로서 그의 이익을 보호해야 한다고 할지라도 중개활동을 함에 있어서 보험계약자에 대해서 뿐만 아니라 보험자에 대해서도 주의의무를 지게 된다.[187)] 즉 보험중개사는 보험의 목적에 특별한 위험이 존재하여 그 평가가 필요할 경우 보험계약을 중개함에 있어서 이를 보험자에게 알려야 할 의무

---

186) Prölss-Martin, a.a.O., SS.394-395.
187) Gauer, Der Versicherungsmakler und seine Stellng in der Versicherungswirtschaft, 1951, S. 43; Bruck-Möller, VVG-Komm. 1. Band, 8. Aufl., 1961, Anm. 37; 오스트리아의 중개인법 (Maklergesetz)은 제26조 내지 제32조에서 보험중개사에 관한 특별 규정을 두고 있는데, 특히 제29조(보험자의 이익보호: Wahrung der Interessen des Versicherers)에서는 보험중개사에게 보험자의 이익도 보호할 의무가 있음을 명시함으로써 독일에서의 견해와 같은 입장을 취하고 있다.

를 진다. 왜냐하면 보험중개사가 보험자와 중개계약을 체결한 상태에서는(비록 보험자로부터 대리권 수여가 없었다 할지라도) 보험계약자나 보험자 모두에게 신의성실로써 중개행위를 해야 하기 때문이다. 이러한 의무는 보험중개사가 이미 보험의 목적에 관한 위험의 존재를 알고 있는 경우와 알 수 있었던 경우에도 인정된다.

보험중개사가 부담하는 보험계약자에 대한 의무와 보험자에 대한 의무가 충돌하는 경우에는 보험중개사가 대리권을 수여받은 보험계약자에 대한 의무가 우선한다. 따라서 보험중개사는 보험계약자를 위하여 필요할 경우에는 보험계약자로부터 수여된 대리권에 근거하여 보험계약을 해지하고 보험자를 교체해야 하는 것이다. 이는 보험계약자에 대한 최선조언(best advice)의 의무가 보험계약자로부터 대리권을 수여받은 보험중개사의 제1차적인 의무라고 해야 하기 때문이다.

독일상법 제98조에 의한 보험중개사의 보험자에 대한 주의의무는, 보험자가 계약에 의하여 보험중개사에게 법적 사무를 처리할 권한을 수여하는 경우에는, 더욱 광범위한 내용을 지니게 된다. 다만 보험중개사가 보험자로부터 대리권을 수여받은 경우에 '보험중개사의 보험자와의 계약 및 권한의 수수'는 그 자체로써 '보험중개사의 보험계약자와의 중개계약'을 침해하는 것으로는 볼 수 없다.[188] 드물기는 하지만 계약에 의하여 보험중개사에게 잠정적인 보험보호의 약정 권한, 보험계약자의 고지사항수령권, 보험료수령권, 일정한 한도 내에서의 손해사정의 권한(특히 자동차보험의 경우) 등이 부여되기도 한다.

---

188) 보험중개사가 보험자와 계약을 체결한다고 하여 보험계약자와의 관계에서 반드시 쌍방대리가 되는 것은 아니다. 왜냐하면 보험자를 위한 보험료징수, 고지수령, 손해사정 등의 권한이 보험계약자의 대리인으로서의 권한과 반드시 대립한다고 볼 수는 없기 때문이다.

다만 쌍방대리가 될 때에는[189] 보험중개사는 독일민법 제181조에 따라 보험계약자의 동의를 얻어야 할 것이다.

(2) 보험자의 협력의무

보험자는 계약체결의 자유가 있으므로 아무런 정당한 근거가 없이도 보험중개사가 중개하는 보험계약자와의 계약체결을 거부할 수 있다. 이 경우 보험계약자는 다른 보험자를 찾아야 되고, 첫 번째의 보험자와 보험중개사 사이에는 아무런 법률관계도 생기지 않으며 따라서 보험중개사의 보수청구권도 생기지 않는다.[190] 또한 보험자는 아무런 근거 없이도 보험중개사와의 거래를 거절할 수도 있다. 이 경우 보험계약자는 보험중개사의 개입 없이 보험자와 계약을 체결할지 또는 보험중개사와의 거래를 허용하는 다른 보험자와 계약을 체결할지를 결정해야 할 것이다.

이에 반해 보험중개사에 의해서 중개된 보험계약이 체결된 경우에는, 보험자는 그 후의 거래에 관해 보험중개사와 협력할 의무를 지게 되고, 보험중개사에게 보수를 지급할 의무를 지게 된다. 보험계약자는 자신의 이익을 보호할 대리인을 선임하여 그 보험중개사에 의해 보험계약체결권한을 행사할 수 있는 것이고 보험자는 그러한 보험중개사와도 보험계약체결을 얼마든지 거부할 수 있는 것이지만 일단 보험계약을 체결한 후에는 보험계약의 상대방인 보험계약자의 이러한 권한행사를 존중해야 하는 것이다. 따라서 보험계약

---

189) 보험계약자로부터는 보험계약의 체결대리권을 수여받고 보험자로부터는 커버 노트(cover note)의 발행권을 수여받은 경우를 그 예로 생각할 수 있다.

190) H. Seydel, Maklerrecht, 3. Aufl., Neuwirtschafts Briefe, 1995, S. 23.

이 체결된 경우에는, 보험계약자가 선임한 보험중개사와 협력해야 할 의무를 지게 된다. 그러나 예외적으로 독일민법 제626조[191]에 규정된 중대한 사유가 있어서 보험계약자가 보험중개사에게 계약을 해지한 때에는 보험자는 보험중개사에 대한 협력을 거절할 수 있다. 또한 보험계약자는 보험계약의 체결 후에도 보험중개사를 변경할 권한이 있다. 보험자는 보험계약자가 보험중개사를 교체·변경한 경우에는 그 보험계약자의 결정을 존중해서 새로운 보험중개사와 협력을 해야 하고, 새로운 보험중개사의 이후의 노력에 대한 보수부분을 지급해야 한다. 그러나 이 새로운 보험중개사에 대해서도 독일민법 제626조의 즉시 해지 사유가 있는 경우에는 협력하여 거래할 의무가 없다.

4. 보수청구권

(1) 근 거

보험중개사가 보수를 받는 방법으로써 보험계약자로부터가 아니라 보험자로부터 보험료의 일정비율에 해당하는 수수료(commission)를 받는 경우가 독일에서도 관행화되어 있다. 이때, 보험중개사가 보험계약자로부터 보수를 받는 것이 아니라 보험자로부터 보수를 받는 법적 근거는 다음과 같다.[192]

첫째, 보험자는 보험중개사의 중개행위로 인해 체결될 모든 보험

---

191) 고용계약에서의 중대사유에 의한 즉시 해지를 말한다.
192) H. Glaser & T. Warnke, Das Maklerrecht in der Praxis, 7. Aufl., Neue Wirtschafts Briefe, 1982. S. 105 이하.

계약에 대해서 보수를 약정하는 계약을 보험중개사와 체결할 수도 있다. 이러한 개괄적인 보수계약은 개개의 경우의 보수청구권의 근거가 된다.

둘째, 보험계약자와 보험자 사이에 체결되는 보험계약 자체에 보험중개사의 보수청구권에 관한 명시적 합의가 있다면, 이는 보험중개사를 수익자로 하는 제3자를 위한 계약이 된다.

셋째, 그러한 합의가 없는 경우에는 법률의 규정에 따라야 하는 바, 독일상법 제354조에 의하면, 보험중개사와 같이 다른 사람을 위하여 상행위의 실행을 한 자는 보수에 관한 합의가 없는 경우에도 당연히 보수청구권을 갖게 된다. 누가 보수를 지급할 것인지에 관해 보험계약의 양 당사자가 합의로 정해 두지 않은 경우에는, 독일상법 제99조에 의하여 우선 그 지방의 거래관습에 따라 결정한다. 그런데 독일에서 통용되는 보험중개사 수수료에 관한 상관습에 의하면 보험자가 보수를 지급할 의무를 진다.

(2) 내 용

보험계약자와 보험자는 보험중개사가 어떤 행위를 할 때 보수를 지급할지에 관해 미리 합의해 둘 수 있다. 이에 관한 합의가 없을 경우에는 상관습을 고려하여 신의성실의 원칙에 따라 결정한다(독일민법 제157조). 대체로 보험중개사가 받아야 할 보수는 계약체결 보수와 계약유지 보수를 포함한다. 계약체결 보수는 계약체결의 성공적인 중개에 대하여 지급되는 것이고, 계약유지 보수는 계약체결 이후의 계약관계의 유지·관리에 대하여 지급되는 것이다. 보수액을 얼마로 할 것인가에 관해서도 당사자 간의 합의에 의해서 정할 수 있는바, 보험료와 보험금이 대체로 기준이 되나 보험중개사의 노력 자체에 대한 질, 양(시간) 등에 대한 평가에 의해서 보수액을 결정하는 방식도 있다. 이러한 합의가 없는 경우에는 독일민법 제653조 제2항에 따라 정한다.[193]

Ⅲ. 감 독

독일은 독일보험감독법(Versicherungsaufsichtsgesetz; VAG)에 의한 실질적 감독주의를 표방하는 나라이지만, 대체로 헌법상의 직업의 자유를 존중하여 보험모집에 관한 규제는 보험감독법에서 규정하고 있지 않다. 따라서 보험중개사의 허가제나 등록제는 요구되지 않고 교육이나 시험 등의 요건도 없으며 임의단체인 독일보험중개사협회의 자율규제에 맡겨져 있다.

다만 보험사업자에 대한 규제가 간접적으로 보험중개사에게 영향을 미치는 경우가 있을 뿐인데, 이는 다음과 같다.

첫째, 보험사업자나 중개인은 전반적으로 또는 개별 보험종목에 대해 다양한 형태로 보험계약자에게 특별한 이익을 제공하는 것이 금지된다는 점이다. 이는 보험모집에서의 공정성과 보험계약자의 평등대우를 실현하기 위한 것이다.

둘째, 어떤 자가 보험사업자를 위해서 일한다면 감독당국은 불법적인 요소를 제거하고 방지하는 데 적합하거나 필요한 명령을 그 자에게 내릴 수 있다(독일보험감독법 제81조). 보험중개사가 보험계약의 체결을 중개하거나 대리함에 있어서 보험사업자로부터 보험

---

193) H. Glaser & T. Warnke, a.a.O., S.49 참조.

계약에 대한 일정사항에 관하여 대리권을 수여받아서 업무수행할 수 있는 것이고 이때, 보험중개사는 보험사업자와 함께 보험계약질서의 적법하고 합당한 확립을 위하여 보험규제 대상이 될 수 있는 것이다.

셋째, 유럽연합(European Union: EU) 비회원국에 본점을 두고 대리인을 통해 원수보험 인수업무를 영위하는 보험사업자는 독일에서의 보험사업을 위해서는 인가를 받아야 하고(동법 제105조),[194] 보험사업자는 독일보험감독법이 적용되는 지역에 지점을 설치해야 하며, 지점의 기록을 보관하여야 한다(동법 제106조 제2항).[195] 외국보험사업자는 독일보험감독법이 적용되는 지역에 거주하는 대리인을 통해서만 당해 지역에 통상적으로 거주하는 보험계약자와 계약을 체결할 수 있다(동법 제107조). 그리하여 보험중개사가 보험사업자로부터 대리권을 수여받아 업무수행하는 경우에도 매우 한정된 제한이기는 하나 일정한 자격요건을 필요로 하는 결과로 된다. 따라서 보험중개사도 독일보험감독법이 적용되지 않는 지역에 있는 보험사업자와는 거래를 할 수 없게 되어 있다. 이를 위반하면 50,000DM 이하의 벌금에 처해진다.[196]

---

194) 이는 EU통합에 대한 배려로서 EU지역 내에서 영업소를 설립하면 독일 내에서 설립한 것과 같은 법적 효과를 부여한다.
195) 대체로 유럽경제 통합에 의해 EU회원국이 된 나라의 보험사업자에 대해서는 독일의 보험사업자와 같은 넓은 영업의 자유를 인정하여 보험사업의 인가를 요하지 않으나, EU 비회원국의 보험사업자에 대해서는 독일 내의 보험모집 질서와 보험계약자의 보호를 위한 조치를(인가) 취하는 것으로 이해된다.
196) 독일보험감독법 제144조의 a 제1항, 제2항.

제4절 일 본

I. 현 황

1. 보험중개사제도 도입 이전의 상황

일본에서의 근대적 생명보험회사는 1881년에 명치생명보험상호회사가 설립되면서 탄생하였다. 당시에는 보험에 관한 일반시민의 이해도 낮고 그에 따라 전문적 모집조직도 발달하지 않아 보험모집은 주로 보험회사 간부가 직접 출장하여 행하였다. 그 후 생명보험회사의 수가 증가하여 보험회사 간의 경쟁이 격화하고 그 수요의 충족을 위하여 일정지역의 유명인사를 보험대리점으로 임명하고 그 인적채널을 활용하여 생명보험시장의 개척을 꾀하였다. 그러나 그 이후 보험제도가 널리 보급되고 보험시장이 확대됨에 따라 보다 전문적인 지식과 기능이 필요하게 되자 대리점제도로는 그 한계를 느껴 생명보험회사가 직접 영업직원을 관리하여 지원하는 체제가 대두하였다. 이러한 영업직원은 집금·계약유지활동과 새로운 보험계약의 모집업무를 수행하였다. 그 모집인은 주로 근로의욕을 가진 여성으로서 충원하였는데 이는 여성을 위주로 하는 보험모집인의 근간이 형성된 것을 의미한다. 1950년대 이후 전업 내지 전문적 생명보험영업직원의 육성이 더욱 필요하였고 또한 보험모집인의 대량도입, 대량탈락의 문제가 지적되어 보험업계 스스로 공동채용과 공동교육제도를 정비하기에 이르렀다. 그를 위해 1962년 학계에서 제출한 보험심의회 답신을 받아들여 보험모집인 시험제도를 실시하였다. 그 후 1976년 「생명보험모집체제에 관한 정비개선계획」, 1988년에는 「생명보험의 모집체제에 관한 정비개선자주계획」이 실시되었다.[197]

손해보험제도로서는 동경해상보험회사가 1879년에, 동경화재보험회사가 1888년에 각각 설립되어 그 효시가 되었다. 생명보험회사와는 대조적으로 손해보험 분야에서는 대리점을 중심으로 한 모집체제가 용이하게 구축되었다.[198] 이후 손해보험사 간의 경쟁이 치열하게 되고 대리점수가 대폭적으로 증가하여, 손해보험협회는 도도부현별로 대리점설립을 제한할 것을 건의하여 시행되다가 1949년에는 독점금지법의 시행에 의해서 이러한 제한은 폐지되어 보험회사의 자체적인 정비노력에 일임되고 대리점의 신규설립은 자유화하게 되었다. 그 이후 손해보험종목이 다양하게 됨에 따라 손해보험대리점도 특화하는 경향을 나타내게 되었다. 특히 1940년대부터 자동차 보유대수가 급속히 증가함에 따라 자동차보험이 보급되어 자동차 판매상이 손해보험대리점으로서 중요한 위치를 점하게 되었다. 따라서 보험중개사제도가 도입되기 전까지 일본에서는 보험모집인과 보험대리점이 각각 생명보험과 손해보험의 중추적인 모집조직으로 자리하고 있었다.[199]

---

197) 保險業法硏究會, 外務員めぐる問題と法 －社會的病弊に對する態度
－生命保險經營 第43券 1号(1975年) 이하.
198) 東京海商火災保險株式會社 篇, 損害保險實務講座 2 損害保險經營,
有斐閣, 1986年, 46-52頁.
199) 梅津昭彦, 保險仲介者の規制と責任, 中央經濟社, 1995年, 175頁.

2. 보험중개사제도의 도입과정

과거 일본이 보험중개사제도를 도입하지 않았던 것은 보험중개사제도가 일본의 사회풍토에 적합하지 않고, 기존의 승합대리점[200]이 실제로 보험중개사와 유사한 기능을 수행하고 있기 때문에 굳이 보험중개사제도를 도입할 필요는 없다는 논리 때문이었다.

그러나 보험중개사제도의 도입이 필요하다는 주장도 있어서[201] 1989년 4월부터 1992년 6월에 걸쳐 보험심의회에서 검토하여 답신한 「보험사업의 발전방향」에서 보험중개사제도의 도입이 바람직하다고 보고 되었다.

동 답신에는 중립적인 입장에서 이용자에게 가장 적절한 상품을 조언하는 것을 기대할 수 있는 보험중개사는 기존에 일본에 존재하는 손해보험대리점이나 생명보험모집인과 다른 존재의의가 인정되며, 이를 도입함으로써 판매채널의 다양화 및 판매 면에서의 경쟁촉진을 기대할 수 있다고 지적하였다. 또한 일본에서 보험중개사가

---

200) 乘合代理店이라 함은 한 보험회사에 소속한 보험대리점이지만 그 소속 보험회사의 승인을 얻어 一社 이상의 회사의 대리점으로서 영업할 수 있게 된 경우의 대리점을 말한다(西島梅治, 保險法, 筑摩書房, 昭和 57年(1982), 55頁).

201) 西島梅治, 保險法, 筑摩書房, 昭和 57年(1982), 55면; 竹內昭夫, 保險業法の 在り方(下), 有斐閣., 1992, 226頁에서는 보험중개사는 보험자와 보험계약자 쌍방을 위해 공평하게 업무를 수행하는 것이 예정되지만 관행상 보험계약자를 위한 행위를 많이 한다는 점에서 기존의 승합대리점에 의해서도 할 수 없는 행위가 가능하다는 점, 보험자로부터 독립한 지위에서 보험계약자를 위하여 일하는 보험조언자의 존재는 보다 좋은 보험상품의 개발과 판매를 촉진한다는 점, 그리고 보험중개사를 전혀 인정하지 않는 태도를 견지한다는 것은 시장의 폐쇄성 또는 국제적 제도와의 정합성의 결여라는 비판을 초래할 것이라는 관점에서 보험중개사(보험중립인)제도의 도입을 하는 것이 타당하다는 주장을 하였다.

뿌리를 내릴 수 있는지의 여부는 이용자나 시장의 판단에 맡기는 것이 타당하고, 국제적인 관점에서도 보험중개사가 진출할 수 있는 길을 열어 두는 것이 바람직하다고 하였다.

이에 따라 일본정부는 1992년 6월에 보고된 보험심의회 답신을 바탕으로 보험심의회 산하 법제간담회에서 1992년 7월부터 1994년 4월에 걸쳐 관련 학자 등을 중심으로 작성한 보험업법 개정방안을 1994년 6월 4일에 수용하였다. 이 개정방안에 보험중개사제도의 도입안이 포함되어 있었고, 이것이 1996년 4월부터 시행됨에 따라 일본에도 보험중개사제도가 시행되게 되었다.

3. 보험중개사제도의 실시 상황

일본 손해보험 모집시장은 대리점이 90.7%를 차지하는 전형적인 대리점 중심의 보험시장이다. 나머지는 직급이 주로 차지하고 있으며, 이들은 대체로 화재보험, 자동차보험, 개인상해보험계약의 모집에 집중한다.[202]

일본 보험중개사제도의 당초 도입시기는 1996년 4월이었으나, 보험중개사 연수를 6월과 12월에 실시하고, 시험은 1월과 7월 연 2회로 실시하기로 원칙을 정함에 따라 실질적으로는 제도시행이 3개월 정도 지연되었다.

1996년 7월 22일 실시된 제1회 손해보험중개사의 시험결과 총 응시자 249명 중 115명이 합격하였고, 동년 7월 30일 실시된 생명보험중개사 시험에서는 총 응시자 71명 중 49명이 합격하였다.

일본에서의 보험중개사 시험에 대한 신청인이 그리 많지 않은 이

---

202) 日本損害保險協會, Fact Book 1995-96, 15頁.

유는 일본 보험모집시장의 특성이 반영된 결과라고 본다.[203] 즉 오
랜 기간 유지되어 온 대리점 시장이 특히 손해보험 분야에서 일본
보험시장의 90% 이상의 보험모집 실적을 거두고 있어서 보험중개
사제도의 도입에도 불구, 그러한 현상에 급격한 변화는 없으리라는
예상에 근거하는 것이다. 그리고 기존의 보험대리점들도 그들의 장
점인 가계성보험 분야에서의 강점, 보험회사의 지원 등을 감안할
때 보험중개사로의 전환이 급선무는 아니라는 판단에 따라 보험중
개사 사업으로의 유인이 적었던 까닭으로 분석할 수 있다.

또 다른 이유로는 보험중개사업이란 대형화가 필요한 사업이므로
충분한 사업준비 기간을 요하는 데 반해 보험중개사 시험의 합격
효력은 1년밖에 유지되지 않기 때문에 보험중개사 시험 응시를 서
두를 필요는 없다는 것이다. 그리고 무엇보다도 보험중개사가 보험
계약을 중개할 것으로 예측되는 분야는 다국적 기업 등 외국의 대
형보험중개사가 석권할 것이라는 예상이 지배적이기 때문에 보험중
개사로의 전환이나 참여에 신중한 입장을 보이고 있다.

II. 법적지위

1. 개 념

보험중개사란 "보험계약체결의 매개로써 생명보험모집인 및 손해
보험모집인이 그 소속보험회사를 위하여 행하는 보험계약체결의 매

---

203) 황영준, "손해보험중개사제도시행에 따른 영향분석", 손해보험,
1997. 8, 39면.

개 이외의 것을 행하는 자"라고 규정하고 있다.[204] 보험중개사의 개념을 정의함에 있어서(보험계약자와 보험자 간의) 보험계약체결의 매개라는 정도의 실질적인 언급이 있으나 구체적으로 어느 정도의 행위를 하는 것이 보험계약의 매개인가에 대해서는 명시하지 않아 분명하지 않다. 특히 보험계약의 체결중개만에 국한되는가 아니면 보험계약체결에 있어서 당사자 특히 보험계약자로부터의 대리권을 수여받아 보험계약체결의 대리까지 할 수 있는가에 대해서는 법규에서 명정하기보다 보험중개업계의 실무에 맡기는 태도이다. 그리고 보험모집인의 업무내용도 보험계약자와 보험자 간의 보험계약체결의 매개를 한다는 점에서는 같으므로 기존의 보험 모집조직인 보험 모집인[205]의 업무내용을 공제한 나머지의 보험계약체결의 매개행위를 보험중개사의 업무인 것으로 정의하여 양자의 업무 혼동을 피하고자 노력하였다. 이 경우 생명보험모집인이나 손해보험모집인의 개념은 넓게 정의되어 있으며 이는 기존의 보험모집조직(좁은 의미의 보험모집인과 보험대리점 그리고 직급 모집조직을 모두 포함한다.)을 전부 포함하는 것으로 정의되어 있다. 이를 구체적으로 보면 생명보험모집인이란 "생명보험회사의 임원이나 사용인 또는 이러한 자의 사용인 또는 생명보험회사의 위탁을 받은 자 또는 그 자의 임원이나 사용인으로서 그 생명보험회사를 위하여 보험계약의 체결을 대리 또는 매개를 행하는 자"[206]이고, 손해보험모집인이란 "손해보험회사의 임원이나 사용인, 손해보험대리점 또는 그 임원이나 사용인"[207]을 말한다. 보험모집인의 정의에 포함된 손해

---

204) 일본보험업법 제2조 제15항.
205) 다만 이 경우의 보험모집인은 매우 넓은 의미로 사용한다.
206) 일본보험업법 제2조 제11항.
207) 일본보험업법 제2조 제12항.

보험대리점에 대해서는 별도로 정의하기를 "손해보험회사의 위탁을 받아 그 손해보험회사를 위하여 보험계약체결의 대리 또는 매개를 행하는 자로 그 손해보험회사의 임원 또는 사용인이 아닌 자"[208]를 말한다.

2. 유 형

일본의 보험업법이나 그 시행령, 시행규칙에는 보험중개사의 유형을 나누시 않고 있으나, 일본부험업법 제287조에서 보험중개사로서 대장대신에게 등록하기 위해서는 상호, 사무소의 명칭과 소재지 등과 함께 취급하는 보험계약의 종류를 기재하게 하고 있으므로 사실상 생명보험중개사와 손해보험중개사로 구분할 수 있으며 그에 따라 보험중개사의 자격시험도 생명보험중개사와 손해보험중개사로 구분하여 시행하고 있다.

3. 권 한

일본에서 보험중개사는 상법상 중개인으로로만 이해할 뿐[209] 그의 권한에 대해서는, 원칙적으로 보험계약자의 대리인으로 보지도 않고[210] 보험자를 위한 계약체결권, 보험료수령권, 고지수령권은 인정하지 않는다.[211] 이 점은 각국의 보험중개사 제도에 비해 일본에서

---

208) 일본보험업법 제2조 제13항.
209) 일본상법 제543조 참조; 梅津昭彦, "保險仲立人の誠實義務", 文研論集 第126号, 1999, 101頁.
210) 山下友信, "保險仲立人", 商事法務 第1438号, 1996, 17-20頁.
211) 東京海商火災保險(株) 篇(江頭·小林·山下), 損害保險實務講座補券保險業法 平成 8年度施行法 解說, 有斐閣, 1997, 239頁.

의 특이한 점이라고 할 수 있다. 다만 보험중개사가 보험계약자로부터 보험계약체결의 대리권을 수여받아 그 범위에서 보험계약자의 대리인으로 행위하거나 보험료수령권, 고지수령권을 보험회사로부터 위임받아 그 권한을 대리행사하는 것은 당사자 자치의 원칙에 비추어 막을 수 없을 것이다. 다만 보험중개사가 보험자로부터 대리권을 수여받은 경우라면 이는 보험계약자에게 있어서는 중요한 사항이므로 이를 보험계약자에게 그 사실을 알려야 한다.[212]

4. 보수청구권

보험중개사는 일본 상법상의 중개인으로서 약정이 없어도 당연히 보수청구권이 발생한다. 또 일본보험업법 제293조는 중개업에 관한 상법 제543조, 제544조와 제546조 내지 550조의 규정이 보험중개사가 행하는 보험계약의 체결의 중개에 당연히 적용됨을 주의적으로 규정하고 있어서 보험중개사는 상인의 자격에서 보험중개위임을 한 보험계약당사자로부터 보수에 관한 약정이 없더라도 당연히 보수청구권을 행사할 수 있다.

보험중개사의 보수지급방식에 대한 법적 규제는 없으나 수수료방식을 관행으로 하여 보험료의 일정한 비율을 보험자로부터 보험중개사가 지급받는다. 보험중개사가 보험계약자 등으로부터 보험료액에 관계없이 보험중개사가 제공하는 보험보호의 서비스대가를 지급받는 단계는 보험중개사가 보험영업(보험상품판매 역할을 포함하는 의미에서)의 담당역할에서 이례적인 것이다.[213] 일본에 있어서의

---

212) 일본보험업법 제296조 제2항 참조.
213) 江澤雅彦, "保險ブローカーの機能に關する一考察", 文硏論集, 1998,

보험중개사가 보험중개위임을 한 보험계약당사자로부터 요금방식
(fee base)으로 보수를 받지 않고 수수료방식(brokerage base)으로
주로 보수청구권을 행사한다는 것은 보험중개제도의 시행이 초기
단계에 머물러 있다는 것으로도 이해할 수 있다. 앞으로 일본의 보
험중개업이 서구화하고 대형화한다면 특히 기업보험계약에 있어
서214) 보험중개사의 보수지급(청구)방식과 청구상대방도 달라지게
될 것이다.

5. 의 무

(1) 선관주의의무

보험중개사는 고객인 보험계약자와 위임관계를 맺고 있다고 해석
되므로 선량한 관리자의 주의의무를 지고215) 또 그를 위해 성실하
게 보험계약체결의 중개를 하여야 한다.216)(일본보험업법 제299조)
보험중개사는 위탁의 취지에 따른 성실한 행동, 객관적·자율적인
최선의 조언을 할 의무(best's advice rule), 이익상충 행위의 금지,
보험에 관한 정보의 객관적이고 성실한 전달, 보수의 과다에 의한
서비스내용 변경의 금지, 고객으로부터 얻은 정보의 비밀유지, 보험
회사로부터 얻은 정보의 비밀유지 등 의무를 부담한다.217)

154頁 참조.
214) 日吉新弘, 保險ブロ ーカー, 保險毎日新聞社, 1994, 28頁 참조.
215) 梅津昭彦, "保險仲立人の 誠實義務", 文硏論集 第126号, 1993. 3, 102
頁.
216) 수임인인 보험중개사에게 성실의무를 별도로 규정하고 있다는 점이
우리 상법이나 보험업과 다른 일본보험업법의 특색 중 하나로 지적
할 수 있다.

148

⑵ 자기입장 명시의무

보험중개사가 중개를 하고자 할 때에는 고객에게 자기의 입장을 명확하게 알려야 한다. 그 사항은 ① 보험중개사의 상호, 명칭 또는 성명, ② 보험중개사 자신의 권한에 관한 사항, ③ 보험중개사의 손해배상에 관한 사항, ④ 보험중개사 등록번호, 취급하는 보험계약의 종류, 당해 고객에 대하여 보험모집(계약중개)을 담당하는 자의 성명이다.[218] 그리고 고객이 보험중개사의 공시사항을 확실히 인식할 수 있는 구체적인 방법으로 보험중개사가 자기 입장을 명시할 때 서면을 사용한다면 일정한 크기 이상을 사용해야 하고 서면을 고객에게 교부할 때는 그 내용을 읽어준다거나 기타 고객이 확실히 인식할 수 있도록 해야 한다.[219] 보험중개사의 자기 입장명시는 형식적으로 이루어져서는 안 되고 고객인 보험계약자 등의 판단에 도움이 될 만큼 실질적으로 이루어져야 하기 때문이다.

또 보험중개사는 보험계약자의 요구가 있을 때에는 보험계약체결의 중개와 관련하여 해당 보험중개사가 보험회사로부터 받은 수수료, 보수, 기타 대가금액을 명확히 알려야 하고(일본보험업법 제297조), 당해 보험중개사와 보험계약의 체결의 중개에 관하여 거래관계에 있는 주된 보험자의 상호, 명칭 또는 성명과 당해 거래의 상황, 당해 보험중개사가 위탁한 보증금에 대해서도 알려야 한다(동 시행규칙 제231조).

---

217) 梅津昭彦, 위의 논문, 99頁 이하.
218) 일본보험업법 제296조, 동 시행규칙 제230조.
219) 일본보험업법 시행규칙 제230조 제2항, 제3항.

(3) 결약서 교부의무

보험중개사가 중개를 행하여 보험계약자가 보험회사와 보험계약을 체결했을 경우 지체 없이 당해 보험계약의 내용 및 기타 대장성령에서 정한 사항을 명확하게 하는 서면(결약서)을 보험계약자와 보험회사에게 교부해야 한다(일본보험업법 제298조).[220]

Ⅲ. 감 독

1. 감독기관

보험사업자에 대한 감독과 마찬가지로 보험중개사에 대한 감독주체는 대장성 보험국이다.

2. 감독내용

일본에서도 보험자뿐만 아니라 보험중개사에 대해서는 엄격한 감독을 시행함을 근본으로 하고 있고 그 감독내용은 다음과 같다.

(1) 등 록

A. 등록의 필요성과 주무기관

---

[220] 구체적으로 대장성령에 위임된 사항은 ① 보험중개사의 상호, 명칭 또는 성명과 주소, ② 보험중개사등록번호, ③ 피보험자와 보험수익자의 상호, 명칭 또는 성명, ④ 보험계약의 종류와 그 내용, ⑤ 보험의 목적과 가액, ⑥ 보험금액, ⑦ 보험기간의 시기와 종기, ⑧ 보험료와 그 지급방법(일본보험업법시행령 제232조)이다.

일본에서 보험중개사가 되기 위해서는 행정관청의 허가를 받아야 하는 것이 아니라 일정한 요건을 갖추어 등록을 하면 된다는 점에서 우리와 같다.

보험중개사가 되고자 하는 자는 주무장관인 대장대신의 등록을 받아야 한다.[221] 이 등록을 하기 위해서는 ① 상호, 명칭 또는 성명과 주소, ② 사무소의 명칭과 소재지, ③ 취급하는 보험계약의 종류, ④ 다른 업무를 겸하고 있을 때는 그 업무의 종류, ⑤ 기타 시행령에서 정하는 사항을 기재한 등록신청서를 대장대신에게 제출하여야 한다.

B. 등록거부사항

대장대신은 등록신청자가 다음의 등록거부사항에 해당하거나 등록신고서 혹은 그 첨부서류 중에 중요한 사항에 대해서 허위의 기재가 있거나 혹은 중요한 사실 기재가 누락되었을 때는 그 등록을 거부해야 한다.[222]

---

221) 일본보험업법 제286조.
222) 일본보험업법 제289조: 등록거부사항을 구체적으로 보면 다음과 같다. ① 파산자로서 파산취소결정이 내리지 아니한 자 또는 외국의 법령에서 이와 같이 취급되는 자, ② 금고 이상의 형에 처하여 그 형 집행을 종료하거나 형의 집행을 받지 않을 것으로 된 지 3년을 경과하지 않은 자, ③ 이 법률이나 이 법률에 해당하는 외국의 법령의 규정에 위반하여 벌금형에 처해져 그 형의 집행을 종료하거나 또는 형의 집행을 받지 않기로 한 날로부터 3년이 경과하지 않은 자, ④ 동법 제307조 제1항(보험중개사 등록의 취소)의 규정에 의해 보험중개사의 등록이 취소된 후 3년이 경과하지 않은 자, ⑤ 금치산자나 한전치산자 또는 외국의 법령상 이와 같이 취급되는 자, ⑥ 신청일 전 3년 이내에 보험모집에 관하여 현저하게 부적당한 행위를 한 자, ⑦ 보험회사, 보험회사의 임원, 생명보험모집인 또는 손해보험모집인, ⑧ 개인의 경우 보험모집을 하는 피용인에게 앞 각호에 해당하는 자가 있는 경우, ⑨ 법인의 경우 그 임원이나 보

(2) 재무요건

일본에서 보험중개사가 되기 위한 요건으로 자본금에 관한 것은 없고, 다만 영업보증금과 보험중개사배상책임보험에 관한 사항만 규정하고 있다.[223]

즉 보험중개사는 주된 사무소에서 가까운 공탁소에 일정금액의 보증금을 공탁하여야 한다. 보증금액은 최저 4,000만 엔, 최고 8억 엔으로 하여 매년 당해 보험중개사의 각 사업연도 개시일 이후 3개월이 경과한 날에 갱신하여 납입하여야 한다. 보증금액의 결정은 최초 년도에는 최저 금액으로 하지만 2차 년도부터는 업무범위와 보험계약자보호를 고려하여 당해 각 사업연도 개시일의 전날까지의 과거 3년간에 보험중개사가 보험계약체결의 중개에 관하여 수령한 수수료, 보수, 기타 대가를 합계한 금액으로 한다. 보증금의 공탁수단은 현금(일본 엔), 보증보험(채무이행보증보험), 유가증권이며, 해당 유가증권에는 국채, 정부보증채, 지방채와 사채 및 기타 채권으로 대장대신의 승인을 받은 것 등이 있다(일본보험업법 제291조).

험모집을 하는 피용인 중에 제1호 내지 제7호에 해당하는 자가 있는 경우, ⑩ 보험모집에 관련되는 업무를 정확히 수행하기에 충분한 능력을 갖지 않은 경우이다(보험업법 제289조 제1항).

223) 우리 보험업법의 규정내용과 유사하다. 보험중개사는 보험모집인이나 직급과 달리 보험자가 그 사용관계에 있지 아니하고 업무에 관해서 지휘, 명령을 하는 지위에 있지 아니하다. 따라서 불법행위에 있어서나 채무불이행에 있어서 보험중개사의 보험계약자 등에 대한 주의의무 위반 등을 이유로 보험자에게 손해배상책임을 지울 수가 없다. 그리하여 보험중개사의 타인에 대한 손해배상은 전적으로 보험중개사 자신의 변제자력에 달려 있는바, 이는 보험중개사와 거래하는 상대방인 보험계약자 등으로서는 매우 불안한 지위에 처해진다는 것을 의미한다. 따라서 감독법규에서 보험중개사의 배상책임에 대비하여 일정한 배상보증금을 적립하게 하는 것이다.

최저 4,000만 엔을 초과하는 보증금에 대하여 보험중개사 배상책임보험으로 대체하고자 하는 경우에는 대장대신이 인정하는 보험중개사배상책임보험에 한하여[224] 대장대신의 공탁면제신청을 하여 승인을 받아야 한다(일본보험업법 제292조).[225]

(3) 업무정지 및 등록취소

대장대신은 보험중개사의 등록과정에 현저한 하자가 있었거나 등록을 한 후 보험중개사의 직업윤리로 정당하게 업무를 수행하기에 현저히 곤란하다고 보는 경우에는 6개월 이내의 일정기간을 정하여 업무의 일부 또는 전부의 정지를 명하거나 등록을 취소할 수 있다(일본보험업법 제307조). 그 사유는 다음과 같다.

1. 부정한 수단으로 등록을 받은 때
2. 보험업법이나 동법에 의거하여 발하는 주무장관의 처분에 위반하거나 기타 보험모집(중개)에 있어서 현저히 부적당한 행위를 했다고 인정되었을 때.

---

224) 일본 Yasuda 화재보험(주)에서는 보험중개사가 일본 내에서 실시한 보험계약체결의 중개 업무에 기인하여 보험계약자나 보험자 등에 대해 손해배상책임을 지는 경우에 보험금을 지급하는 보험중개사배상책임보험을 개발하여 1997년 2월 13일부터 판매하기 시작하였다. 그 보험금의 한도는 1청구당 1억 엔, 보험기간당 3억 엔이다(해외보험시장 제162호, 1997. 3. 4 참조).

225) 보험중개사의 보증금 공탁제도가 보험계약자 등을 보호하기 위해서는 매우 바람직하지만 보험중개사 자신의 재정상태에 비추어 매우 과중한 요구사항일 수가 있기 때문에 배상책임보험에 가입한 때에는 당해 계약이 존속하는 한도에서 보험금액에 응하여 보증금의 감액을 허락하고자 하는 것이다.

(4) 자기계약의 금지

보험중개사는 그 주된 목적으로서 자기 또는 자기를 고용하는 자를 보험계약자나 피보험자로 하는 보험계약의 보험중개를 할 수 없다.

보험중개사가 보험중개를 한 자기 계약에 관한 보험료의 합계액으로서 당해 보험중개사가 보험중개를 한 보험계약에 관한 보험료의 합계액으로서 대장대신이 계산한 액수의 50%를 초과하면 당해 보험중개사는 자기계약의 보험중개를 주된 목적으로 한 것으로 본다.[226]

(5) 사업보고서의 제출과 열람

보험중개사는 매년 사업연도 경과 후 3개월 이내에 사업보고서를 대장대신에게 제출하여야 한다.

보험중개사의 사업보고는 개인과 법인으로 구분하여 정해진 양식으로 하여야 한다. 개인보험중개사는 업무상황과 경리사항을 보고하여야 한다.

법인보험중개사의 경우에는 개인보험중개사의 업무상황 보고내용에다 주주총회의 의결사항 및 요지, 임원의 현황 등이 추가되고, 경리사항에는 이익금 또는 손실금처분서가 추가된다(일본보험업법 제304조).

(6) 장부서류의 비치와 보존

보험중개사는 중개 업무에 관한 장부서류를 사무소마다 비치하고 일정기간 보존하여야 한다.[227] 그 비치와 보존의 대상은 결약서 기

---

226) 일본보험업법 제295조.
227) 일본보험업법 제303조.

재사항, 수수료, 자기계약의 내용 등의 사항이고, 계약서의 사본, 자기표시의무이행을 위해 사용한 서면, 수수료 등과 자기계약의 내용 등을 포함하는 서류에 대해서는 이를 5년간 보존할 의무가 있다.

(7) 업무개선명령

대장대신은 보험중개사의 업무운영에 관해 보험계약자 등의 이익을 해할 사실이 있다는 것을 인정하는 경우 보험계약자 등의 보호를 위하여 필요한 한도에서 당해 보험중개사에 대해 업무운영의 개선명령을 내릴 수 있다(일본보험업법 제306조). 보험중개사의 중개영업은 사적자치에 속하고 보험중개사 자신의 직업의 자유에 속하는 사항이므로 행정관청이라도 그 영업운영에 대해 간섭하는 것은 사인인 보험중개사의 권리(헌법상 기본권)를 침해하는 것이 될 수 있다. 그러나 보험중개사의 영업의 자유는 절대적인 것이 아니고 사회질서, 타인의 권리 등과 조화를 이루어야 하는 것이다. 따라서 보험계약자의 보호를 위해 필요한 한도 내에서 필요한 정도로까지는 합리적으로 제한할 수 있고 보험중개사의 업무에 대한 행정청의 개선명령도 이러한 취지에서 이해할 수 있다.

제4장 보험중개사의 권한과 권리

제1절 보험중개사의 권한

Ⅰ. 개 관

보험중개사의 법적 지위에 대한 검토는 그 권한뿐만 아니라 권리·의무·책임 등에 대한 논의가 망라되어야 하는 것이나, 그 권한에 대한 논의가 보험중개사의 가장 기초적인 행위준거이므로 이를 해명함이 우선 요구된다. 보험중개의 법적 성질을 상법상 중개인의 행위로 보면서도 보험중개사가 보험계약당사자 특히 보험계약자의 대리권의 수여를 받아 영업행위할 것을 예상함은 보험중개사의 보험계약에 관한 직업적 능력의 전문성에 대한 고려에서뿐만 아니라 보험중개제도가 발달한 외국의 경우(특히 영·미법계의 보험중개사제도)의 관행을 무시할 수 없다는 국제 거래적 관점에서이다.

보험중개사가 보험중개 이외의 어떤 권한을 보유하는가는 보험계약에 관한 대리권을 수여하는 당사자의 의사에 달려 있는 것이지만 그 당사자의 대리권 수권범위도 보험거래의 규범과 관행의 영향을 받을 수밖에 없을 뿐만 아니라 당사자의 묵시적인 의사를 합리적으로 해석하기 위해서도 보험중개사의 권한에 대해 고찰할 필요가 있다고 본다.

보험중개사가 보험계약당사자인 보험계약자나 보험자에 대해 어떤 범위의 권한을 갖는가는 보험중개사에게 사무를 위탁한 중개계약의 성질과 내용에 따라 결정된다. 중개계약의 법적 성질을 도급계약적 요소를 일부 지닌 위임계약이라고 볼 때, 보험중개사는 대체로 보험계약자나 보험자에 대하여 수임인의 지위에 있고 보수청구권의 성립에 있어서만 일부 도급계약당사자의 지위에 있다고 볼 것이다. 즉 보험중개사는 보험계약에서의 계약당사자인 보험계약자나 보험자를 탐색하고 그 자력과 신용을 확인하거나 시장을 탐지하여 보험계약체결중개를 하는 중개자의 권한을 지닌다. 보험중개계약에서는 보험자, 보험계약자와 보험중개사가라는 3당사자의 존재를 전제한다. 보험중개사는 대체로 보험계약자와 보험자 쌍방으로부터 중개위임을 받아 그 양 당사자에 대해 각각 별개의 권리의무관계를 맺고 있고 중개위임을 한 당사자와의 관계에서 중개행위에 필요한 권한을 보유하게 된다. 보험중개사가 보험계약자와의 합의에 의해 특정행위에 대해 보험계약자를 대리하는 권한을 보유하는 경우에도 이러한 중개인의 기본적인 지위에는 변함이 없다.[228] 보험중개사는 보험계약당사자가 대리권을 수여하는 별도의 행위가 없는 한, 어느 한 당사자를 대리할 수는 없고 어떤 계약당사자로부터도 독립하여 중립적인 지위에서 중개행위에 임하여야 한다.[229] 중개계약은 보험중개사가 보험계약내용 중 제3자로서의 중개행위에만 관여할 것을 전제로 한다는 점에서 보험중개사는 원칙적으로 어떤 계약당사자와도 계속적 계약관계에 있지 않다. 그러나 보험중개사

---

228) Bruck-Möller, Kommentar zum Versicherungsvertragsgesetz, 8. Aufl., Walter de Gruyter & Co., 1961, S. 560.
229) Helmut Seydel, Maklerrecht, 3Aufl., 1995, S. 23.

가 보험계약의 체결중개뿐만 아니라 그 밖의 다른 보험서비스에 관해서도 보험자나 보험계약자를 위한 사무를 처리하기로 약정하였다면 그 상대방과의 사이에 계속적 계약관계가 성립할 수 있고 그에 따라 보험중개사는 특수한 법적 권한(예컨대 사정변경에 따른 계약해지권 등)도 보유할 수 있다. 그리고 보험계약당사자의 보험계약 체결위임에 의해 보험중개사가 보험계약을 체결할 의무를 지고 그 대가로 수수료를 받는 것이므로 보험계약당사자와 보험중개사는 쌍무계약관계에 있다고 볼 수 있고 쌍무계약에 따른 각종 권능을 보험중개사는 보유한다. 보험중개사는 보험자와 보험계약자에 대한 관계에서 원칙적으로 독립적인 제3자의 지위에 있으므로 보험중개사가 보험자를 기망하고 그 기망으로 인하여 보험자가 보험계약을 체결한 때에는 보험계약자가 그 사실을 알았거나 알 수 있었을 경우에 한하여 보험자는 그 계약을 취소할 수 있을 뿐이다(민법 제110조 제2항).[230]

II. 보험중개사의 보험계약당사자의 대리인 여부

보험중개사는 상법상 중개인이므로 중개인의 법적 지위에서 볼 때 통상적으로는 보험계약당사자의 대리권자가 아니다. 그러한 법적 지위에도 불구하고 일정한 경우에는 보험중개사는 보험계약자의 입장을 원조하는 활동을 할 수 있다. 즉 사적자치원칙에 의해 보험계약자의 보험중개사에 대한 수권이 있다면 중개위탁자로서 보험자의 이익을 해하지 않는 한 보험계약자의 대리인으로도 될 수 있다.

---

230) Bruck Möller, a.a.O., S.560.

보험계약자에게 보험계약체결이 긴요한 경우에 이러한 특수한 경우
가 발생한다. 따라서 영·미법상의 보험중개사와는 달리 우리 법상
의 보험중개사로서는 보험중개사가 보험계약자의 대리인으로서 행
위하는 것이 일반적인 보험중개사의 형태라고 할 수는 없다. 우리
보험계약체결의 관행상으로 보아도 보험중개사에게 그러한 대리권
이 아무런 수권 없이 인정된다고 보기는 어렵다.231) 보험중개사가
보험자로부터 대리권을 수여받아 보험계약을 체결하는 것도 당사자
자치원칙에 근거하여 가능한 일이라고 본다. 다만 그에 따른 쌍방
대리의 문제나 보험중개사에 대한 벌칙부과의 문제는 별개이고, 우
리 보험업법상 보험중개사와 보험대리상의 자격요건을 별개로 정하
고 보험중개사가 보험대리상의 업무를 겸하지 못하게 한 점에서 현
행법은 보험중개사가 보험자의 대리인으로서 보험계약을 체결함을
억제 내지 금지하려는 입장에 있다는 것은 분명하다(보험업법 제89
조 제2항 제2호 참조). 보험중개사의 보험계약자에 대한 대리권은
보험계약자의 보험계약체결이라는 경제적·법률적 필요성과 일차적
으로 관련되어 있는 것이나, 보험계약자의 대리권 수여범위에 따라
서는 그 밖의 법률관계에 대해서도 확장되어 인정될 수 있다. 이
대리권이 생명보험이나 상해보험과 같은 가계보험에서 발생할 가능
성은 그 보험계약의 특성상 상대적으로 작다.232) 보험중개사의 입

---

231) 그러나 영·미법상의 보험중개사의 경우가 아니더라도 독일의
　　 Hamburg 등 한자동맹 도시에서는 보험중개사에게 관습법에 따른
　　 보험계약자의 계약체결대리권이 인정되고 있었다(Gauer, Der
　　 Versi- cherungsmakler und seine Stellung in der Versicherungs-
　　 wirtschaft, 1951, S. 33; Bruck Möller, a.a.O., S.557.). 그러나 우리
　　 법상 법령상 대리인이 아닌 자에게 대리권 수여도 없이 관습법상의
　　 대리권을 인정할 수는 없을 것이다.
232) Bruck Möller, a.a.O., S.557.

장으로서는 특히 보험계약자로부터 대리권을 수여받아 그의 대리인으로 행위할 것인지 또는 양 당사자와 어떤 대리관계도 맺지 않은 본래적 의미에서의 중개인의 역할에 만족할지를 결정해야 한다.[233] 보험중개사가 보험계약자로부터 어떤 범위의 대리권을 수여받을 수 있는가는 전적으로 당사자자치의 원칙에 비추어 보험계약자와 보험중개사의 의사에 달려있다. 그러나 명시적인 의사가 없는 경우 보험중개사의 권한범위를 어느 정도로 인정해야 하는가에 대해 특히 보험계약체결권유무, 보험계약취소·해지권유무, 고지의무(고지권한)유무, 보험금주심대리권유무 등을 중심으로 살펴보고자 한다.

1. 보험계약청약(체결)대리권 유무

보험중개사가 특히 기업보험의 경우에 보험중개 업무만을 수행하는 것에 머무르지 않고 보험계약자로부터 보험계약에 관한 수권을 받아 그 대리인이 된다면 보험계약체결에 대해 어떤 권한을 보유할 수 있는지 문제된다. 이는 보험계약에 관해 보험계약자로부터 대리권을 수여받았다는 사실이 반드시 보험계약체결대리권까지 포함하여 수권되었다고 단정할 수는 없기 때문이다. 이 문제에 대한 해명은 보험계약의 청약에 대한 고려와 당사자의 의사에 관한 해석으로 판단되어야 한다고 본다.

① 보험계약의 청약은 보험계약자에게 있어서 보험계약의 한 당사자로서 자신의 위험을 보험단체에 전가하려는 경제적 동기의 현실적인 표시이고 그 청약에 대해 보험자 측의 승낙의사가 표시되면 보험료 지급의무를 부담하는 등 보험자에 대한

---

233) H. Seydel, a.a.O., S.24.

권리의무의 출발점과 근거로서의 의미를 지닌다(다만 계약실제에서는 보험계약청약 시에 통상 제1회 보험료도 함께 지급한다). 또 청약의 구속력으로 인하여 청약한 후에는 임의로 철회할 수도 없어서(민법 제527조) 보험계약자로서는 사전에 보험계약의 내용과 유용성에 대해 매우 신중히 검토할 필요가 있는바, 보험계약의 전문성, 기술성을 고려할 때 계약의 내용을 구체적으로 안내하고 대리하는 전문적 보조자가 요구된다. 보험중개사는 이러한 필요에 직면한 고객인 보험계약자의 보험계약체결의 수요를 인식하고 보험계약자가 지닌 위험을 능동적으로 조사하고 분석하여 보험설계를 기획하며 보험계약조건을 설정하고 보험회사와 교섭하는 등 보험계약자의 청약을 위한 사전 준비를 담당하는 예가 많다.

② 보험중개사가 보험계약체결을 위하여 그 전문적 능력과 경험에 의해 어떤 준비행위를 하는 경우에도 중개인적 지위에 있기 때문에 보험계약자를 대리하는 것이 보험중개사의 일반적인 형태라고는 할 수 없는 것은 사실이다. 따라서 보험중개사가 보험계약자를 대리하여 어떤 의사표시를 하거나 의사표시를 수령할 수 없는 것이 중개인으로서의 전통적인 태양과 기능에 해당한다. 그러나 당사자자치원칙에 의하여 보험계약자로부터의 보험중개사에 대한 대리권 수여가 강행법적인 금지대상으로 될 수는 없다. 보험중개사가 보험계약자로부터 대리권을 수여받는 경우에 보험계약자의 보험계약상의 모든 권한 범위에 걸쳐 광범한 대리권이 주어지는 것은 예외이고 오히려 보험계약자의 권한의 일부 범위에 한정된다고 보는 것이 일반적인 보험계약자의 의사에 부합할 것이다.

그러나 보험중개사가 보험계약자로부터 대리권을 수여받은 때에는 그 대리권은 최소한 보험계약청약대리권을 포함한다고 할 것이다. 그 이유는 다음과 같다.

첫째, 보험계약의 청약은 보험계약법률관계에 관한 보험계약자의 가장 기본적인 관심과 이해관계를 반영하고 있고 또한 보험계약적 법률관계의 출발점에 해당하는 사항이기 때문이다.

둘째, 보험계약자의 보험중개사에 대한 대리권의 수여는 보험중개사에 대한 깊은 신뢰를 전제로 한다는 점이다. 이러한 신뢰는 대리인의 전문적 능력, 자질, 성실성을 전제로 한 거래경험에 따를 것이다. 보험중개사는 그 자격요건이나 행정적 감독에 의해서 그 전문성이 보장되고[234) 보험계약자의 신뢰를 받을 만한 거래계의 지위에 있기 때문에 보험계약자로부터 보험계약에 관한 수권이 있었다면 그 전문적인 능력으로써 보험계약체결에 관한 대리행위를 할 것도 기대될 것이다.

셋째, 보험중개사의 구체적인 역할을 고려하더라도 계약체결전의 보험자에 대한 보고서 작성에서부터 계약내용의 결정·변경, 보험사고조사에 이르기까지 보험중개사는 전문가적 조언과 노력제공의 역할을 담당하고 있어서 보험계약체결의 대리가 기대되는 지위에 있다.

넷째, 앞으로 우리나라에 보험료율의 자율화가 확대되면 보험중개사의 재량권이 커지고 그의 대리권도 확대될 여지가 있으며 그와 함께 보험계약체결에 관한 보험중개사의 역할이 증대된다는 점을 고려해야 할 것이다. 보험중개사가 보험료, 보험금, 면책조항 등에

---

234) 우리 보험업법 제89조, 시행령 제34조, 미국 뉴욕주 보험법 제2104조(a)(2) 등 참조.

관하여 보험자와 협상할 여지가 많으면 많을수록 그에 따라 대리권 범위를 넓게 인정할 필요성도 커진다. 보험료, 보험금, 면책사유는 보험계약자로서는 가장 관심을 많이 가지는 중요한 사항이면서도 보험자별로 그 내용이 다양화할 때 그에 관해 협상할 지식, 경험이 부족한 현실에서 보험계약자의 대리인으로서의 보험중개사가 더욱 필요하게 될 것이고 그 협상은 보험계약체결을 위한 것이라는 점에서 보험중개사의 체약대리권과 별개로 분리하여 생각하기 어려운 것이다.

따라서 보험계약자로부터 보험중개사에게 보험계약에 관한 대리권이 주어졌으나 그 범위가 불명인 때에는 보험계약체결(청약)의 대리권이 최소한 포함되어 있다고 해석해야 할 것이다.

2. 보험계약의 취소, 해지권의 유무

보험계약자로부터 보험계약의 청약대리권을 수여받은 보험중개사의 경우에 보험계약자의 당해 보험계약에 관한 취소권이나 해지권에 이르기까지 대리권이 인정되는가의 문제가 있다. 계약의 취소·해지는 그 행사효과로 보험계약이 종료, 소멸한다는 점에서 보험계약의 존부에 관련되는 것이고 보험계약의 성립에 관한 대리권을 보유하는 보험중개사가라면 보험계약의 존부 결정권의 대리권까지 가지는지 논의될 수 있다. 이에 관해 생각건대 보험계약자로부터 보험계약체결대리권을 수여받은 보험중개사에 대한 별도의 특별수권이 없다면 그 계약의 취소나 해지 등을 할 권한은 없다고 본다. 이는 다음과 같은 점 때문이다.

첫째, 보험계약의 취소·해지는 비록 보험계약자에게 더 유리한

계약의 체결을 위한 동기의 발로라고 하더라도 보험계약의 성립이라는 사안과는 엄연히 다른 영역에 해당하는 사무이기 때문에 보험계약의 체결대리권에 당연히 수반되는 권한이라고 하기 어렵다.

둘째, 보험중개사가 보험계약자로부터 대리권을 수여받아 보험계약체결의 대리행위를 함에 대하여 상사대리의 특칙인 상법 제49조가 적용되는 경우, 상행위의 위임을 받은 자로서 위임의 본지에 반하지 아니하는 범위 내에서 위임을 받지 아니한 행위를 할 수 있다 하여도 보험계약의 취소, 해지는 보험계약의 체결이라는 위임 사항의 이행을 위해 필요한 것이라기나 객관적으로 위임인인 보험계약자의 이익을 위한 것이라고 판단하기 어렵다.

셋째, 보험중개사가 보험계약자의 별도의 수권 없이 기존의 보험계약을 취소, 해지한 후에 보험사고가 발생한다면 보험계약자에 대한 보험계약의 공백으로 예기치 못하게 보험보호를 받지 못하는 경우가 발생할 수 있다. 따라서 보험계약자의 별도의 수권이 없다면 보험중개사의 권한에 보험계약의 취소권이나 해지권 등은 포함되어 있지 않다고 함이 타당할 것이다. 마찬가지의 이유로 특별한 수권이 없을 경우에는 보험중개사의 권한은 보험계약의 변경이나 그 해제에도 미치지 못한다고 본다.[235]

3. 고지권한(의무) 유무

보험중개사가 보험계약자로부터 보험계약체결에 관한 대리권을 수여받아 활동하는 경우에 보험계약에 관한 중요 사항의 고지권한 내지 고지의무가 있는지 문제된다. 즉 보험계약자와 피보험자는 상

---

235) Bruck Möller, a.a.O., S.558.

법에 의해 보험자에 대해 고지의무를 부담하는바, 고지의무에 관해서는 보험자의 보험사고에 대한 책임유무와 관련하여 그 수령권 유무가 특히 문제되기도 하지만, 여기서는 보험중개사가 고지의무를 부담하는 경우가 있는지가 문제이다. 이는 보험중개사의 권한측면에서 설명할 수 있는 사항이기는 하나 보험계약자의 보험자에 대한 의무를 그 대리인으로서의 보험중개사도 부담하는가의 문제로 인식하는 것이 바람직할 것이다. 왜냐하면 대체로 보험계약상 중요한 사항의 고지에 대해서는 고지의무부담의 측면에서 이해하고 있기 때문이다(상법 제651조 참조). 이 고지의무에 관하여 보험계약자로부터 대리권을 수여받은 보험중개사의 입장이 문제로 되는 것은 보험중개사의 고지의무유무에 따라 그 이행여부에 따른 법률효과가 보험자의 보험계약해지 또는 그에 따라 손해를 입은 보험계약자의 보험중개사에 대한 손해배상청구라는 법적 분쟁으로 나타날 수 있기 때문이다.

(1) 고지의무의 내용

보험계약자나 피보험자는 보험계약을 체결함에 있어서 보험자에 대해 중요한 사실을 고지하고, 부실의 사실을 고지하지 아니할 의무를 진다(상법 제651조 참조). 즉 고지의무는 보험계약자 등에게 보험계약의 체결에 즈음하여 보험자가 보험사고 발생의 가능성을 측정하는 데 도움이 되도록 보험계약상 중요한 사항에 관하여 진실을 알려야 하는 계약법상의 특수한 의무이다.[236] 보험사고의 발생 가능성은 보험자의 이해관계에 속하는 사항이므로 보험자 스스로가

---

236) 양승규, 보험법, 삼지원, 1998, 117면.

자신의 계산으로 조사해야 할 기업경영적 필요가 있는 사항이지만 다수의 보험계약자를 상대하는 보험자의 능력만으로는 보험의 목적에 관한 위험의 종류와 그 발생 개연성을 객관적으로 측정하는 것이 대단히 어렵기 때문이다.

(2) 보험중개사에 대한 검토

보험계약자의 의무이행에 있어서 보험중개사가 당연히 보험계약자의 이행보조자가 된다는 견해가 있으나[237] 그에 반대하는 입장도 있다.[238] 생각건대 보험중개사가 보험세약자로부터 보험계약에 관한 대리권을 수여받지 않은 경우에는 양 계약당사자로부터 중립적인 입장에 서야 하기 때문에 당연히 보험계약자의 의무이행보조자가 될 수는 없다고 생각되고 따라서 보험중개사가 보험계약자의 의무이행에 관하여 당연히 보험계약자의 이행보조자로 된다는 견해에는 찬성할 수 없다.

보험중개사가 보험계약자의 대리권수권 없이 고지의무의 단순한 이행보조자(사자)로만 행위하는 경우에는 그 불고지나 부실고지여부는 보험계약자 자신만의 인식을 기준으로 판단해야 한다. 다시 말하여 보험중개사가 보험계약자의 고지의무 이행보조자로 정해진 경우에는 보험자에 대한 관계에서 보험중개사의 지·부지를 근거로 한 보험계약자 측의 고지의무 위반여부를 다툴 여지는 없다. 보험중개사가 대리권 없이 이행보조를 하는 정도의 지위에 있는 한 대리인에 관한 상법 제646조를 적용하여 보험중개사의 지·부지를 기

---

237) Prölss-Martin, Versicherungsvertragsgesetz, 26. Aufl., C. H. Beck, 1998, S. 167.
238) Bruck Möller, *a.a.O.*, S.559.

준으로 고지의무 위반여부를 판단할 것이 아니라 보험계약자 자신의 지·부지를 기준으로 한 판단이 이루어져야 하는 것이다. 그러나 보험중개사의 전문적인 능력과 폭넓은 거래경험에 비추어 볼 때 보험중개사가 단순히 보험계약자의 이행보조자(사자)만으로 행위하는 경우는 실제의 예에 비추어 생각하기 어렵다.[239]

보험중개사가 보험계약자로부터 보험계약에 관한 대리권을 수여받은 경우에 특히 계약체결의 대리인으로서의 보험중개사가 보험계약자가 지는 것과 같은 내용의 고지의무를 보험자에게 부담하느냐 여부는 특히 보험계약자로부터 그러한 고지를 할 수 있는 권한을 부여받았는지에 달려 있다. 왜냐하면 고지의무는 보험계약체결 전에 발생하는 계약 전 의무로서 보험계약체결에 관한 의무와는 별개의 사항으로 논리적으로 취급될 수 있기 때문이다.

이 문제에 관해서는 보험계약의 체결위임이 상행위의 위임인 경우와 상행위의 위임이 아닌 경우로 나누어 살펴보고자 한다.

(a) 우선 보험중개사가 상행위로서의 보험계약체결의 위임을 받아 보험계약자를 대리한다면 그 보험중개사는 위임의 본지에 반하지 않는 한 위임을 받지 아니한 행위까지 할 수 있다는 규정(상법 제49조)에 의해서 고지의무까지 부담한다고 본다.[240]

그리고 그에 더하여 다음과 같은 이유도 그 근거가 된다.

첫째, 보험중개사가 보험계약자로부터 보험계약체결의 위임을 받아 그 대리권이 있다면 고지의무의 이행은 그 위임된 보험계약의 체결 이전에 반드시 선행적으로 이행되어야 하는 절차에 속한다.

---

239) Bruck Möller, a.a.O., S.559.
240) 특히 기업보험계약에 있어서 기업의 상행위로서 보험계약체결의 위임을 받은 경우가 여기에 해당할 것이다.

둘째, 설령 보험중개사가 보험계약자에게 불리한 사실을 고지한다고 할지라도 그 의무이행이 보험보호를 원하는 보험계약자의 의도에 궁극적으로는 부합하는 것이므로(보험계약자로서는 보험계약 체결을 원하고 있으므로) 보험중개사가 그 고지의무를 성실히 이행하는 것이 보험계약자의 이익에 귀속되는 것이고 결국 고지의무를 이행하는 것은 보험계약자의 보험중개사에 대한 보험계약체결의 위임의 본지에 반하지 않는 것이라고 할 수 있기 때문이다.

(b) 그리고 보험계약의 체결이 상행위의 위임이 아닌 경우를 살펴본다고 하더라도 보험계약체결의 위임에는 당연히 보험계약자의 고지의무 이행에 관한 수권도 포함되어 있다고 본다. 그 이유를 설명하면 다음과 같다.

첫째, 보험계약자가 보험계약의 체결을 하기 위하여 보험중개사에게 계약체결의 대리권을 수여한 경우에는 보험계약자 자신이 보험자를 상대하지 아니하고 보험중개사만이 보험자를 상대한다. 보험자로서는 당연히 보험중개사의 행위와 의사로 보험계약을 체결하는 것이어서 보험계약의 전 단계로 필요한 보험계약상 중요한 사항의 고지도 보험중개사의 행위와 의사를 기준으로 하여 그 이행여부를 판단할 것이다.

둘째, 상법 제646조, 민법 제116조에 의해 계약체결에 있어서 대리인이 안 사실은 본인이 안 것으로 보기 때문에 고지해야 할 중요한 사항을 대리인으로서의 보험중개사가 알고서 계약체결했다면 그 보험중개사의 인식에 근거하여 보험자가(비록 고지의무 위반의 주장은 아니라 하더라도) 자신의 착오(민법 제109조)나 보험계약자 측(보험중개사)의 사기를 주장하여 보험계약을 취소한다면 이는 결국 본인인 보험계약자의 불이익으로 될 것이다. 따라서 본인인 보험계약자에 대해 불리한 법률효과를 받지 않게 하기 위해서라도 보험중개사가 보험계약에 관한 중요 사항을 고지의무 이행의 단계에서 보험자에게 고지할 의무를 지고 있다고 함이 위임계약당사자의 의사에 부합할 것이다.

셋째, 상법이 고지의무를 보험계약자나 피보험자에게 인정하는 이유는 보험자가 위험의 종류를 파악하고 그 위험이 현실화할 수 있는 개연성을 계약체결 전에 측정하여 보험계약을 체결할지 여부를 결정하거나, 보험계약을 체결하는 경우라면 보험료율 산정 등 계약내용에 반영하는 기초를 마련하려는 데 있다.[241] 보험계약의 목적인 위험 자체는 보험계약자나 피보험자 자신이 보유하는 것이지만 그 위험의 유형과 정도를 판단하는 일은 보험에 관한 비전문가인 보험계약자로서는 매우 어려운 것이며 따라서 위험도를 측정하려는 보험자의 상대방으로서 고지의무를 정확히 이행하는 것도 반드시 용이한 것만은 아니다. 보험계약의 실제에서 고지의무 이행 여부를 둘러싸고 과거로부터 분쟁이 끊이지 않고 있는 것도[242] 부분적으로는 이러한 고지의무의 전문적 성격에 기인한다고 할 것이다. 보험중개사가 보험계약에 관한 전문성뿐만 아니라 위험 관리, 자문에 관한 전문성까지 갖춘 것으로 일반적으로 인식되고 있다는 점에서 보험계약자가 보험계약체결의 대리권을 보험중개사에게 수여하였다면 고지의무의 이행에 관해서도 보험중개사에게 위임했다고 보아야 할 것이다.

만약 보험계약자로부터 대리권을 수여받은 보험중개사에 의하여

---

241) 양승규, 앞의 책, 117면 참조.
242) 양승규, "고지의무에 관한 고찰", 서울대학교 법학, 제26권 제1호, 1985. 4, 156면 참조.

계약에 관한 중요 사항이 보험자에게 고지될 때에는 그 대리인이 알고 있는 사항을 정직하게 고지해야 함은 물론 보험중개사와는 별도로 보험계약자나 피보험자가 알고 있는 계약에 관한 중요한 사항에 대해서도 고지해야 한다는 점(상법 제651조)에서 보통의 대리관계에서 대리인만의 인식을 기준으로 법률관계를 판단하는 것과는 다르다고 본다(민법 제116조, 상법 제48조 참조). 이는 고지의무사항이 부보대상의 위험도에 대해 보험계약자 측에서 최대선의로 보험자 측에 공해야 하는 중요한 정보이기에 대리인뿐만 아니라 그 본인인 보험계약자나 피보험지가 별도로 알고 있는 사실도 고지되어야 하기 때문이다. 따라서 보험계약자는 고지의무 위반을 이유로 하는 보험자의 계약해지라는 불이익한 법적 효과를 피하기 위해서는 자신이 알고 있는 사항을 모두 보험중개사에게 알리도록 노력할 필요가 있다.[243]

보험중개사가 보험계약자의 대리인으로 수권된 경우에 보험중개사는 자신이 알고 있는 보험계약자에 관한 보험계약상 중요한 사실을 보험자에게 정직하게 고지하여야 하고 만약 그 불이행으로 보험계약자가 보험금청구권을 행사하지 못하는 손해를 초래한다면 그 책임을 져야 한다.

4. 보험금추심대리권 유무

보험기간 내에 보험사고가 생긴 때에는 보험자가 피보험자 또는 보험수익자에게 보험금을 지급할 의무를 진다(상법 제638조). 보험계약은 재산 또는 생명이나 신체에 대하여 우연한 사고가 생긴 때

---

243) Bruck Möller, a.a.O., S.560.

에 보험자가 보험금액을 지급할 것을 약정하는 계약이므로 보험금청구권은 보험사고의 발생을 정지조건으로 하는 쌍무·유상계약이다(상법 제638조 참조). 보험계약에서 보험사고가 생길 때 보험금청구권을 가지는 자는 손해보험의 경우에는 피보험자이고 생명보험의 경우에는 보험수익자이다.

보험중개사가 보험계약자로부터 수권을 받아 그 대리권을 행사하는 경우에도 그 보험중개사는 보험계약자의 당해 보험계약관계 전체에 대하여 그 대리권을 보유한다고 할 수는 없다. 이러한 보험중개사의 대리권은 보험계약자의 체약대리권(청약대리권)에 한정되는 것이 가장 기본적이고 통상적인 모습이다. 그러나 보험자의 영업소의 위치, 보험계약자의 편의나 보험중개사의 보조자적 지위와 전문성을 고려하여 보험계약자의 보험금청구권을 대리하게 하는 경우도 예외적으로 발생할 수 있다. 때로는 보험중개사가 보험계약자가 수령할 보험금액의 결정에 관해서 보험자와 협상할 수 있는 권한을 보유하는 경우도 있다.[244]

보험중개사가 보험계약자로부터 대리권을 수여받아 보험금추심을 할 수 있는 권한을 가질 수 있는지에 관해서는 보험계약자로부터 보험중개사에게 수여된 대리권의 범위에 대한 해석의 어려움보다 오히려 '법률사건에 대한 대리'와 '소송사건에 관한 유상의 대리행위'를 금지하는 현행법에의 위반여부가 더 중요한 논의의 대상이다. 이를 재판 외의 추심대리권과 재판상 추심대리권으로 나누어 고찰하고자 한다.

---

244) Bruck Möller, *a.a.O.*, *S.*558.

㈎ 보험중개사의 재판외의 추심대리권

보험자의 보험금 지급채무의 이행장소는 지참채무의 법리상 채권자인 피보험자 또는 보험수익자의 주소 또는 영업소가 되어야 하는 것이 원칙이나(민법 제467조 제2항) 거래의 실제에 있어서는 그 편의를 위해 보통 보험자의 영업소에서 보험금을 지급하는 추심채무로 운영되고 있다.[245]

보험계약자가 직접 보험자의 영업소에 가서 보험금을 청구하는 것은 보험금 청구사유를 입증해야 하는 점과 기타 여러 가지 불편을 수반한다. 이러한 불편과 곤란을 제거하기 위하여 보험계약자가 자신을 대리하는 보험중개사에게 그 청구의 대리권까지 수여하는 방법이 고려될 수 있다. 그러나 보험증권의 면책증권성·상환증권성이라는 성격 때문에 보험계약자로부터 보험금추심의 대리권을 수여받은 보험중개사가라고 하더라도 보험증권을 보험자에게 제시하고 보험금지급을 청구해야 한다. 이는 보험자가 보험증권의 소지인 이외의 자에 대하여 보험금을 지급한 때에는 그로써 진정한 보험금 청구권자인 보험계약자에 대한 책임을 면하지 못하고 후에 진정한 권리자인 보험증권 소지인이 이 중으로 청구한 때에도 그 지급의무를 져야 하기 때문이다. 따라서 보험중개사가 보험계약자를 대리하여 보험금을 청구할 때에는 자신의 대리권을 증명해야 할 뿐만 아니라 보험계약자로부터 보험증권을 교부받아 보험자에게 제시할 필요가 있게 되는 것이다. 또 운송보험증권이나 해상적하보험증권의 경우처럼 유가증권의 성질을 지니고 있는 보험증권의 경우[246]에는

---

245) 양승규, 앞의 책, 148면.
246) 운송보험증권이나 해상적하보험증권의 유가증권적 성질을 인정할 수 있느냐에 관해서는 이를 부정하는 견해, 긍정하는 견해의 대립

보험중개사가 보험계약자의 보험금청구권 대리행사를 위해서는 그 보험증권의 배서교부를 받아야 할 것이다.

그리고 특히 문제가 되는 것은 보험중개사가 보험계약자를 대리하여 보험금을 청구함에 있어서의 변호사법 위반여부이다. 즉 보험중개사가 보험계약자의 보험금청구권을 대리하여 행사하는 것은 비록 재판상 대리가 아니라 할지라도 변호사법 제109조 제1호에 의하여 금지되고 있는 '법률사건에 대한 대리'행위에 해당할 여지가 있기 때문이다. 그러나 변호사법상의 이러한 제한은 직업의 자유(헌법 제15조)와 행복추구권(헌법 제10조)에 대한 과도한 제한이거나 본질적인 제한에 해당하여 헌법 위반의 여지가 있다고 할 것이다.

참고로 로이드 보험중개사의 경우를 살펴본다면 로이드 보험중개사가 보험계약의 체결을 중개한 경우라면 보험계약상의 분쟁에 대해 보험자(underwriter)와 협상할 권한까지 인정되는 때가 많고,[247] 이는 보험금청구 등에 대한 분쟁에서 보험중개사의 특화된 전문성을 활용하려는 것이다. 그리고 아주 작은 규모의 보험중개사가 아니라면 보험중개사사무소 내에서 특별히 전문적인 경험자를 지명하여 이러한 보험계약자에 대한 원조를 행하고 있고 이러한 중개인은 보험자를 상대로 보험계약자의 대리인 자격으로 협상할 의무가 있

이 있으나 이러한 보험증권은 화물상환증이나 선하증권의 이전에 따라서 전전유통하여야 할 경제적 필요가 있고 이는 증권의 배서교부에 의하여 그 목적을 달성할 필요가 있기 때문에 유가증권성을 인정하는 것이 타당하다고 본다(서돈각·정완용, 제4전정 상법강의(하), 법문사, 1998, 370면; 손주찬, 제6정증보판 상법(하), 박영사, 1997, 537면; 정희철, 보정판 상법학(하), 박영사, 1990, 392면; 최기원, 보험법, 박영사, 1996, 186면 참조).

247) Roderick Clews, A Textbook of Insurance Broking, Woodhead-Faulkner Pr., 1987, p.48.

게 된다.248)

이는 보험중개사에게 보험계약자의 보험금추심대리권을 제한할 우려가 있는 우리 변호사법 제109조 제1호의 해석과 입법론에 대한 하나의 시사가 될 수 있을 것이다.

(나) 보험중개사의 재판상 추심대리권

(a) 보험중개사가 보험계약자의 보험금청구권을 재판상 대리하는 것은 재판 외에서 대리하는 것보다 고도의 법률적 지식을 요구하는 것이고, 또 소송법적 이익과 질서를 보호할 필요까지 있는 것이기 때문에 한층 더 허용하기 어려운 문제로 인식되기 쉽다. 보험중개 사제도가 가장 발달해 있는 영국 로이드 보험시장에서의 예를 다시 살펴보면 로이드의 손해보험시장에서는 보험계약자(피보험자)가 보험자와 직접 접촉하여 보험계약에 관한 거래를 할 수 없기 때문에 보험계약자(피보험자)의 보험금청구권을 로이드 보험중개사가 재판 상 행사하는 예가 많다. 다만 로이드 보험중개사가 보험계약자의 보험금청구권을 대리함이 허용된다 하더라도 보험계약자가 직접 보험금청구권을 행사하는 것은 물론 가능하다. 생명보험과 연금보험 의 경우는 보험계약자의 보험중개사와의 계약에 따라 구체적으로 다르다.249)

(b) 우리나라의 경우에는 보험중개사가 보험금추심대리를 재판 상 행사하는 것은 변호사법이 금지하는 '소송사건에 관한 유상의 대리행위'에 해당할 것이다(변호사법 제109조 제1호). 그리하여 보험중개사가 소송상의 행위로 보험금청구를 하는 것은 원칙적으로

---

248) Ibid., p.48.
249) H. Cockerell & G. Shaw, Insurance Broking and Agency, London, Witherby & Co., 1979, p.131.

허용될 수 없다고 해석된다. 여기에서의 '대리'라 함은 본인을 대신하여 본인의 명의로 사건의 처리를 담당하는 것을 말하는데 이를 구체적으로 설명하면 다음과 같다.

(ⅰ) 변호사 아닌 자가 타인의 부탁으로 변호사를 선임하여 소제기 등의 사무처리를 하게 하고 착수금 등을 수령하는 행위, (ⅱ) 변호사 아닌 자가 당사자를 대신하여 본인의 명의로 가처분신청서, 즉시 항고장, 조정신청서를 작성하여 법원에 제출하거나 명령신청을 하는 행위, (ⅲ) 변호사 아닌 자가 당사자를 대신하여 당사자 본인의 이름으로 지급명령을 신청하고 또한 소제기에 관한 서면을 사법서사에게 작성하게 하는 행위 등이 이에 해당한다.

이러한 소송상의 대리행위를 금지하는 이유는 변호사의 자격이 없이 변호사로서의 규율에 복종하지 않는 자가 자신의 이익을 위하여 자의적으로 타인의 법률사무에 개입하여 영리를 취하는 예가 있고 이를 방치하는 때에는 국민의 법률생활에 있어서 정당한 이익을 해할 우려가 있으며 사법의 건전한 운용, 소송의 능률향상 등의 취지에 반하기 때문이라고 한다.[250] 또 그 위반의 사법상 효력에 관해서도 변호사법의 이 규정은 강행규정이므로 무권대리에 준하여 무효라고 보고 또 고도의 공익적 규정을 위반한 것이어서 추인의 여지도 없다고 본다.

생각건대 변호사법의 이러한 규정은 변호사 강제주의의 한 측면이라고 이해된다. 변호사 강제주의는 당사자 본인의 소송관여조차도 원칙적으로 배척하여 변호사에게 소송위임할 것을 요구하는 것으로써 변호사의 적극적이고 철저한 소송행위 전담을 내용으로 한

---

250) 김수철, "변호사법 제78조 위반에 관한 고찰 - 대법원 판례를 중심으로 -", 검찰 제1집 제97호, 1988, 132면.

다.[251] 변호사 강제주의는 소송행위를 변론능력이 있는 대리인으로
하여금 대리케 하는 것뿐만 아니라 그 대리인의 자격을 변호사로
한정한다는 것까지 의미하기 때문에 변호사법 제109조 제1호의 일
정한 소송행위의 금지는 변호사 강제주의와 그 맥락을 같이 하는
것이다. 그러나 소송대리인을 변호사에 한정하려는 변호사법이나
민사소송법의 태도는 저렴한 변호사 보수, 간편한 이용가능성 등이
보장되지 않는 우리의 사법현실에서는 헌법상의 행복추구권(헌법
제10조), 평등권(헌법 제11조), 재판청구권(헌법 제27조)과 직업의
자유(헌법 제15조) 등을 침해할 우려가 있다 할 것이다.

　따라서 변호사 소송대리의 예외범위(상법 제11조, 제773조, 제761
조 등)를 일정한 지식과 경험을 가진 전문인에게는 확대하려는 노력
이 필요하다고 본다. 그러나 궁극적으로 볼 때, 전문적인 지식과 경
험을 갖춘 보험중개사가 보험금 청구소송에서 보험계약자의 법령상
대리인으로서 입법화될 수 있을지의 여부는 보험중개사가 우리나라
에서 얼마나 활성화되고 토착화하는지에 달려 있을 것으로 본다.

　현재의 법령하에서 보험계약자의 소송대리인으로 인정받지 못하
는 보험중개사가라고 하더라도 보험사고가 발생하였을 때 보험계약
자의 대리인 자격으로서 다음과 같은 행위는 할 수 있을 것이다.
즉 보험중개사는 보험계약자 또는 피보험자로부터 (i) 보험사고의
보고를 들은 후 사고보고서를 작성하거나, (ii) 현장사진 촬영,
(iii) 증언녹취, (iv) 수사기록 보전 등의 사고원인조사행위를 할
수 있을 것이다. 즉 보험금청구에 필요한 자료를 수집하고 작성하
는 사무를 대행할 수 있다. (v) 또한 보험중개사는 사고원인을 분

---

251) 정동윤, "민사소송에 있어서의 변호사강제주의의 문제점", 대한변협
　　지, 1986. 8., 24면 참고.

석하여 차후에 보험사고 발생을 예방할 수 있는 정보를 보험계약자에게 제공할 수도 있다.

(c) 그러나 우리 법에 의해서도 보험중개사가 예외적으로 보험계약자의 보험금추심(청구)권을 소송상 대리할 수 있는 때가 있다. 민사소송법에 의하면 단독판사가 심판하는 사건에 있어서 당사자와 친족, 고용 기타 특별한 관계에 있는 자가 법원의 허가를 얻은 때에는 소송대리인이 될 수 있다(동법 제88조 제1항). 이 규정에 의하여 단독판사가 심판하는 사건에서 보험중개사가 법원의 허가를 받는다면 보험계약자의 보험금청구를 소송상 대리할 수 있으나, 그 허가는 법원의 재량사항이고 그 취지도 주로 친족관계에 있는 자를 소송대리인으로 허용하려는 것이어서 보험중개사의 경우에 적용될 가능성은 매우 낮다는 운영상의 한계가 예상된다. 만약 보험중개사가 민사소송법 제87조 제1항에 의하여 보험계약자를 소송상 대리할 수 있게 된다면 보험중개사로서의 전문적 능력과 경험이라는 장점을 살릴 수 있을 것이다. 물론 소송대리인으로서의 보험중개사가 되려면 법원의 허가를 받아야 하는 형식적 요건 이외에도 소송법적 지식과 경험까지 갖출 것이 요구된다.

만약 보험중개사가 보험계약자에 대한 소송상 대리를 허가받지 못한 때에는 사고보고서를 작성한다거나 보험금청구에 필요한 자료의 수집, 보전 등의 활동으로 피보험자 자신이 직접 본인 소송을 하는 경우에 보충자료로 활용할 수 있는 유용한 자료를 제공할 수 있다.

Ⅲ. 보험중개사의 보험자에 대한 관계

보험중개사는 상법상 중개인에 해당하므로 원칙적으로 보험자의 대리인이 될 수 없다. 다만 보험자의 개별적인 수권에 의하여 보험자의 대리인으로 될 여지가 있는가에 대해서는 독일의 경우에도 계약체결의 대리권은 인정하지 않고 고지수령, 보험료수령과 보험사고 시의 손해액산정의 대리권에 있어서는 구체적인 수권에 의하여 이를 긍정한다.[252] 우리의 경우에 있어서도 보험중개사가 보험자의 계약승낙권이나 고지·통시수령권을 대리하는 것은 상법상의 중개인의 성격을 고려하는 한 어려운 문제라고 본다. 보험업법상 보험중개사와 보험대리점이 각각 별도의 자격요건을 필요로 하고(보험업법 제87조, 제89조) 그 업무 영역이 명백히 구분되어 있기 때문이다. 보험중개사가 보험대리점의 요건을 갖추어 그 업무를 겸하는 것도 현행법상은 허용될 수 없게 되어 있다(보험업법 제89조 제2항 제3호). 그러나 이는 보험대리점의 업무 영역을 보호하고 보험계약 관계에서도 보험계약의 중개인인지 대리인인지가 구분되는 것이 바람직하다는 보험감독법적 차원의 고려라고 생각된다. 보험사업자인 보험자로서는 적어도 사법적 법률관계의 영역에서 보험중개사의 전문적 지식과 경험을 고려하여 보험사업자 자신의 보험계약체결 대리권을 수여하는 것이 바람직하지는 않으나 불가능하지 않은 일이라고 본다. 이 경우 보험중개사가나 보험사업자는 보험업법 등 행정규제법상의 벌칙(보험업법 제204조)을 받을 것이나, 보험중개사가 보험자를 대리하여 체결한 보험계약의 효력 자체는 유효하다고

---

252) Bruck Möller, *a.a.O.*, S.557.

할 것이다. 또 보험중개사가 보험료수령권, 보험사고 시의 손해사정권의 대리권 유무에 대해서도 매우 제한적이나마 보험자의 편의를 위하여 허용될 수 있는 여지가 있으므로 이를 별도로 고찰할 필요가 있다고 본다.

1. 보험료 수령대리권 유무

(1) 보험료 지급의무의 내용

보험계약은 유상계약으로써 보험계약이 성립하면 보험계약자는 보험자에게 보험료를 지급할 의무를 진다(상법 제638조). 여기서 보험료는 보험자가 보험계약상의 책임을 지는 대가로써 보험계약자가 지급하는 것으로 보험사고 발생 시 보험자가 보험계약자에게 지급해야 할 보험금과 대가관계를 이루는 것이다. 그러나 보험계약이 체결되면 보험료 지급의무는 바로 발생하고 보험금 지급의무는 보험사고 발생 후에 발생한다는 점에서 다르다.[253]

(2) 보험료 수령대리권 유무

상법은 「보험자의 책임은 당사자 간에 다른 약정이 없으면 최초의 보험료를 지급받은 때로부터 개시한다.」(상법 제656조)라고 규정하여 원칙적으로 보험료의 지급이 보험자의 책임이 개시되는 요건임을 정하고 있다. 이에 따라 보험자는 비록 보험계약이 성립하여 계약상의 보험기간이 개시된 후라도 최초보험료를 받지 않은 때

---

253) 양승규, 앞의 책, 150면.

에는 보험사고가 발생하여도 보험계약자에게 보험금지급의 책임을 지지 않는다. 그리고 제2회 이후의 계속보험료의 경우에는 계속보험료의 지급이 없으면 보험계약을 해지할 수 있고(상법 제650조 제2항의 반대해석.) 특히 중요한 효과는 보험사고가 발생한 후에도 보험자가 보험계약을 해지하는 것으로써 보험금 지급채무가 없어지고 이미 지급한 보험금액마저 반환을 청구할 수 있다는 점이다.

상인인 보험자의 입장에서는 보험계약자와 보험계약을 체결하여 기업을 경영하는 경제적인 목적은 바로 이러한 보험료를 받는 데 있다고 할 수 있고 보험자의 영업능력도 그 수입보험료의 총액으로써 판단하는 관행이 있다. 그리고 또 한편 보험계약자로부터 이러한 보험료를 수령하는 대가로 보험자는 보험금 지급채무를 보험계약자에게 부담하게 되는 것이다. 즉 보험계약자가 보험자에게 보험금액을 청구하는 것은 오직 보험사고 발생을 정지 조건으로 하기 때문에 보험사고의 발생이 없는 때에는 보험금청구권이 현재화되지는 않지만, 보험자의 보험료수령과 동시에 보험자는 보험금지급의 의무를 잠재적으로 부담하는 상태로 된다는 점에서 보험료 지급의무와 보험금 지급의무는 대가적 관계에 서게 되고 보험계약은 보험계약자와 보험자 간의 쌍무계약관계로 되는 것이다.

보험계약자가 지급하는 보험료는 사고발생 개연율에 의하여 산출하는 순 보험료와 기타 비용이 포함된 것이고 보험계약자의 이러한 보험료 지급채무는 지참채무가 원칙적인 모습이라 하겠지만[254] 거래관계에서는 보험자 측에서 보험계약자의 편의를 위하여 추심을 함이 통례이다. 보험계약자의 보험료지급은 보험계약관계에서의 보

---

254) 민법 제467조 참조.

험자의 주된 경제적 관심사일 뿐만 아니라 보험자가 실수로 자신의 금전(보험료) 지급채무라는 채무의 이행지체로 보험계약을 해지 당하는 바람직하지 않은 결과는 보험자 측에서도 사전에 예방해 줄 필요가 있게 되기 때문이다. 특히 국제간 보험거래에서는 그 장소적 차이로 인하여 더욱더 보험자가 보험계약자에게 보험료지급을 미리 최고하는 등 추심채무로 운영함이 바람직하다. 보험료 지급의무라는 금전지급의무가 민법상 채무 이행의 원칙적 모습인 지참채무에서 보험계약에서의 특수성을 반영한 추심채무로 거래계에서 관행화될 때 보험자인 보험사업자로서는 「추심」이라는 행위에 필요한 인적, 물적 조직을 필요로 하게 되고 그 추심을 위한 인적 조직으로서 보험료 수금원 기타 행위자를 임명하였다면 그 수금원 등은 보험자로부터 보험료수령의 대리권을 수여받았다고 할 수 있을 것이다. 이는 보험대리점의 경우를 보더라도 특히 체약대리점의 경우, 대리점이 보험자를 위하여 계약체결을 대리할 뿐만 아니라 보험계약자, 보험자 쌍방의 편의를 위하여 보험료수령의 대리권까지 보유하는 것으로 보는 것이다.[255] 체약대리점이 보험료의 추심을 하기위해서는 물론 보험자로부터 그 수권이 있어야 한다.

즉 보험중개사가 보험자의 보험료추심대리권을 보유하는 이러한 특별한 사정은 보험자가 수금의 필요상 보험중개사의 수령권을 예외적으로 인정하는 경우에만 발생하는 것으로서 보험자는 보험중개사의 보험료 징수권을 인정함으로써 보험중개사의 행위로써 보험자자신의 보험료수령이 용이하고 간편하게 되는 효과를 노릴 수 있게된다.[256] 이러한 보험료징수자(추심자)인 보험중개사를 이용하는

---

255) 양승규, 앞의 책, 97면.
256) Bruck Möller, *a.a.O.,* S.558.

효과로서 그 징수자의 보험계약자로부터의 보험료수령효과가 보험자 자신의 보험료수령효과와 같이 되는 것이다. 이때 보험자와 보험중개사 간에 대체계좌(Kontokorrent)까지 설정하여 보험료 전달의 수단으로 그 대체계좌를 사용하는 경우에는 보험중개사의 보험료추심대리권이 실질적으로는 존재하지 않거나 소멸한 후라 할지라도 표현수령권을 인정하는 근거가 될 수도 있다. 보험중개사가 보험자로부터 보험료수령의 대리권을 수여받아 보험계약자에 대하여 보험료 추심을 하는 경우에는 보험중개사 자신의 명의로 추심할 것이 아니라 보험자의 명의로 그 추심권한을 행사하여야 한다. 또한 보험료수령의 대리권이 인정되는 보험중개사도 보험계약자의 보험료지급을 유예해 줄 권한까지는 없고 또 수령방법으로써 이행의 최고를 하는 등 재판 외의 청구를 할 수 있을 뿐 재판상 청구를 할 수는 없다.[257] 재판상 청구는 보험중개사에게 재판 외 청구와는 달리 소송절차상 별도의 소송대리권을 필요로 하는 것이고 본인인 보험자 자신이 예기치 못한 손해를 입을 우려가 있기 때문이다. 미국의 보험계약관행에서는 보험자의 편의를 위해 보험료수령(추심)대리권을 보험자가 보험중개사에게 수여했다고 보아야 할 경우가 많이 인정되고 있다. 이때에는 대체로 특히 수령의 대리만이 인정되는 것이 아니라 보험계약체결의 승낙권과 같이 하여 보험료수령권의 대리권도 허용되었다고 보고 있다.[258]

그러나 보험중개사의 행위가 중개의 행위에 한정된다면 원칙적으로 보험자의 보험료수령권을 보험중개사가 대리할 수는 없다. 보험

---

257) Bruck Möller, a.a.O., p.559.
258) American Fire & Indem. Co. v. Lancaster, 415 F. 2d 1145, 1148-49, 8th Cir. 1969.

자가 보험료를 직접 수령하지 않고 보험중개사가 수령한 행위를 보험자 자신이 수령한 것으로 하려 했다는 의사는 특별한 사정이 존재하지 아니하는 한 인정하기 어렵다. 보험계약자는 보험중개사에게 대리권을 수여한 경우에 자신의 대리인의 자격으로 보험중개사에게 보험료를 전달하고 보험자에 대한 자신의 보험료 지급의무를 이행할 것을 요구할 수 있으나 이때에 보험계약자가 보험료 지급의무를 면하는 것은 그 보험료가 보험자에게 도달한 때이다.

특이한 예로써는 영국해상보험계약에서는 보험중개사의 보험료 지급의무에 대해서는 보험중개사가 보험계약자의 대리인으로서 보험자에 대한 보험료지급이라는 의무이행의 보조자가 되는 데 그치지 않고 보험중개사 자신이 직접 보험자에게 보험료 지급의무를 진다. 보험자는 보험계약자에게 보험료를 청구하는 것이 아니라 보험중개사에게만 이를 청구할 권리를 가지고 그에 대응하여 보험자에 대해서는 보험중개사만이 보험료 지급의무를 부담한다.[259] 이는 보험금청구 등에서의 보험계약자의 권리행사와 대비되는 것이다. 보험계약자가 보험사고 발생 시나 보험료반환청구 시에 보험금이나 보험료반환을 보험자에 대하여 직접 청구할 수 있게 한 것과는 매우 대조적이다(영국해상보험법 제53조(1) 참조). 보험계약자로서 보험사고 발생 시에 보험금을 청구하거나 보험계약 해지 시에 보험료 반환청구를 함에 있어서 보험자를 상대방으로 하여 직접청구하는 것은 계약당사자로서 반대 당사자에 대한 당연한 법리에 속한다. 다만 보험료지급에 있어서만은 보험계약자가 아니라 보험중개

---

[259] 영국해상보험법 제53조(1)는 「다른 약정이 없으면 해상보험증권이 중개인에 의해 보험계약자에게 발행된 경우에는 그 중개인이 직접 보험자에게 보험료 지급책임을 지고……」라고 규정하고 있다.

사가 직접 보험자에 대하여 그 지급의무를 지도록 한 것은 적어도 보험료 지급의무에 있어서 보험중개사가 보험계약자 편에 서서 그 지급의무를 부담한다는 것으로써 보험자의 보험료수령을 용이하게 확보하게 하려는 취지라고 본다. 이러한 보험료지급의 확실성을 보장하기 위해서 로이드 보험에서는 보험자와 로이드중개인 간에 전용계좌를 설정하여 보험자가 로이드 보험중개사에게 보험료를 대여하였다고 전제하는 방법을 취하여 로이드 보험중개사가 보험자에게 보험료 지급의무를 이행한 것으로 보려는 상관습마저 존재하고 있다.260) 이는 로이드 보험시장의 보험료지급에 있어서는 보험인수인(Syndicate) 또는 인수대리인이 보험계약자를 직접 상대하여 계약하지 않고 로이드 보험중개사와만 거래하는 점에 비추어 그 로이드 보험중개사를 보험료 지급의무자로 함과 함께(영국해상보험계약에서와 같은 취지) 한걸음 더 나아가 보험인수인의 로이드 보험중개사와의 전용계좌 이용을 통하여 보험료 청구과정까지도 간이화하려는 것이다. 영국의 해상보험계약이나 로이드 보험시장에서의 이와 같은 특수한 법리와 관행에 의해 우리나라에서도 보험중개사가 보험계약자로부터 보험료를 수령했다는 사실만으로 아직 보험자가 이를 수령한 것으로 인정할 수는 없을 것이다. 그리하여 보험자가 보험중개사에게 보험계약자에 대한 보험료추심대리권을 별도로 수여하지 않고서는 이와 같은 권한이 존재하지 않는다.

우리 보험중개사의 보험료수령권(추심권)에 관해서 상법이나 보

---

260) H. Cockerell & G. Shaw, op.cit., p.130. 단, 로이드 보험사업에서의 이러한 관습은 해상보험계약에서는 입법화되었으나(보험자의 보험중개사에 대한 보험료직접청구권), 비해상보험계약에서는 관행일 뿐, 법원도 그 법적 구속력을 인정하지 아니하고 그 관행을 알지 못한 보험계약자가 보험자에게 직접 지급하는 것을 인정하고 있다.

험업법에서 그에 관한 아무런 규정이 없다. 이는 보험중개사가 상법상 중개인인 한 어느 한 보험계약당사자의 대리인이 된다는 것은 법규에서 규정하기 곤란한 사항이기 때문이라고 본다. 다만 보험업법시행령과 동 시행규칙(보험업법 시행령 제41조 제1항 제2호, 동규칙 제24조 제1호)에서 보험중개사의 보험료수령권에 관한 약간의 언급이 있을 뿐이고 그 규정취지도 보험계약자의 신뢰를 보호하여 그 계약법적 불안정을 사전에 예방하려는 것이다. 보험중개사는 보험사업자를 대리하여 보험료의 수령을 받을 권한이 없다는 내용을 보험계약체결 시에 보험중개사가 보험계약자 등에게 교부, 설명하여야 한다는 것이다. 그러나 이러한 규정은 보험계약자 등의 보호를 위한 것으로 보험중개사가 보험계약자에 대하여 자기 입장을 명시하여 보험료수령권이 없는 보험중개사와의 거래에서 보험계약자를 보호하려는 뜻이 강조되어 있는 것이지 보험중개사가 보험자로부터 보험료 수령(추심)대리권을 수여받아 활동하는 사적 자치의 영역까지 봉쇄하려는 취지는 아니라고 본다. 따라서 보험자의 자유로운 의사에 기해 보험중개사에 대한 보험료 수령대리권의 수권은 얼마든지 가능하다.

2. 소손해 사정권의 유무

소손해 사정권이란 일정금액 이하의 보험금액에 대해서는 보험자의 개입 없이도 보험중개사 등이 그 손해유무, 금액을 판단할 수 있는 권한을 말한다.

보험중개사는 상법상의 중개인으로서 일반적으로 보험사고 발생 시 보험자의 보험금 지급책임에 관한 결정권이 그에게 인정될 수 없

고 보험금 지급채무의 유무에 관하여 보험자의 명의로 어떤 의사표
시를 하거나 그를 수령하는 권한도 없음이 원칙이다.[261]

그러나 보험중개사가 보험자의 대리인으로서 일정한 보험금 이내
의 소손해 사정권을 가지는지에 대해서는 보험자의 편의와 보험계
약자의 신속한 구제를 기한다는 취지에서 이를 허용할 수 있을 것
인가에 대한 논의가 있을 수 있다. 보험사고 후 보험금지급은 보험
자의 입장에서는 큰 비용의 발생이 될 뿐만 아니라 공동위험단체의
재원을 일부의 보험계약자에게 지급(당연히 그러한 목적으로 수령
한 보험료로써 구성된 것이기는 하나)해야 하는 것이기에 그 손해
의 유무, 액수를 신중하게 판단할 필요가 있다. 그러나 보험계약자
의 입장에서는 일정한 보험사고 발생률이 보험계약에서는 당연히
전제되는 것이고 일정금액 이하의 손해이거나 빈발하는 사고에 대
한 손해에 관해서는 신속하게 보험금 지급의무 유무를 판단해 줄
것을 요청하고 보험자 측에서도 빈발하는 사고에서 일정액 이하의
소손해에 대해서는 다른 대리인에게 그 판단을 유보함이 편리하게
될 수 있다.

예컨대 1자동차보험계약에서와 같이 제한된 한도의 보험금액에
대해서는 보험사고 시의 손해의 측정이 다른 보험사고의 경우보다
상대적으로 더 용이하고 사고피해자에 대한 보험금지급이 신속하게
이루어져 일반 보험계약자의 보험자에 대한 신뢰도를 높일 필요가
있다는 점에서 보험중개사가 그 전문적 지식과 경험을 살려 보험자
의 대리인으로 보험사고로 인한 손해의 유무, 액수를 판단할 여지
가 있다.

---

261) Gauer, *a.a.O.*, S.57.

다만, 보험사고로 인한 손해의 사정에 대해서는 손해사정인의 업무인데다 보험중개사가 보험계약에 관한 전문가라고 하더라도 보험사고 후에 발생하는 손해의 산정에 대해서까지 그 전문성을 성급하게 인정하는 것은 곤란하다는 점을 고려해야 한다. 보험자가 보험사고 발생 시 손해를 신속히 산정하고 보험계약자에게 편의를 제공할 필요성은 인정하나 보험중개사에게 소손해사정권을 인정하는 것은 영·미보험중개업에서 발달한 특수한 사정일 뿐 그 사정이 우리나라의 보험중개사에게도 그대로 타당하다고 할 수는 없는 것이고 이러한 업무는 손해사정인의 업무로 함으로써 충분히 소기의 목적을 달성할 수 있는 것이다. 또 보험중개사에게 소손해사정권을 부여할 수 있는가의 논의에서는 변호사법 위반여부도 고려해야 한다. 왜냐하면 변호사법 제109조 제1호에서는 「변호사가 아니면서 금품·향응 기타 이익을 받거나 받을 것을 약속하고……소송사건·비송사건……기타 일반의 법률사건에 관하여 감정·대리……법률상담……기타 법률사무를 취급……」 하는 행위를 금지하고 있기 때문이다.

이에 관해 자동차보험의 소액사건 처리에서 변호사법 위반의 문제를 피하기 위해 변호사의 지휘, 감독을 받는다는 전제하에서 보험중개사가 소손해사정을 할 수 있는 권한을 인정하는 일본의 예가 있다. 즉 보험중개사가 보험자편에 서서 사고원인을 조사하거나 의료조사를 하는 등의 활동을 하여 변호사의 소송업무를 보조하는 것이다. 그러나 실제운영에 있어서는 변호사의 지휘, 감독이 크게 미치지 못하는 경우가 많다고 하여 실질적으로 보험중개사에 의한 손해사정이 이루어지고 있는 하나의 사례라고 볼 수 있다.[262]

제2절 보험중개사의 권리

보험중개사가 보험계약체결의 중개를 하였다면 중개수수료를 받을 권리가 있고 중개행위에서 나아가 계약체결의 대리나 보험계약의 관리를 하는 경우라면 그에 따른 보수는 보험계약중개와는 별도로 논의되어야 할 것이다. 만약 보험계약당사자와 보험중개사 사이에 보험계약중개수수료에 관한 약정만 있었으나 보험중개사가 보험계약 등의 대리권자로서 보험계약을 체결한 경우라면 계약체결대리행위에 대한 대가를 별도로 받을 수 없고 중개수수료만을 지급받는 것으로 만족해야 하는가에 대해서 논란이 있을 수도 있다. 생각건대 보험계약의 중개와 보험계약체결대리는 그 행위결과가 보험계약의 성립이라는 법적 효과라는 점에서 공통하고 보험중개업의 기원이 된 영·미의 보험중개에서는 보험계약자의 보험계약체결을 대리함이 보험중개사의 기본적인 업무에 해당하는 것도 그러한 논란을 야기할 수 있는 하나의 원인이 될 것이다. 그러나 보험계약의 중개는 보험자와 보험계약자 간의 보험계약체결을 위한 예비적·사전적 단계의 권유행위에 불과하고 보험계약자의 보험계약체결의 대리는 보험계약자의 수요에 적합한 보험자를 물색하고 보험계약조건을 협상해야 한다는 점에서 보험계약의 중개보다 가일층 진척되고 적극적인 행위라는 점에서 양자는 구별되어야 한다. 이와 같이 보험계약의 중개행위와 보험계약체결의 대리행위는 그 개념에 있어서 명백히 구별되어야 하므로 보험계약의 중개행위의 대가인 보험중개수

---

262) 岡邦 俊, "自動車保險の少額事件處理と辯護士法"－SAP協定の功過, ジュリスト 第899号, 1987. 12. 15, 33頁.

수료 합의에 보험계약체결의 대리행위의 대가 합의까지 포함되어 있다고 이해될 수는 없다고 본다. 보험중개사가 중개수수료를 보험자로부터 청구하기로 한다고 하더라도 보험중개사가 보험계약자를 대리하여 보험계약을 체결하였을 때에는 별도로 보험계약자로부터 체약보수를 청구할 수 있다고 해야 한다. 그러나 보험계약체결의 대리가 보험계약의 중개와 개념적으로 구분될 수 있다고는 하지만, 보험계약자 등 위임인의 입장에서 볼 때에는 보험계약체결이라는 목적을 달성함에 있어서 이중의 보수가 지급된다는 인식을 할 가능성이 있고 그로 인하여 보험계약자와 보험중개사와의 사이에 분쟁이 발생할 수도 있다. 이러한 점에 대해서는 사전에 당사자 간의 보수약정을 분명히 하거나 중개행위 이외의 보험계약에 대한 서비스의 대가에 대한 법적 제한을 두는 것이 분쟁을 막는 방법이 될 것이다. 이러한 분쟁을 예방하고 보험계약자 등을 보호하기 위하여 우리 보험감독규정 제161조 제2항, 제3항에서는 보험중개사가 보험계약체결중개와는 별도의 서비스대가를 보험계약자 등에게 청구하기 위해서는 사전에 보험계약자 등과 서면으로 합의한 약정서가 있어야 하고 제공할 서비스별 내역이 표시된 보수명세표를 보험계약자에게 미리 알려야 한다고 규정하고 있다.

Ⅰ. 보수청구권

보험중개사의 보수청구권과 관련하여 보험계약자와 보험자에 있어서 특히 논의의 대상이 되는 것은 중개수수료 청구권의 성립요건, 중개수수료 지급의무자와 보험계약당사자 변경의 경우에 중개수수료 청구권의 소멸여부 그리고 보험계약 기간 중 보험중개사변경 시의 변경 전 보험중개사의 수수료청구권 유무이다.

1. 성 립

보험중개사는 상인이므로 자신의 중개행위로 인하여 보험계약자와 보험자 간에 보험계약이 성립한 때에는 중개위임을 한 보험계약당사자와의 사이에 보수에 대한 약정이 없는 경우에도 상법상 상인의 지위에서 당연히 보수청구권이 발생한다(상법 제61조 참조).

통상 보험자와 보험중개사 사이에는 장래의 모든 보험계약에 대한 수수료(Courtage)합의가 성립하고 있고 그와 같은 포괄적 합의에 근거하여 구체적인 보험계약이 성립한 때에 보험중개사의 개별적인 보수청구권이 발생한다.

보험중개사의 보수청구권은 상법의 규정 이외에도 중개계약의 내용에 그 근거를 두고 있다.

원래 위임의 법리에서는 보수는 사무처리에 대한 대가이고 위임사무처리 결과 위임인의 위임목적이 달성되지 못한 경우에도 수임인이 성실히 사무를 처리한 때에는 보수를 지급하여야 함이 원칙이나[263] 중개계약은 중개인의 중개를 매개로 하여(활용하여) 중개위임을 한 자의 본 계약이 성립할 것을 법률행위의 목적으로 하는 것이므로 중개인의 중개행위를 통해 계약이 체결될 것을 조건으로 하여 보수가 지급되는 것이다. 따라서 보험중개에 있어서도 보험계약이 성립하지 않은 상태에서는 보험중개사의 보수청구권이 인정될 수 없다.[264] 중개계약의 법적 성질을 기본적으로 위임계약으로 보

---

263) 이은영, 채권각론, 박영사, 1996년, 429면.

면서도 도급계약의 요소가 일부 포함되어 있다고 하는 것은 이러한 중개계약의 특수성 때문이다.

보험중개사의 보수청구권이 성립하기 위해서는 보험계약자와 보험자의 계약체결에 대한 보험중개사의 구체적인 중개행위에 의하여 보험계약이 체결되어야 한다.

보험계약이 조건 없이 체결되는 경우는 다음 세 가지의 요건을 갖추어야 중개수수료 청구권이 성립한다.

ⅰ) 첫째, 보험중개사의 중개행위가 존재해야 한다.

ⅱ) 둘째, 보험계약자와 보험자 간에 보험계약이 성립해야 한다.

ⅲ) 셋째, 보험중개사의 중개행위와 보험계약체결 간에 인과관계가 있어야 한다.

보험계약체결이 조건부인 경우에는 그 조건이 성취된 때에 한하여 중개수수료 청구권이 성립한다.

이를 구체적으로 살펴보면 다음과 같다.

(1) 보험중개사의 중개행위

보험중개사의 수수료청구권이 성립하기 위해서는 보험중개사의 보험계약체결을 위한중개행위가 있어야 한다. 보험중개사에게 있어서 그 중개행위는 보험계약의 체결을 위해 보험계약당사자인 보험자나 보험계약자를 권유하는 노력으로 이루어져야 한다. 따라서 보험계약체결기회에 대한 단순한 안내정도로는 충분하지 않다.

보험계약체결을 위한 중개행위의 요건에 대한 입증책임은 보험중개사 자신이 부담한다.[265] 따라서 보험중개사는 당사자로부터 보험

---

264) 부동산중개인에 대한 판례로는 대법원 1956. 4. 12. 선고 4289 민상 81 참조.

계약체결에 관한 위임계약이 있었다는 것과 함께 자신의 중개활동
이 있었다는 것에 대해 입증하여야 한다.

(2) 보험계약의 성립

보험계약의 중개를 위한 보험중개사의 노력만으로는 보수청구권
이 성립하지 않고 중개행위의 결과로 보험자와 보험계약자 간에 보
험계약이 현실적으로 체결되어야 한다. 보험계약당사자의 보험중개
사에 대한 중개위임은 보험계약체결이라는 결과의 발생을 목적으로
하기 때문이다. 비록 보험중개사의 중개행위가 존재한다고 하더라
도 보험계약자나 보험자의 보험계약체결은 그 중개행위 내용의 충
실성, 요구사항에 대한 부합성 여부에 관계없이 임의에 맡겨진 사
항이어서 그 보험중개사가 중개한 계약의 체결을 보험계약자나 보
험자는 거절할 수도 있다.[266]

보험중개사가 중개위임을 받은 보험목적의 일부에 대해서만 보험
계약이 체결된 경우에는 계약체결부분의 비율에 따라 수수료청구권
이 성립하게 될 것이다. 잠정적인 보험보호의 경우(Binder 또는
Broker's cover note만 발행된 경우)에는 그 종국적인 보험계약체결
(종국적인 보험보호)이 이루어진 때에 수수료청구권이 성립한
다.[267] 단 보험계약이 무효인 경우와 성립한 보험계약이 취소된 경
우에는 보험중개사는 수수료를 청구할 수 없다.

---

265) Bruck-Möller, *a.a.O.*, S.571.
266) Prölss-Martin, *a.a.O.*, S.398.
267) Bruck-Möller, *a.a.O.*, S.571.

(3) 인과관계

보험중개사의 중개행위는 보험계약체결과 인과관계가 있어야 한다. 따라서 보험계약체결이 보험중개사의 중개활동과 인과 관련 없이 이루어진 때에는 중개인의 보수청구권이 성립하지 않는다.

그러나 보험중개사의 보수청구권이 성립하기 위한 중개행위와 보험계약당사자의 계약체결 간의 인과관계는 지나치게 엄격하게 요구되지는 않는다. 그 인과관계는 보험중개사의 중개활동이 없었다면 보험계약의 체결도 있을 수 없었다는 정도의 조건관계만 있으면 족하다. 즉 A가 없었다면 B가 존재하지 않았다는 관계(conditio sine qua non)정도로 충분하다(Bedingungstheorie；조건설).[268] 그리고 중개인의 중개행위가 보험계약체결을 위한 유일한 조건이어야 하는 것은 아니고 그 밖의 다른 행위가 개입하여 보험계약이 성립하는 경우에도 보수청구권의 성립에 필요한 인과관계는 충족되었다고 해야 한다. 나아가 보험중개사의 중개행위가 계약체결에 필요한 최종적인 행위일 필요도 없으며 보험계약체결 자체가 보험중개사 자신에 의해 직접 이루어져야 하는 것도 아니다.

보험중개사가 중개한 계약의 내용과 그 후 보험자와 보험계약자 간에 체결된 보험계약의 내용에 차이가 있다는 이유만으로 그 인과관계를 부정할 수는 없다. 보험중개사가 중개대상으로 한 보험계약과 실제로 체결된 보험계약의 내용에 사소한 차이가 있을 때뿐만 아니라 중요한 차이가 있는 때에도 같다. 왜냐하면 보험중개사의 중개행위가 없이 그 계약이 체결되지 않았다면 보수청구권의 요건으로서 인과관계의 존재가 긍정되기 때문이다.[269]

---

268) Bruck-Möller, *a.a.O.*, S.571.

(4) 보험료지급과의 관계

보험중개사의 수수료청구권은 보험계약자 측에서의 보험료의 지급이 있어야 발생한다는 점에서 이는 일종의 정지조건부청구권이라고 할 수 있다. 왜냐하면 보험중개사가 수수료청구권을 보험자에 대해 행사한다고 하더라도 실질적으로는 보험계약자의 보험료에서 그 중개수수료가 지급되는 관계에 있기 때문이다.

그리하여 보험중개사의 수수료청구와 보험계약자의 보험료지급 간에는 이른바 "공동운명 원칙(Schicksalteilungsgrundsatz)"이 적용된다.[270] 다만 신의성실에 반하여 보험세약당사자가 조건성취를 방해(중개수수료 지급을 면하기 위한 보험료지급의 의도적인 지체)한 경우에는 예외적으로 보험중개사의 수수료청구권이 인정되어야 한다(민법 제150조 제1항 참조).

만약 어떤 사정에 의하여 보험계약자에게 보험료가 반환되어야 하는 경우 이미 보험중개사에게 지급된 중개수수료는 반환될 필요가 없다고 본다.[271]

(5) 보험계약 갱신의 경우

보험중개사가 보험계약체결의 중개나 기타 행위를 한 때에는 상

---

269) Bruck Möller, *a.a.O.*, S.572.

270) Bruck Möller, *a.a.O.*, S.572.

271) Prölss-Martin, *a.a.O.*, S.398 참조: 독일의 경우 보험자가 신용으로 지급받은 보험료를 보험계약자에게 돌려줘야 하는 경우에도 보험중개사의 보수는 독일 민법 제812조 제1항 제1호 ⅰ호에 따라 반환되어야 한다고 한다. 이는 보험계약 취소·해제 등의 경우에 발생한다고 하지만 우리의 경우 이와 같은 효과를 인정할 근거가 없다. 보험계약이 취소, 해제, 해지된 경우라도 보험계약의 성립사실과 그에 기여한 보험중개사의 노력은 부정할 수 없기 때문이다.

법의 규정이나 기타 합의에 근거하여 수수료 기타 보수를 청구할 수 있다는 것은 최초의 보험계약에 있어서 뿐만 아니라 이후의 보험계약갱신의 경우에도 마찬가지이다. 보험계약당사자 간에 보험계약갱신 결과 보험계약자가 보험보호를 받는 것도 보험중개사의 중개나 기타 대리행위에 기인하는 것이라면 그때에도 그의 보수청구가 인정되어야 하고 최근에 지급받은 보험중개수수료는 당해 보험계약 기간의 보험계약체결중개(또는 대리)에 대한 대가만으로 구성되기 때문이다.[272]

보험계약갱신 시의 중개수수료지급에 대해 약정이 없는 경우에는 보험중개사가 기여한 노력의 비율에 따라 보수청구권이 인정되어야 한다고 본다.[273]

2. 지급의무자

보험중개사의 수수료청구권은 중개위임계약이 있는 당사자 간에만 발생하는 것이 원칙이어서[274] 이론상으로는 보험중개사의 수수료 지급의무자는 중개계약의 상대방이 되어야 한다. 그러나 우리 법은 그 지급의무자를 보험자만으로 한정하고 있을 뿐만 아니라(보험감독규정 제161조 제1항) 보험중개사의 수수료를 보험자에게 청구하는 상관

---

272) McNeil v. Law Union and Rock Ins. Co. [1925] 23 Ll Rep.164.
273) R. W. Hodgin, op.cit., p.16.
274) 민사중개(부동산중개)의 예를 본다면 부동산 중개업자가 부동산 매매계약의 체결을 성립시킨 경우에 중개위탁을 하지 않은 자에 대해서도 보수를 청구할 수 있는가에 대한 논의가 있으나, 부동산중개업법 제20조가 「중개의뢰인으로부터 소정의 수수료」를 받는다고 규정하고, 부동산 중개는 민사위임에 속한다는 점에서 의뢰가 없던 자에게는 청구권이 성립할 수 없다는 견해(이은영, 앞의 책, 429면)가 옳다고 본다.

습은 국제적으로도 널리 존재하는 것이라고 할 것이다.[275]

국제적인 거래관행에 의하면 보험계약자와 보험자가 각자 보험중개사와 위탁계약을 체결한 경우뿐만 아니라 보험계약자만이 보험중개사와 중개위탁계약을 체결한 경우에도 보험자가 중개수수료 지급의무를 진다.[276]

보험계약이나 그 중개에 있어서는 계약이 체결되면 지방적 상관습도 중요하지만 국제적인 상관습의 내용도 매우 중요하다.[277] 특히 재보험계약의 중개에 있어서 그러하다.[278]

보험중개사가 보험자의 보험대리점을 보험계약자에게 중개한 경우에도 보험자 자신이 중개수수료 지급의무를 진다. 이때 내부적인 계약에 의해 보험대리점 수수료의 일부로써 보험중개사에 대한 보수를 지급하기로 한 경우에도 이는 내부적인 효력만 지닐 뿐 보험중개사에 대해서까지 그 효력이 있는 것은 아니다. 하수중개인(Untermakler)의 경우는 보험중개사를 위하여 중개행위를 하는 것이어서 하수중개인의 중개수수료 청구권은 보험자에 대해 행사할 수 없고 보험중개사에 대해 행사하여야 한다.

3. 내용(구성요소)

수수료는 보험중개사의 행위에 대한 보수이다. 다양한 형태의 보험중개사는 보험대리점과 마찬가지로 다양한 형태의 활동을 할 수

---

275) Prölss-Martin, *a.a.O.*, S.397; 보험중개사가 보험자에게만 보수청구권을 행사하는 근거에 대해서는 다툼이 있지만 대체로 상관습에 근거한다고 설명한다.
276) Bruck Möller, *a.a.O.*, S.570.
277) Gauer, *a.a.O.*, S.66.
278) Gauer, *a.a.O.*, S.69.

있기 때문에 그 보수의 형태도 여러 가지이다.

보험중개사의 어떤 행위에 대해 중개수수료를 지급할 것인가는 당사자의 계약내용에 달려 있다. 만약 그 계약이 없다면 신의성실의 원칙에 따라 당사자의 의사를 해석하여 결정하여야 한다.

보통 중개수수료는 계약체결과 계약유지의 노력에 대해 지급될 수 있다. 계약체결수수료를 체약보수(Abschlußcourtage), 계약유지수수료를 관리보수(Verwaltungsenthalt)라고 할 수 있다.[279]

계약체결수수료 이외의 수수료(계약유지 수수료 등)는 예컨대 보험자나 보험계약자가 보험중개사에게 보험금 청구대리권이나 보험료 징수권을 수여하고 보험중개사가 그러한 업무를 수행하는 경우에 발생한다. 이러한 수수료는 제2회 이후에 지급되는 수수료에 포함된 형태로 지급되는 경향이 있다. 단, 보험중개사가 보험계약체결의 중개와는 별도로 보험계약자 등에게 제공한 서비스의 대가로 보수를 청구하기 위해서는 사전에 보험계약자 등과 서면으로 합의하여야 하고, 제공할 서비스의 내용이 표시된 보수명세표를 서비스의 제공 전에 보험계약자 등에게 알려야 한다(보험감독규정 제161조 제3항). 보험중개사가 받는 수수료의 내용은 보험계약의 종류에 따라 구체적으로 다르다.[280]

(1) 인보험의 경우

인보험중개에 있어서는 장기간의 보험계약 기간을 정한 경우에도 계약체결수수료는 단 한번만 지급하는 것이 원칙이다. 즉 계약체결수수료(체약수수료)의 전액이 보험계약체결 직후에 지급된다. 인보

---

279) Prölss-Martin, *a.a.O.*, S.398.
280) Prölss-Martin, *a.a.O.*, S.399 참조.

험계약은 손해보험계약 기간이 통상 1년의 단기인데 비해 장기(보통 수십 년)의 기간으로 계약체결되는 경우가 많고 인보험계약 자나 보험자가 이러한 사정을 인식하고서 보험중개사에게 중개위임한 것으로 인정하기 때문이다. 따라서 보험계약에서의 자동갱신합의에 의해 보험계약이 연장되는 때에도 갱신 이후에 지급되는 수수료는 계약유지(관리)에 대해 지급되는 보수이다.

(2) 손해보험의 경우

손해보험계약중개에 있어서 일반적으로 1년 단위로 하는 보험계약을 수년 간으로 하여 체결한 때에는 보험중개사에게 지급되는 최초 1년 동안의 수수료는 전부 계약체결수수료만으로 구성되어 있고 그 이후의 수수료에는 계약체결수수료와 함께 계약유지(관리)수수료도 포함되어 있다. 최초 1년 이후에 보험중개사가 받는 수수료에는 계약갱신의 경우에 지급하는 체약수수료와 같이 보험중개사의 계속적인 서비스에 대한 보수를 합해야만 하기 때문이다. 이러한 보험계약중개의 경우에는 보험중개사가 보험계약체결 시에 많은 중개수수료를 받고 그 이후에는 그를 하회하는 수수료를 받는 것이 보통이다.

4. 액 수

보험중개사의 보수액은 우선 당사자 간의 합의에 의해 결정한다. 그 결정기준은 주로 보험료액과 보험금액이 되고 특히 보험료액을 결정기준으로 하는 예가 많다. 보수액에 관한 합의가 없는 경우에는 상법에는 그에 관해 따로 정하는 바가 없으므로 상관습법에 따라 이를 정해야 한다(상법 제1조 참조).

보수액을 정함에 있어 구체적으로 참작할 기준은 보험중개사업무의 난이도, 보험중개사의 보험계약자나 보험자와의 관계, 보험가액과 보험금액 등을 들 수 있다.[281]

보험중개사의 보수액이 과다하게 약정된 때에는 정당한 보수를 초과하는 부분은 감액되어야 하고 불공정한 보험중개의 경우에는 보수지급이 제한되어야 한다. 우리 민법 제104조와 독일보험감독법(Versicherungsaufsichtsgesetz: VAG) 제81조의 규정에 의하면 불공정행위가 금지되고 독일보험감독규정(Bundesaufsichtsamt für das Versicherungswesen: BAV(1992. 11. 12))에 의하면 단체보험의 체결 시 피보험자가 보험중개자(Versicherungsvermittler)의 보호를 받는 상태에 있지 않고 사용자의 지배하에 있는 상태라면 보험중개사에게 계약체결수수료의 지급을 할 수 없다는 제한 등이 있다.

---

281) 보험중개사의 보수지급에 관한 판례는 없으나 또 다른 위임사무처리비용인 변호사비용에 대한 판례를 참고로 살펴보면 다음과 같다. 「변호사의 보수기준은 변호사법 제2조에 의해 대한변호사협회가 정하나, 사무의 난이도, 제공한 노무의 정도, 소송가액, 거래액, 당사자 사이의 여러 사정 등을 고려하여 구체적으로 결정하여야 한다」(대법원 1981. 7. 28. 80다 2485). 또 「변호사에게 계쟁사건의 처리를 위임함에 있어서 그 보수지급 및 수액에 관하여 명시적인 약정을 아니하였다 하여도 무보수로 한다는 특별한 사정이 없는 한, 응분의 보수를 지급할 묵시적인 약정이 있는 것으로 봄이 상당하고 그 보수액은 사건 수임의 경위, 사건의 경과와 난이도, 소송물가액, 승소로 인하여 당사자가 얻는 구체적 이익과 소속 변호사회 보수규정 및 의뢰인과 변호사 간의 관계, 기타 변론에 나타난 제반 사정을 참작하여 결정해야 한다」(대법원 1995. 12. 5.선고 94다 50229판결).

5. 지급방식

보험중개사가 보수를 지급받는 방식은 중개수수료방식(brokerage base), 요금방식(fee base), 이익수수료방식(profit commission base)로 나뉜다. 보험중개사가 보수를 받는 방식은 주로 중개수수료(brokerage base)로서 보험료의 일정비율을 보험자가 보험중개사에게 지급하는 것이다. 이는 중개사의 노력에 대한 평가는 그가 중개하는 보험계약의 수수보험료액으로써 측정할 수 있다는 이론적 근거 이외에도 영국 등의 관행이 보험중개사에게 보험료수령(추심)권까지 인정하여 그가 수령한 보험료에서 일정비율의 보수(수수료)를 공제하고 남은 잔액을 보험자에게 입금하는 편의로 안출된 것이다. 수수료 방식은 보험자와 보험중개사 간의 업무계약서에 사전에 수수료율을 표시해 둔다. 따라서 이때의 보수계약은 보험중개사와 보험자 사이에서 이루어진다. 이 방식에서의 수수료의 크기는 같은 보험회사라 할지라도 보험중개사에 따라 다르다. 예컨대 대형 보험중개사의 경우 가인수증(cover note)의 발행, 보험증권이나 특약조항의 내용작성, 인쇄까지 담당하므로 수수료율은 높아진다.

그러나 보험중개사의 업무가 계약중개 업무 영역에서 보험자문업무로까지 확대되면 위험의 평가 및 예방, 자가 보험계획, 보유위험에 관한 손해의 조사 등 노력에 대한 평가는 보험료액의 크기만에 의존할 수 없는 경우가 발생한다. 그리하여 보험중개사의 보수지급 방식도 보험료액에 비례하여 지급하지 않는 요금방식(fee base)이 등장하였다.

요금방식(fee base)의 보수지급은 보험계약자와 보험중개사 간의 계약으로 행해지고 보수는 보험계약자로부터 보험중개사에게 직접 지급된다. 요금방식은 다시 고정총액 방식과 실비정산 방식의 두 가지로 나뉘는데 간단한 업무의 경우에는 전자를 따르고 복잡한 업무의 경우에는 후자를 이용한. 실비정산 방식의 가장 전형적인 방법은 사전에 보험중개사에게 위임하는 업무의 종류를 분류하여 일의 내용에 따른 1시간의 보수지급액을 정해두고 실제로 그 일을 한 시간에 따라 보수총액을 산출하는 것이다. 요금방식에서는(특히 실비정산 방식) 보험중개사가 투입한 시간과 노동의 질을 정확히 평가할 수 있다는 것이 전제되어야 하나, 현실적, 기술적으로 난점이 있다. 또 시간 측정 체계(time recording system)가 업무수행자 개인의 보고에 의한 자료인 경우가 많고 측정자의 주관이 개입되는 때가 많다는 것도 문제이다. 그리하여 절충적 방식인 이익수수료 방식(profit commission)이 고려된다. 이는 기본적인 수수료를 지급하는 것 이외에도 보험중개사의 일정기간의 실적을 고려하여 추가요금(fee)을 지급하는 방식이다. 우리나라의 경우 보험중개사는 원칙적으로 보험자로부터 계약체결수수료를 받고 특별한 서면약정이 있는 때에 보험계약자로부터 추가의 보수를 받을 수 있으므로(보험업법 제99조 제3항, 동시행령 제47조 제1항) 보험계약중개에 대해서는 수수료방식이 사용되고 보험중개사의 기타의 추가적인 서비스에 대한 대가는 요금방식이 채택된 것이다.[282]

6. 보험계약당사자 변경 · 갱신 시의 문제

보험중개사의 수수료청구권에 관한 어려운 문제 중 하나는 보험계약당사자 즉 보험자나 보험계약자가 변경되고 그 법적 지위가 승

---

282) 김기홍 외, 앞의 책, 262면.

계되지 않는 경우에 발생한다.

처음 중개위임을 한 보험계약당사자를 대신하는 다른 사람이 그 지위를 승계하지 않을 경우에는 보험계약의 동일성이 인정될 수 없는 것이어서 보험중개사는 그 새로운 보험계약당사자에 대하여 이후의 수수료청구권을 갖지 않는다고 본다. 특히 보험계약자만 변경된 때에 보험자가 여전히 보험중개사에게 보수를 지급해야 할 의무가 있는가에 대해 보험자의 보수지급의무는 보험계약자의 보험중개사에 대한 중개(위임)계약에 근거를 두고 있는 것이므로 이는 부정되어야 하다.[283]

보험계약조항 중에 갱신조항을 두고 그에 의해 자동적으로 어떤 기간 동안 보험계약이 연장된 경우에는 그러한 계약은 이전의 보험계약과 동일성을 지니고 있는 것이므로 그 갱신된 계약에 대해서도 보험중개사는 수수료청구권을 가진다. 이러한 갱신조항이 없이 묵시적으로 계약이 연장된 경우에도 보험중개사의 보수청구권은 인정된다. 그러나 명시적으로 계약을 갱신하는 때에는 보험중개사의 보수에 대해서도 별도의 합의가 있는 것이 상례이다. 경우를 나누어 본다.

ⅰ) 보험중개사가 갱신된 보험계약에 대해서도 중개권한을 수여받은 경우에는 갱신된 보험계약에 대한 보험중개사의 보수청구권은 당연히 긍정된다.

ⅱ) 보험중개사가 갱신된 보험계약에 관한 중개권한을 수여받지 못한 경우에 만약 갱신된 보험계약의 내용이 갱신 전의 보험계약과의 동일성이 없을 정도로 변경되었다면 보험중개사

---

283) Bruck Möller, *a.a.O.*, S.572.

는 그 이후 중개수수료 청구권을 행사할 수 없고, 갱신된 보험계약이 근본적으로 변동이 없어서 그 갱신 이전의 보험계약과의 사이에 여전히 동일성이 유지되고 있는 경우에는 보험중개사의 보수청구권은 그대로 유지된다.[284] 그러나 보험계약갱신 이후에 보험중개사의 수수료청구권이 인정되는 경우에도 다음과 같은 예외가 있다. 즉 갱신 전의 보험계약이 소멸한 후 보험자나 새로운 보험영업조직의 적극적인 노력에 의해 새로운 보험계약이 성립하는 등 보험중개사의 기존의 중개행위와 갱신 후의 보험계약성립 간의 인과관계가 부정되는 때에는 보험중개사의 수수료청구권이 더 이상 인정될 수 없다. 예컨대 보험계약자 자신이 전문적 지식을 활용하여 새로운 보험계약을 체결하였다면 그 이전의 보험중개사의 중개행위와 새로 체결된 보험계약 간에 인과관계가 단절되어 계약갱신 전의 보험중개사의 보수청구권이 더 이상 인정될 수 없게 된다. 기업화재 보험계약이나 운송보험계약에서 이 같은 예가 많다. 그러나 보험중개사의 보수청구권을 부정하는 것이 어떤 간책이나 비도덕적인 방법에 의한 것이라면 그 보수청구권을 여전히 인정해야 할 것이다.[285] 보험계약당사자가 변경되었거나 보험계약이 갱신된 때에 기존의 보험중개사에게 계속 보수를 지급해야 하는가에 대한 논의의 초점은 보험중개사가 자신의 기울인 노력을 정확히 측정하는 데 있다.

---

284) Gauer, *a.a.O.*, SS.76-77.
285) Bruck Möller, *a.a.O.*, S.573.

7. 보험중개사의 변경과 보수청구권의 문제

보험계약관계에 있어서 보험중개사의 변경은 여러 가지 이유에서 발생하는데 무엇보다 보험계약자가 처음의 보험중개사와의 중개계약을 해지하고 다른 보험중개사와 새로운 보험중개계약을 체결한 경우에 발생한다. 보험중개계약이 종료하면 그 이전의 보험중개사는 중개를 위임한 자와의 관계에서 법률관계를 청산함이 원칙이나, 자신이 중개한 보험계약이 여전히 유지되고 있다면 그 보험계약에 대한 보수는 계속 지급되어야 할 것이다. 보험계약의 존속 중에 보험중개사가 변경된 경우에도 보험자의 수수료지급 내용은 변경될 수 없기 때문이다. 다만 문제는 변경 전의 보험중개사와 변경 후의 보험중개사 사이에 보수가 어떻게 합리적으로 배분되어야 하는가에 관한 논의이다. 보험계약당사자와 보험중개사와의 합의로써 정해두면 최상이지만, 그와 같은 합의가 없는 경우에는 신의성실의 원칙에 의한 중개계약의 해석에 따라 결정된다. 이를 경우를 나누어 본다.

(1) 보험계약내용의 변경은 없고 보험중개사만 변경된 경우

보험중개사 변경 후의 보험중개사가 그 변경 전의 보험계약을 계속 관리만 하고 그 이전의 보험계약내용에 변경이 없는 때에는 변경 전의 보험중개사가 자신이 중개한 보험계약 종료 때까지의 보수청구권을 보유한다. 이는 자신이 중개한 보험계약에 대한 보수(수수료) 중 계속수수료에 해당하는 부분을 지급받지 못한 상태에서 중개계약만 종료한 상태이기 때문이다. 다만 그 보수청구권의 내용은 경우에 따라 다르다.

A. 인보험계약에 있어서는 보험중개사에게 지급되는 제2회 이후의 수수료는 위에서 설명한 계약유지(관리)보수 부분만으로 구성되어 있고 그 계약유지(관리)사무를 변경 후의 보험중개사가 수행하고 있기 때문에 변경 전의 보험중개사의 보수(수수료)청구권은 더 이상 인정될 수 없다.

B. 손해보험계약에 있어서는 보험중개사에게 지급되는 제2회 이후의 수수료에도 계약체결(체약)수수료가 일부 포함되어 있기 때문에 좀 더 복잡한 문제가 있다. 얼마나 오랫동안 변경 전 보험중개사가 제2회 이후의 보수에 포함되어 있는 계약체결수수료청구권을 보유할 수 있는가는 당사자의 합의에 따라서 일차적으로 결정될 수 있는 것이지만 그에 관한 합의가 없는 경우에는 상법상 규정이 없기 때문에 상관습법에 따라 결정한다(상법 제1조 참조). 그에 관한 상관습도 명백하지 않다면 각 이해관계를 공평하게 고려하여 신의성실의 원칙에 따라 결정되어야 한다.[286]

---

286) 독일의 보험중개사평의회(Bund Deutscher Versicherungsmakler: BDVM)에서는 다음과 같은 상관습을 인정한다.
1. 1년을 기간으로 하는 보험계약의 경우에 계약갱신조항에 의해서 계약이 연장된다 할지라도 보험중개사 변경 전의 보험중개사는 중개계약이 종료된 그해에 있어서까지만 보수(수수료)청구권을 보유한다. 변경 후의 보험중개사는 그 이후의 보수(수수료)청구권을 보유하고 이는 계약체결수수료를 포함한다.
2. 수년을 계약 기간으로 하는 보험계약의 경우에는 다양한 상관습이 있으나 대체로 보험중개사 변경 전의 보험중개사는 중개계약종료 직후의 보험계약 기간까지 계약체결수수료에 관한 권리를 가진다. 변경 후의 보험중개사의 보수청구권에는 그 자신이 보험계약의 유지, 관리에 기울이는 노력에 따라 계약유지에 대한 보수를 받을 수 있다. 이때 이후의 계약이 연장되는 것은 변경 후의 보험중개사의 노력에 의한 갱신계약체결의 성립으로 간주된다. 변경 전의 보험중개사의 보수(수수료)청구권은 그 보험중개사의 사망 시에는 상속될 수 있다.

⑵ 보험계약내용과 보험중개사가 모두 변경된 경우

만약 보험계약당사자가 변경 후의 보험중개사의 조언에 따라 변경 전의 보험중개사가 중개한 보험계약을 종료시키고 새로운 보험계약을 체결한 경우에는 변경 후의 새로운 보험중개사가 갱신 후의 보수청구권을 보유하게 되고 변경 전의 기존보험중개사의 보수(수수료)청구권은 소멸한다. 변경 전의 보험중개사는 보험계약유지(관리)의무를 부담하지도 않고 이행하지도 않았기 때문에 이후의 계약유지(관리)에 관해서 그 청구권을 상실하는 것이다.

II. 유치권

유치권이란 타인의 물건 또는 유가증권을 점유한 자가 그 물건이나 유가증권에 관하여 생긴 채권을 가지는 경우에 그 채권의 변제를 받을 때까지 그 물건 또는 유가증권을 유치할 수 있는 권리를 말한다(민법 제320조 1항). 보험중개사의 권리로서의 유치권을 논의하는 것은 보험중개사의 보수청구권을 확보하기 위한 권리로서 유치권이 성립하는가가 문제될 수 있기 때문이다. 보험중개사의 보수청구권을 피담보채권으로 하는 유치권이 성립될 수 있는가에 대해서는 유치권성립대상에 따라 ㄱ) 보험증권에 대한 유치권 성립여부와 ㄴ) 보험금에 대한 유치권 성립여부로 나누어 볼 수 있다.

1. 보험증권에 대한 유치권 성립여부

보험계약자가 보험료지급을 지체하는 결과 보험중개사가 중개수

수료를 받지 못한 경우에 보험중개사가 보험계약자의 물건이나 유가
증권을 점유하는 경우에는 유치권이 성립할 수 있는지가 문제로 될
수 있다.[287] 이는 특히 보험자나 보험계약자로부터 보험료를 지급받
기 전에 보험자에게서 보험증권을 보험중개사가 교부받은 경우에 보
험계약자에 대하여 그 보험증권을 대상으로 한 유치권을 행사할 수
있는가이다. 이를 분석의 편의상 목적물의 성질에 따라 운송보험증
권에 대한 것과 기타의 보험증권에 대한 것으로 나누어 본다.

(1) 운송보험증권에 대한 유치권 성립여부

보험증권은 보험계약의 성립과 내용을 증명하는 증거증권에 불과
한 것이 원칙이나 운송보험증권의 경우에는 예외적으로 유가증권성
이 인정된다고 봄이 타당하다.[288] 또, 그 유통상의 긴요성도 있으므

---

287) 영국 해상보험법 제53조 제2항은 보험계약자가 보험료 지급의무 등
    의무를 해태한 때에는 보험중개사가 보험증권에 대해 유치권을 갖
    는다는 명문규정을 두고 있다.(원문은 다음과 같다. 즉 MIA §53(2)
    「Unless otherwise agreed, the broker has, as against the assured
    a lien upon the policy for the amount of the premium and his
    charges in respect of effecting the policy; and, where he has also
    a lien on the policy in respect of any balance on any insurance
    account which may be due to him from such person unless when
    the debt was incurred he had reason to believe that such person
    was only an agent.」) 그러나 영국은 판례법 중심의 국가로서 보험
    증권에 대한 유치권을 인정하는 다수의 판례(Fairfield Shipbuilding
    and Engineering Co. Ltd. v. Gardener Mountain & Co.
    Ltd.(1911) 104 L. T. 288 119-21 등)의 영향을 받았고 우리의 유
    치권과도 그 성립요건을 달리하고 있기 때문에 우리의 입장과는 다
    르다고 이해되어야 한다. 영국법에서도 보험중개사의 보험증권에
    대한 유치권은 보험중개사와 보험계약자 간의 특약에 의해 배제될
    수 있고 일정금액 이상의 채권에 대해서 만 유치권이 성립하는 것
    으로 약정할 수도 있다.
288) 서돈각·정완용, 제4전정 상법강의(하), 법문사, 1996, 370면; 손주

로 보험계약자가 의무를 이행하지 않는 경우에는 심리적 강제를 가하기 위해서도 보험중개사가 유치권을 행사하는 것이 필요하다는 점에서 그 논의의 실익이 있다. 유치권의 성립요건을 갖춘 경우에는 보험중개계약당사자에 대한 공평의 근거에서 보험중개사에게도 그의 채권의 확보를 위해서 유치권을 인정하여야 하는 것은 당연하다. 이 경우의 유치권이 상사유치권이라고 하더라도 그 본질과 효력은 민사유치권의 그것과 차이가 없고 다만 요건에 있어서만 완화되어 있다는 것에 차이가 있을 뿐이다.[289]

유치권이 성립하기 위해서는 ⅰ) 채권이 유치권의 목적물에 「관하여 생긴 것」이어야 하고 ⅱ) 유치권의 목적물은 물건(동산이나 부동산)이나 유가증권이어야 하며 ⅲ) 채권자의 채권이 변제기에 있어야 한다. 그리고 ⅳ) 유치권자는 타인의 물건이나 유가증권의 점유자여야 하고 점유가 불법행위에 의하여 시작된 것이 아니어야 한다. 또, ⅵ) 당사자 사이에 유치권의 발생을 배제하는 특약이 없어야 한다는 등의 요건이 필요하다.

유치권의 성립요건 중 특히 ⅰ)의 유치권의 목적물과 채권 간의 견련성 요건이 가장 논란의 여지가 많은 중요한 요건인바, 그에 대해서는 대체로 다음의 두 가지로 유형화하여 이해되고 있다.[290] 즉 그 경우의 견련성은

찬, 제5증보판 상법(하), 박영사, 1996, 534면: 양승규, 보험법, 삼지원, 1998 137면: 최기원, 보험법, 박영사, 1996, 186면.

289) 상사유치권의 유치권을 민사유치권의 요건보다 완화한 것은 상인 간 신용거래에서 거래가 있을 때마다 담보의 설정이나 변경을 요구한다면 상대하여 불거래의 신속성을 도모할 수 없을 뿐만 아니라 상대방에 신을 표면화하게 되어 거래의 원활을 도모할 수 없기 때문이다.(최기원, 상법학신론(상), 박영사, 1998, 182면.)

290) 곽윤직, 물권법, 박영사, 1992, 510면.

(a) 채권이 목적물(물건이나 유가증권) 자체로부터 발생한 경우와

(b) 채권이 목적물(물건이나 유가증권)의 반환청구권과 동일한 법률관계 또는 동일한 사실관계로부터 발생한 경우에 인정 될 수 있다는 것이다.

이를 보험중개사에 적용하여 검토한다면, 중개인의 보수청구권은 보험증권에 지출한 비용이나 보험증권에 의해 발생한 손해로부터 발생한 채권이 아니라는 점에서 (a)의 유형에는 해당하지 않는다. (b)의 유형에 대해서도 (b)의 유형의 본질을 '반환청구권'이라고 이해할 때 (a)의 유형보다는 견련성 요건이 완화되고 있으나 여전히 유치권의 목적물과 피담보채권이 상환의 연계성 정도는 갖추고 있어야 한다는 취지로 이는 예컨대 법률행위의 취소 시 당사자가 부당이득의 반환의무로 상대방과 서로 연결되어 있거나 우연히 바꿔간 목적물을 서로 각자의 권리자에게 반환해야 한다는 정도의 견련성이라고 이해된다.[291] 즉 한 당사자의 의무이행과 반대당사자의 의무이행을 연계시키는 것이 공평하다고 생각되는 정도의 견련관계를 요구하는 것이다. 보험중개사의 보수청구권과 보험증권 간에는 위에서의 (a) 또는 (b)의 어떤 유형의 견련관계도 인정될 수 없다. 결과적으로 보험중개사는 자신의 보수청구권을 피담보채권으로 하여 유가증권인 운송보험증권에 대하여 유치권을 성립시킬 수 없다고 본다.

(2) 운송보험증권 이외의 보험증권에 대한 유치권 성립여부

운송보험증권 이외의 보험증권의 법적 성격은 유가증권이 아니라

---

291) 곽윤직, 위의 책, 511면 참조.

단순한 증거증권에 해당한다고 본다.[292] 보험계약자는 보험증권으로써 보험자에 대하여 보험계약의 기간, 보험료지급, 보험사고 보험금 지급액 등에 관해 유용한 증거서류로 활용할 수 있고 보험증권 기재사항과 다른 사항을 주장하는 자는 그 반증의 부담을 져야 한다. 그러나 운송보험증권에 비하여 그 밖의 보험증권은 '유가증권'은 아니지만 유용한 증거서류인 '물건'으로서 유치권의 성립대상이 되는지가 논의되어야 할 것이다. 생각건대 보험증권은 보험계약이 성립한 후에 보험계약의 내용을 증명하기 위하여 보험자가 발행, 교부해야 하고 그 상대방인 보험계약자는 그 교부청구권을 가진다(상법 제640조). 만약 보험계약자가 보험료 지급의무를 이행하지 않았음에도 불구하고 보험자가 보험증권을 발행하였고 보험중개사가 보험계약자의 대리권을 수여받은 것을 기화로 그 보험증권을 수령, 점유하게 된 때에 보험중개사는 자신의 중개보수(수수료 또는 기타의 보수)청구권이 이행되지 않고 있다는 점 때문에 유치권을 행사할 수 있는지가 문제이다. 따라서 위에서 언급한 유치권의 성립요건을 다시 검토해 본다면 운송증권 이외의 보험증권에 있어서도 역시 보험중개사의 보수청구권이 보험증권에 「관하여」 발생한 채권인가 하는 것이 가장 중요한 요건문제라고 할 것이다. 그리하여 보험증권에 대하여 유치권성립에 있어서의 「견련성」요건이 충족되는가 여부에 대해 논구한다면 ⅰ) 첫째, 보험중개사의 보수청구권은 보험증권에 '관하여' 발생하였다고는 할 수 없고, ⅱ) 둘째, 보험증권과 중개인의 보수가 그 '반환청구에 있어서의 견련관계'에 있다고 보기도 어렵다. 왜냐하면 보험증권 자체의 교부는 중개인의

---

292) 양승규, 앞의 책, 133면.

보수와 어떤 법률적, 사실적 반환관계에 있지 않기 때문이다. 중개인에 대한 보수지급의무(넓게 보아 중개인이 수령할 수수료부분을 포함하고 있는 보험료를 보험계약자가 지급할 의무)는 중개위임계약상의(또는 보험료 지급의무의 경우에는 보험계약상의) 의무로서 보험자 또는 보험계약자가 부담하는 의무이고 보험증권교부의무는 보험계약체결의 증거증권으로서 보험자가 교부해야 할 것으로써 그 의무가 서로 법률적 연대성을 공고히 해야 할 정도로 견련되어 있다고 인정되기 어렵다고 해야 할 것이다.

만약 보험계약이 취소된 경우라면 보험계약자가 보험자에게 보험증권을 반환해야 할 의무를 지고 보험자도 보험계약자에게 보험료를 반환해야 하는 관계에 있기는 하나, 이는 보험증권이 보험자로부터 보험계약자에게 교부되고 보험료가 보험계약자로부터 보험자에게 지급된 이후의 일일 뿐이며 그때에도 보험계약의 취소가 있어야만 발생하는 지극히 예외적인 견련관계일 뿐이다. 따라서 이러한 경우에도 보험중개사의 보수청구권과 운송증권 이외의 보험증권 간의 견련성도 인정하기 어렵다.

위에서 살펴본 바와 같이 보험중개사의 보수청구권과 보험증권 간의 견련관계는 인정하기 어려워 결국 보험중개사(보험계약자가 지급하는 보험료에서 보험자로부터 중개수수료를 받는다)가 받지 못한 보수의 청구권에 기한 보험계약자의 보험증권에 대한 유치권은 그 보험증권의 법적 성질이 유가증권이건 단순한 증거증권이건 간에 성립할 수 없다고 본다.

2. 보험금 기타 급여에 대한 유치권 성립여부

보험자가 보험계약자로부터 보험금청구의 대리권을 수여받은 보험중개사에게 지급한 보험금에 대해서도 유치권 행사가 가능한 것인지에 대해서 고찰한다.

이 경우 보험중개사의 유치권 성립여부의 문제는 보험중개사의 보수청구가 보험계약자의 보험료 중 일정비율을 지급받는 수수료방식(brokerage base)과 보험계약자가 보험자에게 지급하는 보험료와는 무관하게 별도로 지급되어야 하는 요금방식(fee base)이 모두 있을 수 있고 보험중개사의 보수청구를 받지 못하여 유치권을 행사하고자 하는 것은 그 모든 경우에 다 해당된다는 점에서 이를 각각의 경우로 나누어 본다. ⅰ) 첫째, 보험계약자가 제1회 보험료지급을 해태하여 결국 보험중개사가 중개수수료(수수료 방식의 중개보수약정이 있었다고 전제한다)를 받지 못한 경우, 보험중개사가 보험사고 발생 시 보험계약자가 받을 보험금 기타 급여에 대하여 유치권을 성립시킬 여지는 없다고 본다. 왜냐하면 보험계약자의 제1회 보험료 부지급으로 인하여 보험자의 책임 자체가 개시되지 아니하여 보험계약자가 수령할 보험금 기타 급여가 있을 수 없기 때문이다. ⅱ) 둘째, 수수료방식으로 보험중개사에 대한 중개보수가 지급되는 것이라고 전제할 때 보험계약자가 제2회 이후의 계속보험료를 지급하지 않은 때에도 사정은 비슷하다. 이는 계속보험료를 보험계약자가 보험자에게 지급하지 않아 그 결과 보험중개사가 중개수수료를 받지 못하고 있다 하여도 보험사고 발생 후 보험금 기타 급여 자체를 보험계약자가 받기 어렵기 때문이다. 보험계약자의 계속보험료 지급채무를 이행 지체하는 경우라면 보험사고 후라 하더라도 보험자는 그 보험료 부지급을 이유로 하여 보험계약자에 대하여 보험계약을 해지할 것이고 그 해지한 후에는 보험자는 보험금 지급의무를 부담하지 아니하고 이미 지급한 보험금이 있다고 하더라도 그 반환을 청구할 수 있기 때문이다(상법 제655조). 이때 보험자는 보험계약자의 계속보험료 부지급으로 보험계약을 해지한 후에도 보험자가 위험을 담보한 기간이 속하는 보험료 기간에 해당하는 보험료에 대해서는 오히려 보험자가 보험계약자에게 그 지급을 청구할 수 있는 것이다.[293] 따라서 보험금 기타 급여를 보험중개사가 보험자로부터 수령(점유)하여 유치권을 성립시킨다는 것은 매우 어려운 일에 속한다고 할 수 있다. iii) 셋째, 보험중개사가 중개수수료 이외에 보험계약자에 제공한 서비스에 대해 보험계약자와 요금방식(fee base)의 보수지급을 약정한 경우(보험감독규정 제161조 제2항, 제3항 참조)에는, 보험계약자가 보험자에게 보험료를 지급한 것인가와는 별개로 보험중개사에 대한 보수를 지급하지 않는 경우가 생길 수 있다. 이때에는 보험계약자의 보험중개사에 대한 채무 이행여부에 무관하게 보험자의 보험계약자에 대한 보험금 지급의무는 보험사고 발생 시 성립한다. 이때 보험자가 보험계약자에게 지급하는 보험금액 기타 급여를 보험중개사가 보험자로부터 어떤 권한에 의해 수령(점유)하게 되었다면 중개인의 유치권이 자신의 보험계약자에 대한 보수청구권을 피담보채권으로 하여 주장할 여지가 있을 것이다. 생각건대 이 경우에도 보험금은 그 성질상 금전이므로 금전에 대해서는 유치권이 성립할 수 없다고 본다.[294] (민법상

---

293) 독일 보험계약법 제40조 제2항 참조.
294) 영국의 판례는 보험료를 지급하지 않은 보험계약자가 있는 경우, 보험자로부터 받은 보험금에 대해 보험중개사는 자기의 보수청구권과 관련하여 유치권을 행사할 수 있다고 판시하고 있다(Fairfield

유치권의 대상은 물건 기타 유가증권이라고 되어 있어서 통용되는 통화로서의 금전은 순수한 가치권 자체이므로 유치권이 성립할 수 없는 것으로 이해되고 보험중개사가 달성하고자 하는 목적은 상계(민법 제492조)로써도 충분히 달성할 수 있기 때문이다.)

보험자가 보험계약자에게 금전 이외의 기타 급여(보험사고 후 보험계약자에게 지급되는 보험급여는 현금지급이 원칙이지만 다른 약정이 있는 때에는 현금 이외의 현물급여도 있을 수 있다)[295]로 지급된 경우에 유치권을 성립시키는지에 관해 유치권의 성립요건 중 특히 피담보채권인 중개인의 보수청구권과 금전 아닌 기타 급여와의 견련관계를 검토한다.

생각건대 유치권이 성립하려면 채권이 유치권의 목적물에 「관하여 생긴 것」이어야 하고 (민법 제320조 제1항) 이는 채권이 목적물 자체로부터 발생한 경우이거나, 채권이 목적물의 반환청구권과 동일한 법률관계 또는 사실관계로부터 발생한 경우를 말한다.[296] 보험중개사의 보수청구권이 보험금으로서의 급여에 대하여 지출한 비용의 상환청구권이거나, 목적물로부터 받은 손해의 배상청구권이라고 할 수는 없어서 보험중개사의 보수청구권이 보험급여라는 목적물 자체로부터 발생한 경우라고는 할 수 없다. 유치권의 성립요건으로서의 견련관계라는 것은 「유치권을 취득하게 되는 자와 상대방과의 사이에」 물건의 점유자가 그 물건의 가치를 증대하거나 또는 그 물건으로부터 손해를 입었기 때문에 그 물건의 반환을 청구하는 자에 대하여 이득의 상환이나 손해의 배상을 받을 때까지 인도를

Shipbuilding and Engineering Co. Ltd. v. Gardener Mountain & Co. Ltd.(1911) 104 L. T. 288 pp.119-21).
295) 양승규, 앞의 책, 147면.
296) 곽윤직, 물권법, 박영사, 1992, 511면.

거절해서 간접적으로 변제를 촉구하는 「관계가 있는 것」을 의미하기 때문이고,[297] 보험중개사의 보험계약자에 대한 보수청구권과 보험금으로서의 기타 급여와는 이러한 「관계」에 있지 아니하기 때문이다. 또 보험중개사의 보수와 보험금으로서 현물급여와는 반환에 있어서도 동일한 법률관계에 있다거나 우연히 서로 물건을 바꾸어 간 것과 같은 동일한 사실관계에 있는 것도 아니다.

따라서 보험중개사의 보수(수수료)청구권에 관하여 그가 수령한 보험금 기타 급여에 대해서도 유치권은 성립할 수 없다고 해야 할 것이다.

---

297) 곽윤직, 위의 책, 512면.

제5장 보험중개사의 의무와 책임

보험중개사는 보험계약자나 보험자와 중개계약을 체결함으로써 중개위임업무수행에서의 선관주의의무를 비롯한 의무를 일차적으로 부담한다. 그러나 보험계약자나 보험자로부터 중개 업무보다 확대된 업무의 위임을 받음으로써(권한의 확대) 보험중개사의 의무와 책임도 확장될 수 있다. 예컨대 보험계약자로부터 보험계약의 체결대리권을 수여받은 보험중개사는 중개수수료 이외에도 약정에 따라 기타 대리행위의 보수청구권을 갖게 되고 적합한 보험자의 선택과 중요한 사실의 고지에 대한 의무와 책임을 부담한다. 따라서 보험계약의 중개(위임)와 중개 이외의 기타 행위 위임계약은 별개의 것으로 이해되어야 하고 이는 보험중개사의 권한, 권리, 의무를 해명함에 있어서도 같다. 보험계약당사자(특히 보험계약자)가 보험중개사에게 단순히 보험계약의 중개위임에서 확장된 행위(보험계약체결 또는 보험금청구)를 위임할 때에는 그에 관한 대리권을 수여하게 되나 그 대리권수여의 기초적 내부관계로써는 고용계약이나 위임계약 등을 체결하게 되고 보험중개사의 의무와 책임의 문제도 이러한 내부관계로서의 고용계약이나 위임계약 위반여부의 문제로 나타날 것이다.

영국이나 미국의 경우에는 보험중개사(insurance broker)이 그 명칭대로 중개('brokerage')행위만에 한정하여 업무를 하는 것은 희귀한 예이고, 보험계약자(insured)를 대리함이 일반적이므로 특단의 사정이 없는 한 중개('brokerage')행위에 대한 논의 없이 보험계약자의 대리행위('agency')만을 바로 설명하고 있다.[298] 그와 함께 보험중개사의 의무와 책임도 보험계약자에 대한 대리관계의 기초위에서 논의된다.[299] 비록 보험중개사를 규율하는 법령에서 중개('brokerage')의 개념을 강조하여 보험중개사에 대한 정의를 내리고 있다고 하여도 보험계약의 관행과 보험중개사를 둘러싼 법률관계당사자의 법의식을 무시할 수는 없다. 미국 뉴욕주의 경우 보험법 제2101조 (c)항에서 보험중개사에 관한 정의를 중개개념에 가깝게 내리고 있어도 (즉 「소정의 보수나 수수료를 받고 자기 이외의 피보험자 내지는 면허보험중개사를 위하여 보험계약이나 연금계약체결의 권유, 교섭 또는 주선을 하는 제 행위 또는 어떤 방법으로 위험의 인수나 부보행위를 하거나 그에 조력하는 자로서 개인, 영리조합, 비영리단체 또는 주식회사를 말한다」라고 하고 있다.) 결국 보험중개사의 의무를 논함에 있어서는 이러한 실정법의 규정내용이 크게 중요하지는 않다고 본다. 특히 보험계약자와의 관행화된 대리관계를 기초로 보험중개사의 의무와 책임이 논의될 때에는 실정법상의 개념보다는 거래의 관행과 거래당사자의 법의식이 보다 존중되어야 한다.

보험중개사의 보험계약당사자에 대한 의무와 책임문제는 계약상 규정되어 있지 않은 경우가 많아 보험계약당사자와의 사이에 복잡

---

298) 영국의 경우는 Face v. Vehicle & General Insurance Co.[1965] 1 Lloyd's Rep.113, 73; 미국의 경우는 Rich Maid Kitchens, Inc. v. Pennsylvania Lumbermen's Mut. Ins. Co., 641 F. Supp.297, 303(E. D. Pa. 1986) 등 다수 판례의 태도이다.
299) 영국의 경우는 R. W. Hodgin, Insurance Intermediaries and the Law, 1987, p.10; 미국의 경우는 R. R. Hume, Errors and Omissions Liability as affecting Insurance Agents and Brokers, 40 Ins. Counsel J. 379, 380(1973) 각각 참조.

한 분쟁으로 발전할 개연성이 매우 높다. 이는 보험중개사가 보험
회사로부터 독립적인 매개자라는 지위에 있고 보험계약자는 보험중
개사의 고객으로서 보험계약에 관한 전문가인 보험중개사를 상대하
여 교섭한다는 점을 고려할 때 더욱 쉽게 이해될 수 있다.[300] 그러
나 이러한 점에도 불구하고 보험중개사는 상법상 중개인으로서 부
담하는 의무와 중개위임 기타 행위에 대한 보험계약당사자의 수임
인으로서의 의무를 부담해야 한다. 보험중개사의 이러한 의무는 중
개행위에 있어서만 부담하는 의무와 기타 행위(예컨대 계약체결대
리권을 수어빋은 경우 계약체결의 행위)에서 부담하는 의무로 개념
적으로는 구분될 수 있으나 실제의 예에서 양자가 명확히 구별되지
않는 경우가 많다. 본 연구에서도 이를 구분하지 않고 논한다.

보험중개사의 의무는 그 내용을 기준으로 크게 선관주의의무, 위
임계약이행의무, 지시복종의무, 설명·공시 의무, 인도의무, 장부작
성의무 등으로 나누어 볼 수 있다.

보험중개사가 이러한 의무를 이행하지 않고 보험계약자나 보험자
에게 손해를 발생시킨 때에는 손해배상책임이나 행정벌책임의 원인
이 된다.

---

300) R. W. Hodgin, op.cit., p.10.

제1절 보험중개사의 의무

Ⅰ. 선관주의의무

1. 근 거

보험중개계약의 법적 성질을 위임이라고 볼 때 중개인은 보험자나 보험계약자에 대해서 중개위임의 수탁자로서 선량한 관리자의 주의의무를 진다(민법 제681조). 보통 어떤 사람이 사무를 타인에게 위임할 때에는 그 위임되는 사무는 위임인 자신의 능력과 경험으로는 처리하기 곤란한 성질의 것이기 때문이며 수임인의 지식과 경험을 존중하고 신뢰하고 있다는 점에서 높은 주의로서의 선량한 관리자의 주의가 요구되는 것이다.[301] 보험중개사에게 중개수수료를 지급하는 것은 보험계약당사자가 보험계약중개나 그 대리 또는 기타의 서비스에 관한 보험중개사의 주의능력과 판단력을 신뢰하기 때문이다.[302] 보험중개사는 수임인으로서의 주의의무를 이행함에 있어서 보험계약자나 보험자의 건전성을 판단하는 객관적인 기준뿐만 아니라 자신의 경험에 따라 보험계약자의 위험과 보험자의 보험계약인수방법, 재무상태 등에 대한 주관적인 판단기준도 사용해야 한다. 대형 보험중개사(보험중개회사)는 보통 객관적인 평가기관의 정보를 이용할 뿐만 아니라 직접방문을 통해 획득한 정보를 통하여

---

301) 독일법상 '거래에 필요한 주의(im verkehr erforderliche Sorgfalt)(독일민법 제276조)'도 이와 같다.
302) Moore v. Mourgue(1976) 2 Cowp 480.

위임사무를 처리한다.

보험중개사는 자기재산에 대해 주의를 베푸는 정도의 주의를 기울여서는 안 되고 보험계약거래에서 통상 요구되는 주의를 기울여서 중개 업무를 수행해야 한다. 보험중개사의 사무처리는 일정한 목적에 의하여 합리적인 노력을 다하는 것을 요구한다. 보험중개사에게 선량한 관리자로서의 주의의무는 중개행위 시에 필요한 정도의 의무이지만 보험중개의 특성상 단순한 중개행위에 관한 사항보다 더 넓은 영역에 있어서 주의를 기울일 것이 요구되기도 한다.

위임사무는 그 성질상 대가 없이 호의로 처리함이 원칙이어서 보험중개사는 보수 없는(무상성) 중개행위를 한 때에도 엄격한 책임을 진다.[303]

'위임의 본지에 따라야' 한다는 것은 '채무의 내용에 좇은'(민법 제390조)과 같은 뜻으로 위임계약의 목적과 그 사무의 성질에 따라서 가장 합리적으로 처리하는 것을 의미한다.[304]

보험중개사의 주의의무이행을 위해서는 업무수행에 관련된 사항에 대한 조사를 필요로 한다. 예컨대 보험 목적의 가액이 의심스러울 때는 보험중개사는 보험계약자 측의 위험에 대하여 구체적으로 조사해야 한다.

보험계약의 전문가로서의 보험중개사는 전문적인 지식과 경험에 따라 자신의 재량으로 보험자와 보험계약자의 요구와 사정에 가장 적합한 보험계약의 종류, 보험계약의 상대방 등을 선택하여야 한다.

또 수임인인 보험중개사는 원칙적으로 자기 스스로 중개계약을

---

303) 독일민법 제662조에서는 「수임인은 위임인으로부터 위탁된 사무를 위임인을 위하여 무상으로 처리할 의무를 진다」고 하여 위임사무의 무상성의 원칙을 명확히 규정하고 있다.
304) 곽윤직, 채권각론, 박영사, 1996, 485면 참조.

처리해야 하고 함부로 타인에게 맡겨서는 안 되며 위임인의 동의 없이는 그 지위를 타인에게 양도하지 못한다(자기복무의 원칙). 그러나 위임인의 허락이 있을 때에는 사무처리를 타인에게 맡기는 것을 금할 이유가 없고 민법 제682조는 일정한 경우에 복위임을 할 수 있도록 허락하고 있다.

수임인은 위임인의 승낙이나 부득이한 사유가 있으면 제3자로 하여금 자기에 갈음하여 위임사무를 처리하게 할 수 있다(민법 제682조 제1항의 반대해석). 보험중개사가 타인에게 보험중개나 대리사무를 복위임한 때에 그로 인해 위임인에게 손해를 준 때에는 보험중개사는 그 선임이나 감독의 과실에 대해 배상책임을 진다(민법 제682조 제2항, 제121조 제1항 참조). 그러나 위임인인 보험계약자나 보험자의 지명에 따라 복수임인을 선임한 경우에는 위임인인 보험계약자나 보험자가 지명한 자가 부적임하거나 불성실함을 알고서도 그 사실을 위임인에게 통지하거나 해임하는 것을 게을리 한 때에만 책임을 진다(민법 제682조 제2항, 제121조 제2항). 통상 보험계약체결관행에서는 계약체결의 편의를 위하여 슬립(slip)방식이 이용되고 있는데 이 슬립(slip)을 작성할 때에는 보험중개사는 보험계약자의 청약사항이 정확히 기재되었는가와 보험자(underwriter)의 인수사항에 대해 주의를 기울여야 한다. 보험증권의 내용에 보험계약당사자의 청약과 승낙내용이 올바르게 반영되었는지에 관해서도 주의를 기울여야 한다.

2. 정　도

보험중개사가 사무처리상 기울여야 할 주의의무의 정도는 수임인인 보험중개사의 직무내용, 지위, 지식 등에 의하여 결정된다. 주의 의무 정도는 객관적으로 정해져야 하므로 수임인인 보험중개사의 개인적 기능이나 학력, 경험, 연수, 건강상태, 성별 등의 주관적 사정은 주의의무 정도의 기초가 될 수 없다.

보험중개사가 고도의 주의의무를 부담하는 첫째의 근거는 보험중개사의 통상적 직업활동에서의 높은 전문성, 고객을 위한 성실한 업무처리, 엄격한 자격요건, 내부적인 규율내용 등에 의해 주의의무의 정도가 확정되어야 하기 때문이다. 보험중개라는 업무처리에 필요한 주의의무가 보험중개사의 주관적인 사정이나 특수한 사정에 의해 보험중개사마다 개별적으로 확정될 수 없는 것은 보험중개업의 사회적 역할이 개인적, 개별적인 사정에 따라 결정될 수 없고 보험중개사의 직업인으로서의 의무가 통상적인 직업수준에 합당하게 이행되어야 하기 때문이다. 이처럼 보험중개사에게 요구되는 통상적인 주의의무 정도는 경력과 능력, 자질 측면에서 볼 때 평균적인 수준을 넘어서는 경우의 보험중개사에게도 동일하게 적용되어야 하는 척도이다. 왜냐하면 당사자 간에 주의의무 정도에 관한 특약이 없다면 일반적으로 소비자인 고객에게서 기대되는 주의능력 이상의 개인적 능력을 지녔다는 이유로 인하여 불리한 법적 지위에 선다는 것은 불합리하기 때문이다.

보험중개사가 부동산중개인이나 기타의 보험자문가(insurance consultant)나 보험조언자(insurance adviser) 또는 보험대리상보다 고도의 주의의무를 부담하는 둘째의 근거는, 보험중개사 자신이 보험중개사(insurance broker)이라고 고객에게 대외적으로 표시하였다는 자기표시의 책임에서 찾아볼 수 있다. 고객인 보험계약당사자로서는 보험중개사의 표시가 없는 단순한 중개인이나 기타 보험자문가

(insurance consultant) 등으로 칭하는 자와도 보험중개 기타 업무의 위임계약을 체결할 수 있는 것이나 (그러한 행위로 인하여 그 중개인이 벌칙의 적용을 받는 문제는 별도로 논의할 사항이다.) 고객인 보험계약자로서는 보험중개사가라는 표시를 (명시적으로나 묵시적으로나) 하는 자와 위임계약을 체결하였기 때문에 그 표시에 의해 기대되는 수준의 주의의무이행을 보험중개사에게 요구하는 것이라고 할 수 있다. 이러한 보험중개사가라는 직업적 명칭의 표시가 중개위임 등의 계약으로서 수임인이 이행해야 할 급부의무의 내용으로 되는 것은 아니지만 주의의무라는 부수적인 의무(Nebenpflicht)의 정도를 결정함에 있어서는 큰 영향을 미칠 수 있는 것이다. 그리하여 보험중개사와 보험계약당사자 간에는 보험중개에서의 신뢰를 기초로 하는 특별한 관계가 성립하고 보험중개사가 조언을 함에 있어서도 다른 보험자문가(insurance consultant)나 보험조언자(insurance adviser)에게서 요구되는 주의정도보다 높은 정도의 합리적인 주의의무(duty of reasonable care)가 요청되게 되는 것이다.305) 물론 여기서의 '합리적인(reasonable)' 주의의무가 어느 정도의 주의의무를 의미하는가는 보험계약중개의 사정과 당사자의 의도 등을 종합적으로 고려하여 구체적으로 판단하여야 한다.306)

선관주의 의무의 정도는 실정법규의 내용과 취지에 의해서도 직접·간접적인 영향을 받는다. 실정법의 규정은 보험중개사의 영업행위의 요건, 영업행위의 범위와 규제, 벌칙내용을 정하여 직업활동으로서의 보험중개사의 행동양식과 거래관행의 형성, 발전에 규범적인 지침을 제공하기 때문이다. 영국의 경우를 보면 보험중개사

---

305) Hedley Byrne v. Heller Partners[1964] AC 465.
306) R. W. Hodgin, op.cit., p.52.

(등록)법(Insurance Brokers(Regestration) Act) 이외에도 보험중개사의 개별적인 행위에 대한 기준(행위규범(Code of Conduct))을 마련하여 보험중개사의 과실유무 판단에까지 영향을 미치고 있다. 동 행위규범 제2조 A.에서 규정하고 있는 보험중개사의 '최대선의와 성실성(utmost good faith and integrity)'은 영국보험중개업계에서 일반적으로 준수해야 하는 일반적인 의무로 인정되고 있다.[307] 우리나라의 보험중개사가 보험중개나 보험계약의 유지, 위험관리와 관련하여 기울여야 할 주의의무의 정도에 대한 판단에 대해서는 우리 보험입법과 시행령, 시행규칙, 보험감독규정 등의 법령내용이 중대한 영향을 미치게 될 것이다.[308]

3. 구체적 내용

구체적으로 보험중개사의 전문직업인으로서의 주의의무 정도를 판단하기 위해 중개인의 일종인 부동산 중개업자의 주의의무 정도에 관한 판례의 내용을 살펴보고 나서 보험중개사에 관한 현행 법규의 태도와 직업적 특성에서 보험중개사에게 요구되는 구체적인 주의정도를 논한다.

(1) 부동산 중개업자의 주의의무에 관한 판례의 태도

A. 우리 판례의 태도

---

307) R. W. Hodgin, op.cit., p.55.
308) 보험중개사의 성실의무에 대해서 보험업법시행규칙 제26조 제1호에서는 「보험중개사가 보험계약의 체결을 중개함에 있어 보험계약자 등에게 성실히 업무를 수행하고……」라고 규정하고 있다.

대법원 93. 5. 11선고 92다55350판결에서 「부동산중개업자는 중개의뢰의 본지에 따라 선량한 관리자의 주의로써 의뢰받은 중개 업무를 처리하여야 할 의무가 있고 부동산 중개업 제16조, 제17조 1항에 의하여 선량한 관리자의 주의와 신의성실로써 매도 등 처분을 하려는 자가 진정한 권리자와 동일인인지의 여부를 부동산등기부와 주민등록증 등에 의하여 조사확인할 의무가 있다고 할 것이고 등기권리증은 소유권이전등기 단계에서뿐만 아니라 그 이전의 거래에 있어서도 당사자 본인의 증명이나 그 처분권한의 유무의 확인 등을 위하여 중요한 자료가 되는 것이므로 중개업자로서는 매도의뢰인이 알지 못하는 사람인 경우 필요한 때에는 등기권리증의 소지여부나 그 내용을 확인조사하여 보아야 할 주의의무가 있다」고 하였다.

이는 영세한 부동산중개업자에게 무거운 책임을 지운 사례가 될 것이나 중개업자의 선관주의의무 위반은 부동산 매수위임을 한 자에게 심대한 손해를 일으킬 수 있고 부동산 중개업의 전문성과 특히 부동산 중개업법(1989. 12. 30. 개정) 제16조 제1항이 「중개업자는 전문직업인으로서의 품위를 유지하고 신의와 성실로써 공정하게 중개행위를 하여야 한다」고 규정하고 있었던 점[309]을 참작하여 그 주의의무를 높게 보아 배상책임을 인정한 것으로 이해된다.

---

309) 동법은 공인중개사의 업무 및 부동산거래신고에 관한 법률로 변경되고 그 제29조(중개업자 등의 기본윤리)의 규정취지도 유사하다. 그 제29조는 「① 중개업자 및 소속공인중개사는 전문직업인으로서의 품위를 유지하고 신의와 성실로써 공정하게 중개 관련 업무를 수행하여야 한다.
② 중개업자 등은 이 법 및 다른 법률에 특별한 규정이 있는 경우를 제외하고는 그 업무상 알게 된 비밀을 누설하여서는 아니된다. 중개업자 등이 그 업무를 떠난 후에도 또한 같다.」고 규정하고 있다.

B. 일본 판례의 태도

① 동경고등재판소의 소화 32년(1957년). 7. 3. 판결에서는 「중개인은 민법 제644조(우리 민법 제681조에 해당)에 의해 중개계약의 본질에 따라 선량한 관리자의 주의를 가지고 중개를 하여야 할 의무가 있으므로 중개업자가 등기부에 의해 권리관계를 조사하지 아니하고 매주의 대리인이라고 칭하는 자를 쉽게 믿고 매주에게 소개하였기 때문에 매주가 대금을 착취당한 경우에 중개업자에게 과실이 있고, 이 경우 대리인이라고 칭하는 자의 권한의 유무를 확인함에는 위임장, 인감증명서, 등기권리증 등의 제시를 구하여야 하며 이때 전문지식과 경험을 가진 중개업자를 신뢰하여 매매계약을 체결한 위탁자에게는 스스로 상대방의 사정을 조사하지 아니한 과실이 없다」고 하였다.

② 동경고등재판소 소화 31년(1956년). 1. 26판결은 「중개업자는 임대인이 당해 부동산에 관하여 임대의 권한을 가지고 있는가의 여부, 또는 당해 부동산에 하자가 존재하는가의 여부에 대하여 주도면밀한 조사의무가 있어서 소유자라고 칭하는 임대인이 과연 그 토지의 진실한 소유자인가의 여부를 조사함에 있어서는 우선 당해 토지의 등기부등본 내지 임대인의 신분증명서 등의 제시를 요구해야 할 주의의무가 있을 뿐만 아니라 나아가 당해 토지에 현장답사를 하여 토지소유상태를 조사하여 진실한 소유자를 확인해야 하고 의심스러우면 주민등록표 등에 대해서도 조사해야 한다」고 하여 주의의무를 넓게 요구하고 있다.

③ 동경지방재판소 소화 34년(1959년). 12. 16. 판결은 진정한 토지소유자의 인감과 인감증명서를 위조하여 이를 사법서사에게

제시하면서 등기권리증을 분실하였다고 하여 보증서를 발급받은 다음 이를 제시하여 진정한 권리자인 것처럼 행세하여 부동산중개업자에게 매매계약을 의뢰한 사안에서 「중개를 의뢰하는 자는 중개업자의 지식과 경험을 신뢰해서 이를 의뢰하는 것이 통상이므로 중개업자는 위탁자에 대하여 준위임관계에 기초하여 선량한 관리자로서의 주의의무를 부담함은 물론 그 중개에 있어서 목적 부동산의 하자나 권리자의 진위 등에 대하여 조사하여 이것을 확인하는 등 매주로 하여금 불측의 손해를 입지 않도록 충분히 유의하여야 할 중개 업무상의 주의의무가 있으므로 소유자와 전혀 면식이 없고 소유자임을 자칭하는 자가 당시 등기권리증을 분실하였다 하여 보증서를 제시하고 있으므로 이때에는 그가 진정한 권리자인지의 여부에 대해 그의 거주지나 근무지에 전화로 연락하든가 방문조사할 주의의무가 있다」고 판시하였다.

④ 최고재판소 소화 36년(1961년). 5. 30. 판결은 「직접적으로 위탁관계가 없다고 하더라도 중개업자의 개입을 신뢰하여 거래를 하기에 이른 제3자 일반에 대해서도 중개업자는 신의성실에 따라 권리자의 진위에 대해 주의를 기울여야 한다」고 한다.[310]

일본에서의 이와 같은 판례내용들은 민사중개인인 부동산중개인에 관한 판례이나 같은 중개인이고 직업적 전문성을 지닌 보험중개사의 주의의무 정도를 판단함에 참고가 될 수 있다고 본다.

---

310) 日本損害保險協會篇, 損害保險の基礎, 1997, 63頁.

(2) 보험중개사에 대한 검토

A. 보험중개사에 대한 실정법적 규율

우리 보험중개사의 주의의무 정도를 판단하기 위한 직무활동, 전문성 수준, 고객과의 관계는 아직 보험중개사 제도의 도입 초기인 현재의 사정에서 명확한 바는 아니다. 그러나 이를 규제하는 보험업법 등의 내용을 이해하면 보험중개사에게 요구되는 주의의무의 정도를 확정함에 유용한 기준으로 삼을 수 있을 것이다.

보험중개사에 대해서는 상법의 중개인 규정이 적용된다고 보나 그 직업적 주의의무의 정도를 판단함에는 보험업법과 그 부속법령의 내용이 더욱 구체적으로 적용된다. 보험중개사의 직업적 활동의 요건과 준수사항에 관해서는 보험업법 제89조 내지 제95조에서 기본적 사항을 규정하고 보험업법 시행령과 시행규칙, 보험감독규정이 이를 보충하고 있다.

이를 구체적으로 개관하면 다음과 같다. 보험중개사가 되기 위해서는 금융감독위원회에 등록을 해야 하고 일정한 시험에 합격하여야 한다(보험업법 제150조의 2 제1항). 보험중개사가 보험계약의 체결을 중개함에 있어서 보험계약자에게 가한 손해배상을 보장하기 위해서 영업보증금을 예탁하거나 책임보험에 가입해야 한다(동법 제89조 제3항). 보험중개사가 보험계약을 체결함에 있어서는 보험중개사 자신의 인적 사항과 권한, 지위, 손해배상 등에 관한 사항을 보험계약자 등에게 미리 알려야 한다(시행령 제41조 제3항). 보험중개사는 보험계약의 체결을 중개함에 있어서는 그 중개와 관련된 내용을 대통령령이 정하는 바에 의하여 장부에 기재하고 보험계약자에게 알려야 하며 수수료에 관한 사항을 비치하여 열람할 수 있게 하여야 하고(동법 제92조 제1항), 보험사업자, 그 임원 또는 직원, 보험모집인, 보험대리점, 보험계리인 및 손해사정인의 업무를 겸하지 못한다(동법 제92조 제2항). 특히 보험계약의 체결을 중개함에 있어서 보험계약자 등에게 성실히 업무를 수행하고, 직무상 객관적이고 독립적인 조언을 하여야 하며, 보험계약자 등의 이익에 상반되는 행위를 하여서는 안 된다(동 시행규칙 제25조 제4호). 또 보험사업자 또는 보험계약자 등으로부터 받은 보험에 관한 정보를 객관적이고 성실하게 전달해야 하며(동법 시행규칙 제26조 제4호), 보험안내자료 등을 배포하거나 광고하는 경우 객관적 사실만을 기재 또는 광고하고 오해 또는 과장의 소지가 있는 내용을 기재하거나 광고하지 말아야 한다(동법 시행규칙 제26조 제5호). 그리고 부당한 보험중개행위나 과당경쟁을 하여서는 안 되고 보험가입자에게 보험약관의 내용을 정확하게 인식시켜 보험민원, 분쟁의 소지가 없도록 하여야 한다(보험감독규정 제153조 제4항). 이러한 규정은 보험중개사의 행동기준에 관한 매우 구체적인 규제라고 할 수 있고 보험중개사의 사무처리에 있어서 엄격한 규범을 준수할 것을 명하는 것이다.

B. 보험중개사의 구체적인 주의의무의 판단

보험계약자가 보험계약을 체결할 때 그 보험계약의 필요성과 계약내용을 사전에 충분히 파악하는 것이 필요하고 또 바람직한 것이지만, 보험상품은 무형의 서비스 상품일 뿐만 아니라 보험의 목적, 면책약관, 고지사항, 담보의 내용 등에 있어서 매우 전문적일 뿐만 아니라 계약에 관한 정보의 편재 때문에 이를 보험계약자에게 기대하기는 어렵기 때문에 그를 보충하여 중개하거나, 대리하는 자의 일종으로 보험중개사가 요청되었다. 따라서 보험중개사는 중개위임자인 보험계약당사자의 사무를 신중히 처리해야 한다. 보험사고는 생명, 신체, 재산에 대한 심각한 재난에 해당하여 보험사고 시 보험금청구권이 성립하는지의 여부와 기타 보험계약성립상의 하자유무는 보험계약자와 보험자 측에 대해 중요한 계약상 쟁점에 해당하여 보험중개사로서는 고도의 주의의무를 부담한다. 보험중개사의 주의의무 정도는 보험중개사의 직업적 내용으로부터 구체화될 수 있다.

보험중개사의 직업적 성격과 관련하여 보험중개사가 부담하는 주의의무(professional duty of care)[311]의 정도는 다음과 같은 요소를 고려하여 판단하여야 한다.[312]

ⅰ) 사회성, 공공성

보험업은 불특정 다수의 고객을 대상으로 한 사회성, 공공성이 강한 사업이고 일국의 금융질서와 관련 있는 것으로 보험중개사는 영업행위에 있어서 이러한 점을 충분히 인식하고 사무에 임하여야 한다.

ⅱ) 엄격한 자기관리

보험중개사는 보험회사로부터 독립하여 보험모집을 하는 자이므로 항상 자기관리를 엄격히 하여야 하고 고객 측면에서의 서비스 질을 높이려는 노력을 게을리 해서는 안 된다. 보험중개사의 최대의 자산은 전문직업인으로서의 인적자원이므로 교육 훈련을 통하여 높은 수준의 보험보호가 가능하도록 해야 한다. 보험중개사에게 요구되는 주의의무는 당해 직무에 있어서 기대되는 경험(experience)

---

311) R. H. Jerry, Understanding Insurance Law, 2nd ed. Matthew Bender, 1996, p.211.
312) 日本損害保險協會篇., 앞의 책, 63頁.

과 성실(diligence)로써 사무를 처리하는 것이다.[313]

iii) 고객이익의 확보

보험중개사는 고객의 보험에 관한 요청에 부응하는 지위에 있으므로 고객 이익확보에 전력해야 한다. 보험중개사는 고객인 보험자와 보험계약자의 보험계약상 필요에 부응해야 하고 특히 보험계약자가 보험업자를 선택함에 있어서 보험계약자의 부보목적, 재산의 상황 등을 고려하여 자기가 알고 있는 범위 내에서 고객에게 가장 적절하다고 생각되는 것을 이유를 붙여 고객에게 설명하거나 그를 대리하는 자격에서 업무수행하는 것이 필요하다.[314]

그를 위해서는 고객이 부보하려는 보험의 목적, 고객의 소득, 연령, 보험에 드는 동기, 기존 계약의 유무, 그 밖의 금융자산까지 조사할 필요가 있다.[315] 보험중개사 자신의 이익이나 제3자의 이익이 고객의 이익과 상반하는 때에는 보험중개사의 직업윤리와 계약적 의무에 의해서 고객의 이익을 우선해야 한다.

그에 관한 영국의 구체적 사례를 보면 다음과 같다.[316] 영어에 능통하지 못한 터키인 보험계약자인 원고가 피고인 보험중개사에 대하여 자동차보험의 계약체결권을 위임하였는데 보험중개사는 재무상태가 좋지 않은 보험회사를 추천하였다. 보험계약 기간 60일의 보험증권 발행과 함께 보험료가 지급되었다. 그 후 보험중개사는 보험계약자에 대하여 현재 보험자의 재무상태가 좋지 못하니 보험

---

313) MacGillivray & Parkington, Insurance Law, 8th ed., Sweet & Maxwell, 1988, p.152.
314) 梅津昭彦, "保險仲介士の誠實義務", 文硏論集 第126号, 1999. 3., 107頁.
315) 梅津昭彦, 위의 논문, 108頁.
316) Osman v. Moss(1970) Lloyd's Rep.313.

계약을 다른 보험회사로 변경하면 좋겠다는 내용의 편지를 발송하였다. 그러나 보험계약자는 영어에 능통하지 못하여 그 편지의 내용이 어떤지를 잘 이해하지 못하였다. 그 후 보험사고 발생 시에는 기존의 보험계약 기간은 만료되어 무보험상태에 있었다. 보험계약자는 보험회사로부터 보험금을 받을 수 없게 되자 보험중개사가 자동차사고 피해자의 손해배상청구에 대처하기 위한 보험계약체결의 적절한 조치를 강구하지 않은 데 대한 계약 위반과, 보험중개사로서의 지위에서 발생하는 주의의무 위반을 이유로 한 불법행위를 근거로 손해배상을 청구하였다. 이에 대해 법원은 보험중개사가 보험계약자에게 보낸 편지에는 보험계약자가 무보험상태로 될 수 있음을 알려주는 명확한 표현이 없었고, 그 당시의 사정에 관해 가장 효과적인 방법으로 보험계약자에게 경고를 하는 것이 피고인 보험중개사의 의무임을 인정하였다. 즉 그 편지의 발송사실만으로는 보험중개사의 과실을 부정할 수 없고 따라서 보험중개사는 보험계약자에 대해 불성실한 행위를 했다고 판시하였다. 즉 보험중개사는 고객 이익을 확보하기 위해 필요한 범위에서는 고객의 보험계약에 대한 구체적인 인식능력까지 파악해서 대처해야 하는 고도의 주의의무를 부과하는 것이다.

iv) 보험업의 건전한 발전에 대한 기여

보험중개사는 전문적 지식을 가진 직업인으로서 보험중개활동을 통해서 보험계약의 광범한 보급을 꾀하고 보험업의 건전한 발전에 기여하는 중요한 임무를 띠고 있다. 보험업의 발전에 일익을 담당하는 보험중개사로서는 보험사업자와 보험계약 전체에 대한 광범한 정보에 정통할 것이 요구된다. 보험중개사의 의무와 책임은 보험대리상보다 넓다. 이는 보험중개사가 보험대리상보다 더 전문적인 직업인이라는 사실과 함께 연혁적으로 볼 때 보험중개사의 고도화된 주의의무의 이행이 보험업의 발전에 큰 기여를 하였기 때문이다.

ⅴ) 성실성의 요청

보험중개사는 전문직업인으로서 항상 최대한 공정하고 성실하게 업무를 행해야 한다. 고객에 대해 전문적 기량을 지닌 것으로 표시(보험중개사가라는 표시)한 후에도 일반인이 그 영역의 전문가에게 기대되는 수단·방법으로 성실히 직무를 수행할 것이 요청된다. 보험의 전문가로서의 보험중개사는 보험청약서에 단순히 기재하는 내용 이상의 필요한 조언을 보험계약자 등에게 행하는 것이 기대된다.[317] 보험중개사가 보험계약당사자(특히 보험계약자)에게 기울여야 하는 주의의무에는 객관적이고 독립적인 조언을 할 의무가 포함된다. 이는 고객인 보험계약자의 요구사항에 맞추어 보험자와 보험계약내용을 물색하되 보험계약자가 접촉할 수 있는 충분한 수의 보험자에 대한 정보를 입수하여 제시하는 것을 전제한다.[318] 보험중개사가 어느 정도 숫자의 보험자에 대한 정보를 보험계약자에게 제시하는 것이 보험중개사의 조언의무이행으로 충분하다고 할 수 있는가에 대해서는 일반적인 숫자를 제시할 수는 없다. 다만 구체적인 사정에서 일부 보험자에게만 유리한 편협한 정보제공으로 되지 않고 보험계약자가 가질 수 있었던 선택의 가능성을 부당하게 제한하지 않는 정도라면 충분하다고 할 수 있을 것이다.

보험중개사에게 요구되는 성실성의 정도에 비추어 예컨대 어떤 보험계약에 있어서 파트타임 근로자는 보험자의 보험인수대상이 아

---

317) Bell v. O'Leary, 744 F. 2d 1370 (8th Cir. 1984).
318) R. W. Hodgin, op.cit., p.55.

닌 경우에 보험중개사가 보험계약자에게 그의 직업을 물어보는 정도만으로는 면책되지 않고 구체적으로 보험보호의 대상이 되는 상태인지를 명확히 확인하는 성실성을 발휘해야 한다.[319] 그러나 보험중개사가 적합한 보험계약을 중개해야 한다고 하여 그가 조사할 수 있는 모든 보험자를 조사해야 하는 것은 아니고 그가 통상 거래하는 시장에서 문의할 수 있는 정도의 보험자와 보험상품에 대해서만 조사하여 중개하면 된다. 보험중개사의 주의정도는 외국의 사례에서도 매우 엄격하게 요구되고 있다.[320]

---

319) McNealey v. The Pennine Insurance(1978) 2 Lloyd's Rep.18.

320) 영국의 Chapman v. Watton(1833) 10 Bing 57사례에서는 보험계약자인 원고 Chapman은 자기의 화물에 부보되어 있던 기존의 보험계약을 변경하기 위해서 피고인 보험중개사에게 보험계약 변경을 위임하였다. 그때 보험중개사는 원고인 보험계약자에게 이러한 보험계약의 변경을 위해서는 상당한 근면(diligence)의 노력을 기울여야 하고 자신이 그러한 노력을 기울일 것을 약속하였다. 그 후 해난 사고에 의해 원고가 손해를 입었으나 이러한 보험계약은 변경되지 않은 상태에 있었다. 원고는 피고 보험중개사에게 그에게 합당한 주의 내지 근면을 기울이지 않아 보험계약이 변경되지 않았으므로 손해를 배상하라고 청구하였다. 이에 대해 법원은 피고인 보험중개사가 기울여야 할 주의와 근면은 같은 직업에 있는 다른 보험중개사가 동일한 사정에서 기울이는 주의와 근면을 기준으로 판단되어야 한다고 하였다. 또 판례에 의하면 보험중개사의 세간의 높은 평판이 그 주의의무 정도를 결정하는 기준이 될 수도 있다(Roselodge, Ltd. v. Bray, Gibb(Holdings), Ltd.,(1967) 2 Lloyd's Rep.99). 그리고 보험중개사가 기울여야 할 주의의무의 정도는 그 의무가 이행되는 시기와 장소에 따라서 다를 수 있다. 즉 어떤 행위가 하나의 상황에서 주의의무 위반이 된다고 하여 다른 상황에 있어서도 똑같이 주의의무 위반이 된다고 할 수는 없고 그 보험중개 업무가 수행되는 시기와 장소에 따라 결정돼야 한다고 하였다(Ibid., p.480-481).

vi) 신뢰의 유지 필요성

보험중개사는 업무수행에 있어서 보험중개사로서의 좋은 평가와 전문직업인으로서의 신뢰를 직접 또는 간접적으로 훼손하는 행위를 해서는 안 된다. 위임인과 수임인 간의 강한 신뢰관계로 중개계약이 맺어지는 사정하에서 보험중개사가 일반인의 자신에 대한 기대와 신뢰에 상응하는 노력을 해야 하고 이러한 신뢰 유지를 위해서는 비록 계약상에 명시되지 않은 사항에 관해서도 고객인 보험계약자 등의 필요에 부응하는 보험계약의 체결중개 또는 대리와 그 계약유지에 힘써야 한다.

어떤 전문적 사무에 종사하는 자가 그 사무에 직접 관계있는 사건에 관한 조언을 한다는 사실을 외부에 표시하는 것은 일반 소비자의 기대와 신뢰를 불러일으키는 것이고 그러한 기대와 신뢰에 상응하는 합리적인 정도의 기량과 정확한 정보수집능력을 갖추어야 한다. 또 자기의 의견을 명확히 최종적인 것이라고 대외적으로 표명하는 보험중개사는 이러한 의견제공에 대한 신뢰에 대해 책임을 져야 한다.[321] 보험중개사의 경험과 지식이 초보자의 경우에 해당한다고 하더라도 소비자인 보험계약자로서는 평균적이고 일반적인 보험중개사의 서비스를 기대하는 것이므로 그 평균적이고 일반적인 능력을 표준으로 주의의무정도를 판단해야 한다. 소비자로서는 서비스제공자의 개별적인 지식과 경험에 따라 자신의 기대수준을 결정한다기보다 보험중개사의 직업상 갖추어야 하는 통상적 수준의 지식과 경험을 기대하기 때문이다.

따라서 어떤 직업인이 거래의 상대방에게 기울여야 하는 주의정

---

[321] Sarginson Bros. v. Moulton(1942) 73 Ll. L. Rep.104.

도는 회사의 경우 직위라는 특정한 지위보다는 그 자신이 선택한 업무 그 자체의 유형적 특성에 의하여 결정되어야 한다.[322]

예컨대 보험중개사회사의 부장의 직위에 있는 자나 평사원의 직위에 있는 자가 각각 고객인 보험계약당사자와의 위임계약이행에 있어서 베풀어야 할 주의의 정도는 통상적인 수준의 주의의무인 이유는 이들이 일반고객에 대해 균등하게 의무를 부담해야 하는 직업인이라는 점 때문이다. 업무수행에 있어서 능숙한 보험중개사와 그렇지 않은 보험중개사에게 지급하는 보수의 결정에 있어서도 고객인 보험계약자와의 거래 시 주의능력이 다르다는 이유만으로 차별할 수 없는 것과 같이 보험중개사에게 요구되는 주의정도도 개인적 경험과 지식수준의 차이에 따라 달라지는 것이 아니라 직업인으로서의 보험중개사에 대한 보험계약자의 신뢰에 의해 결정된다. 보험중개사는 중개계약이행 시 알게 된 보험자나 보험계약자의 지시사항과 관련하거나 기타의 비밀사항에 대해 묵비의무를 부담한다. 그러나 보험중개사가 보험계약중개나 계약체결의 위임을 한 보험자나 보험계약자의 사기적인 행위를 알게 되었을 때는 그 자의 비밀을 은닉하여 결과적으로 불법적인 행위에 조력하는 결과가 되어서는 안 된다. 만약 이를 위반하면 민사상, 형사상의 책임을 지게 된다.[323] 그러한 비밀의 공개는 공익수호목적에 의해 정당화된다. 이는 어떤 개인적인 의무도 전체 공익에 관련된 의무에 반하면서까지

---

322) R. W. Hodgin, op.cit., p.57.

323) 만약 소송절차에서 그러한 사기적이거나 기타 불법적인 보험계약당사자의 행위의 유무가 쟁점으로 되는 경우에는 보험중개사는 알고 있었거나 의심을 품고 있었던 그 사실에 관해서 증언할 의무를 진다. 즉 불법에 있어서는 비밀유지의무가 있을 수 없는 것이다(C. Henley, op.cit., p.17).

용인될 수는 없기 때문이다.[324] 보험중개사가 어떤 범죄적 행위가 행해지고 있는지 여부에 대해서 확신하지 못할 때에는 그 공개여부에 대해 판단하기 어렵다. 그러나 영국 로이드 보험에 있어서 이러한 문제는 로이드 보험 시행규칙에 의해 해결되고 있는데 이 경우에도 이를 공개하도록 한다(By-law, No.11 of 1989).

vii) 과당 경쟁금지의 요청

보험중개사는 모집수수료 등 대가를 위해서 보험모집인, 보험대리점, 다른 보험중개사와의 사이에 과당경쟁을 해서는 안 된다. 보험계약 업무에 있어서 공정한 규범에 의해 경쟁하고 서비스 질과 노력의 양에 합당한 대우에 만족하며 그 이상의 부당이득을 위한 경쟁을 지양하는 것이 요구됨은 보험계약당사자의 이익에 봉사하고 보험업의 건전한 발전을 도모함에 요청되는 일이기 때문이다. 위에서 밝힌 바와 같은 보험중개사의 직업적 특징을 참작하여 보험중개사의 고도의 주의의무 정도가 결정될 것이다.

II. 위임계약이행의무

보험중개사는 중개위임계약에 의해서는 적극적인 이행의무를 부담하지 않으나 보험계약자 등으로부터 대리권을 수여받은 경우에는 그 기초적 내부관계에 의해 (위임)계약이행을 위한 적극적 의무를 부담한다. 보험중개사가 보험계약당사자(특히 보험계약자)로부터

---

324) 이때 공익이라 함은 국가의 안전, 국민생활의 안정이나 기타 법령상의 의무에 관련되는 이익이다(Beloffe, v. Pressdram, Ltd.(1973) 1 All ER 243).

대리권을 수여받고 있고 그 기초적 내부관계로서의 위임계약이나 고용계약을 체결하고 있다면 보험중개사의 가장 근본적인 의무는 본인인 보험계약당사자의 지시에 복종하여 합리적인 기량과 판단으로 그 지시내용을 이행하는 것이다.

이러한 위임계약이행의무에는 보험계약의 신규계약체결대리가 통상적인 내용이 되겠지만 특히 보험계약자의 수권이 있는 경우에는 보험계약의 갱신의무까지 포함된다. 보험계약자로부터 보험계약체결의 대리권을 수여받은 보험중개사가라면 보험계약자가 어떤 사항에 대하여 어떠한 내용의 보험계약을 체결하기를 원하는가의 내용을 숙지하고 그 보험계약에 관한 요구내용을 만족시키도록 노력해야 한다.[325]

보험중개사의 의무개시 시기는 보험중개사의 계약체결권에 관한 위임계약체결 시이다. 따라서 어떤 보험계약자가 보험중개사에게 보험료를 전달하고 장래의 보험료청구도 자기에게 할 것을 제의했다 할지라도 그 보험중개사가 위임계약을 승낙하기 전에는 어떤 계약체결의 책임도 발생하지 않는다.[326] 다만, 이때 보험중개사가 보험계약자에게 보험료를 지급할 것을 요구하고 보험계약체결의 대리의사를 보험계약자에게 표시하였다면 묵시적인 승낙이 될 수 있다. 보험중개사가 계약체결수수료를 받을 의사가 표시된 것도 이와 같이 해석할 수 있다.[327]

보험중개사의 계약체결의무는 계약의 내용에 따라 합법적이고 합리적으로 이행되어야 한다. 그리하여 보험중개사는 보험계약자의

---

325) Beattie v. Furness-Houlder Insurance(Northern) Ltd. [1976] SLT, 5 November.
326) C. Henley, op.cit., p.12.
327) Chapiln v. Hicks(1911) 2 KB 786.

238

위임의 대상이 되는 계약체결의무를 그 자신이 직접 이행해야 한다. 왜냐하면 보험계약체결의 직접적인 실행이 보험계약자나 보험자가 보험중개사를 신뢰하고 위임한 취지에 부합하기 때문이다. 따라서 다른 이행보조자를 통하여 그 업무를 대신 처리하게 함은 계약 위반이 될 수 있다. 그러나 보험계약당사자가 보험중개사에게 복위임을 허용한 때에는 복수임인이 한 행위는 보험계약당사자에게 효력이 있고 복위임을 허용하지 않을 때에도 보험계약자나 보험자의 사후 추인에 의해서 유효하게 될 수도 있다.[328]

보험계약을 중개할 때에는 보험계약당사자의 이해관계를 정확히 파악하고 있어야 한다.[329] 또한 보험계약체결의 위임을 한 보험계약당사자(특히 보험계약자)가 계약체결에 필요한 모든 사항을 구체적으로 지시하는 경우는 드물기 때문에 이를 분명히 하기 위한 의사해석이 필요하다. 보험계약자 자신이 자기의 위험에 합당하게 보험중개사에 대하여 보험자와 보험계약 종류에 관한 구체적인 지시를 한 때에는 보험중개사는 그대로 이행해야 한다. 보험중개사가 자신의 재량으로 보험계약을 체결할 권한이 주어지지 않는 경우는 보험계약자가 자신의 능력으로 보험계약을 충분히 체결할 수 있는 때일 것이다. 그러나 그러한 보험계약자의 개인적 능력에도 불구하고 특별한 보험중개사를 통하지 않고는 보험계약을 체결할 수 없는 로이드 보험시장과 같은 경우도 있다. 로이드 보험시장에서는 반드

---

[328] 보험중개사는 원칙적으로 중개행위에 진력하여야 할 의무는 없지만(최기원, 상법학신론(상), 제9전정증보판, 박영사, 1998, 260면.) 보험계약자로부터 계약체결권의 위임을 받은 경우에는 보험계약자에게 적합한 보험요율과 재무구조가 건전한 보험자를 물색하여 적극적으로 중개행위에 진력할 의무를 진다.

[329] Bruck Möller, a.a.O., S.561.

시 로이드 보험중개사가 보험계약자를 대리하여 보험계약을 체결해야 하기 때문이다.

보험중개사가 보험자를 물색할 때는 그가 국내법상 허가된 보험업자여야 한다. 외국의 보험업자를 중개하는 경우에는 보험계약자와 보험자 간에 분쟁이 발생한 경우 관할 법원, 적용법규의 문제 등에 특별한 주의를 기울여야 한다. 보험료액의 결정에 있어서는 보험계약자의 이익과 사정이 충분히 고려되어야 한다.

대체로 보험중개사는 보험계약당사자의 지시사항 특히 보험계약자의 지시사항을 존중하여 의무를 이행해야 한다. 이는 그 보험계약자가 자기 자신의 요구를 가장 잘 알고 보험중개사에게 지시할 것이라는 점 때문이다. 보험계약자가 보험자를 지정한 경우에는 보험계약자가 자기 자신에게 적합한 보험자를 잘 선택한 것으로 생각되기 때문에 보험중개사는 어떤 보험자가 더 보험계약자에게 적합한지를 더 모색할 의무는 없다고 본다.[330] 그러나 보험중개사는 전문적인 직업인이므로 과거의 지정 시와 달리 현재의 사정변경에 의하여 보험계약자에게 보다 더 적합한 보험상품이나 보험자가 있는 때에는 보험계약자의 다른 지시가 없더라도 이를 보험계약자에게 설명해야 한다.[331]

보험중개사는 보험계약의 조항을 면밀히 검토하여 어떤 보험계약이 보험계약자에게 가장 유리한 것인가를 판단하여야 한다.[332] 반

---

330) United Mills Agencies v. Bray(1951) 2 Lloyd's Rep.631.
331) 영국에서도 보험중개사 행위규범(Insurance Brockers Registration Council의 Code of Conducts §1.2)에 의해서 보험중개사가 최대의 선의로써 그 업무를 수행해야 할 것을 명시하고 있고 이러한 규정에 의하여 보험중개사의 의무를 넓게 해석할 수 있다.
332) Moore v. Mourgue(1776) 2 Cowp 480.

드시 저렴한 보험료의 계약이 보험계약자에게 가장 유리하다고 할 수만은 없다. 왜냐하면 보험계약관계의 건전성은 보험자의 재정상태, 보험자와 보험계약자의 계속적 거래관계 등을 종합적으로 고려하여 구체적으로 판단해야 하기 때문이다. 그리하여 재무적 기초가 확고한 보험자와 비싼 보험료를 약정하여 계약체결하는 것이 오히려 보험계약자에게 유리할 수도 있다.[333] 또 지역적으로 부보범위가 넓은 보험계약이라고 하여 반드시 보험계약자에게 유리한 보험계약이라고 볼 수는 없다. 그러나 그 경우에도 보험중개사가 합리적인 기량을 발휘하고 주의를 기울여 계약체결한 것이라면 그의 책임은 없다고 본다. 왜냐하면 그는 접촉가능한 모든 보험자와 교섭해야 할 부담까지는 지고 있지 않기 때문이다.

만약 보험계약자에게 합당하지 않은 보험계약을 체결하였다면 보험중개사가 체결할 수 있었던 계약이 단 하나뿐이었더라도 그 보험중개사는 책임을 부담할 수 있다.[334] 이 경우에는 보험계약을 체결하기보다 보험계약자에게 계약체결의 곤란한 사정을 통지하는 것이 바람직할 것이다.

만약 보험중개사가 부당하게 계약체결을 지연시키면 그 손해에 대한 책임을 진다.[335] 보험계약자에게 부적당한 보험자에게 부보하

---

333) C. Henley, op.cit., p.200.

334) C. Henley, op.cit., 1990, p.198.

335) Smith v. L. Smith v. Price(1862) 2 F & F 749; Cok. Rusell & Co. v. Bray Gibb & Co.(1920) 3 Ll. L Rep.72, 48의 사례에서는 보험중개사가 보험계약자로부터 금요일까지 화물에 대한 보험계약 체결의 지시를 받았으나 그 화물이 언제 도착할지에 대해서는 지시 받지 못한 상태에서 금요일까지 부보하지 못했다. 보험사고는 그 다음 주 월요일에 발생하였다. 이에 대해 법원은 보험중개사가 그 보험계약의 긴급성에 대해서는 연락받지 못했기 때문에 문제의 금요일까지 계약체결하지 못한 데 대해서는 합리적인 판단으로 보아

면 또한 책임발생 사유가 된다.[336] 보험계약자를 위해서 포괄적인 조언의무를 부담하는 보험중개사가 특정한 보험계약체결 필요성에 대하여 부주의하게 권고 의무를 불이행했다면 책임을 질 수 있다.[337]

보험계약자가 보험중개사에게 보험계약의 유지·관리사항까지 위임하였다면 보험계약 만료 시에 보험중개사는 계약의 갱신을 해야 할 의무가 있다.[338] 보험중개사가 보험계약자의 보험계약을 갱신할

계약체결 지연을 했다고 보기 어렵기 때문에 보험계약자에게 발생한 손해에 대해 책임을 지지 않는다고 판시하였다. 이를 반대 해석하면 합리적인 기간 내에 보험계약체결의 이행을 해태하면 보험중개사의 손해배상책임이 있다는 것이 될 것이다.

336) Osman v. J. Ralph Moss Ltd., (1970) 1 Lloyd's Rep.313, 48, 74, 75의 판례에서는 보험중개사가 고객인 보험계약자에게 계약 당시 재무상태가 불안한 회사의 보험에 가입하도록 조언한 것에 대해 손해배상책임을 지게 되었다.

337) Hardt v. Brink(1961) 192 F. Supp.879; 10 F. & C. Cases 18, 96, 97의 사례에서는 10여 년 간 보험계약자를 위해 일해 온 대리인으로서의 보험중개사가 그 고객인 임차인의 화재손해에 대한 책임을 부담하게 되었다. 즉 보험중개사는 고객인 건물임차인에게 그 건물의 화재로 임차인이 손해를 입을 염려가 있다는 점을 주지시켜 보험계약체결을 주선했어야 할 의무가 있다는 것이다. 이는 보험중개사가 자신의 특별한 기량과 능력을 보험계약자에게 암시하는 표시를 하였다는 것을 책임의 근거로 한다.

338) Grover and Grover Ltd., v. Matthews(1910) 2 K. B. 401, 47, 93-4의 사안에서는 원고인 보험계약자의 대리인인 보험중개사가 1908년 3월 로이드의 보험중개사를 찾아가 1908년 3월 26일부터 원고의 공장을 담보하는 1년짜리 화재보험계약을 체결하게 되었다. 1909년 3월 4일 그 중개인은 로이드 보험중개사에게 "로이드의 보험거래에서도 갱신통지를 하는지 또 그에 대한 의사를 귀하로부터 들어야 하는지 잘 모르겠습니다. 현재의 보험은 이달 25일에 종료합니다."라고 통지하였다. 그에 대해 로이드의 보험중개사는 다른 보험자의 청약서를 제시하였는데, 보험중개사는 3월 25일 이후 계약갱신을 하거나 그 다른 보험자와 새로운 보험계약을 체결하지도 않았다. 그런데 3월 27일 공장에 화재가 발생하여 원고가 보험금을 받지 못

의무를 부담하는 경우 그 의무에 관해서는 신규의 계약체결 이행의
무에 관한 내용이 모두 적용된다. 보험계약갱신권이 주어지지 않은
보험중개사의 경우에 보험계약자 자신이 보험계약 기간 정도는 알
고 있어야 하기 때문에 보험중개사가 계약종료 시에 보험계약자에
게 통지할 의무까지는 부담하지 않는다고 본다. 그러나 보험중개사
로서는 보험계약갱신을 하게 되면 그에 따른 수수료를 또 받게 되
기 때문에 기존의 보험계약 종료사실을 통지함이 상례이다.

보험중개사는 보험계약중개를 함에 있어서 합리적인 시간 내에
보험계약체결이나 갱신에 관한 대리행위를 해야 한다. 만약 보험중
개사가 합리적인 시간 내에 위임된 업무를 마치지 못하여 고객에게
손해를 끼치는 경우에는 책임을 져야 한다.[339] 합리적인 시간 내라
는 것은 보험계약의 성질과 그 부보범위, 이용가능성, 고객의 필요
성 등을 고려하여 구체적인 사정에 따라 결정해야 할 것이다.[340]
보험계약체결이 불가능하거나 어려운 사정을 보험중개사가 보험계
약자에게 신속히 통지해야 하는 이유는 보험계약자가 보험중개사를
믿고 그에게 의지한 결과 다른 보험계약체결기회까지 상실하게 될
우려가 있기 때문이다. 최초에 위임한 보험계약체결이 어렵다는 보
험중개사의 통지를 받은 보험계약자가 희망하는 계약체결내용을 변
경하여 다시 체약위임하는 때에는 보험중개사는 그에 따라 다시 보
험계약자의 희망·수요에 적합한 보험자나 보험계약을 물색해야 한
다. 또, 보험자는 보험계약의 성립 시까지 계약에 관한 중요한 보험
계약자 측의 사항이 올바르게 고지되지 않았으면 그 사실을 안 날

하게 되자 그 손해에 대해 보험중개사가 책임을 지게 되었다.
339) London Borough of Bromley v. Ellis(1971) 1 Lloyd's Rep.97.
340) Cock, Russell & Co. v. Bray, Gibb & Co. Ltd.(1920) 3 Ll L
　　　Rep.71.

로부터 1개월 내에 계약을 체결한 날로부터 3년 내에 계약을 해지할 수 있으므로(상법 제651조), 보험중개사가 보험계약자로부터 계약체결의 대리권을 수여받은 경우라면 단순한 보험계약자의 전달자로서만 고지의무를 이행할 것이 아니라 적극적으로 보험계약에 관련된 보험계약자에게 중요한 정보를 입수해야 할 의무가 있다. 보험중개사가 계약체결에 대한 대리권을 보험계약자로부터 수여받아 이를 실행함에 있어서 부담해야 할 주의의무는 계약서 작성행위 시에만 요구되는 것이 아니라 계약체결 전의 조언단계에서도 보험계약자에게 보험계약체결을 위하여 적절한 조치를 취하고 계약체결에 필요한 준비행위를 하게 할 필요가 있으므로 고지의무에 대한 보험중개사의 책임은 이와 같은 맥락에서도 이해할 수 있다. 즉 보험중개사는 보험계약자가 보험중개사에게 통보한 내용대로만 보험자에게 고지할 것이 아니라 보험계약자가 고지해야 할 사항 중에 보험자가 면책사유로 하고 있는 사항은 존재하지 않는지 적극적으로 탐색해야 할 의무(보험계약자에 대한 질문의무까지 포함한다)까지 부담한다. 따라서 보험중개사는 보험자가 원하는 관련 정보를 능동적으로 조사하여 보험자에게 고지해야 한다. 영국의 사례 중 로이드 보험중개사가 보험계약자의 작업 중에 폭탄이 사용되고 있다는 사실을 보험계약의 갱신 때 고지하지 않아서 보험자는 그에 관해 보험금책임을 면하게 되었고 그 불고지의 과실로 인해 보험중개사는 책임을 지게 된 것이 있다.[341]

---

341) Coolee Ltd. v. Wing Heath & Co.(1930) 47 TLR 78.: 또 다른 사례에서는 원고인 보험계약자는 자동차보험의 계약체결을 피고인 보험중개사에게 의뢰하였는데 보험중개사가 계약서를 작성할 때 보험의 목적인 자동차가 정해진 주차장에 주차한다고 고지하였으나 사실은 노상에 주차하는 것으로 그 후에 밝혀졌다.[1] 따라서 보험사고가 발

그러나 그 후 다른 판례에서는 의뢰인으로부터 얻어진 답변을 정확히 보험계약서에 작성하는 것만으로는 충분하지 않고 보다 정확한 정보를 의뢰인이 적극적으로 조사하고 탐지해야 할 의무가 있다고 하였다.[342] 그 사건의 내용을 보면 다음과 같다. 원고인 보험계약자 Warren은 휴일에 프랑스에 드라이브를 즐기기 위하여 친구인 Wright를 운전자로 하여 자기의 자동차를 부보할 것을 희망하였다. 그리하여 보험중개사인 Sutton에게 2마르크의 부가보험료를 지급하는 내용의 보험계약체결위임을 하였고 보험중개사인 Sutton은 10%의 체약수수료를 받았다. 보험중개사는 피보험자인 Wright를 무사고 운전자라고 보험자인 Legal & General 사에 고지하였다. 후일 Wright가 프랑스에서 운전 중에 사고를 일으켜 피해자에 대해 손해배상책임을 지게 되었다. 그 보험자는 계약 신청서에서의 부실표시를 이유로 보험금지급을 거절하였다. 그에 따라 원고인 보험계약자는 피고인 보험중개사가 보험자에 대하여 부실표시한 것을 이유로 손해배상을 청구하였다. 그에 대해 보험중개사는 부실표시를 한 것은 자기가 아니라 원고인 보험계약자이고 피고인 보험중개사의 부실표시만으로 보험계약자의 손해원인으로 될 수 없다고 항변하였다. 그에 대해 법원은 보험중개사인 Sutton에게는 Wright를 위하여 보험계약체결을 할 의무가 있고 가능한 범위에서 Wright가

생하였을 때 보험계약자가 보험회사로부터 부실고지를 이유로 보험금을 받지 못하게 되자 보험중개사에게 제소하게 되었다. 이에 대해 법원은 보험중개사가 보험계약 신청서를 작성할 권한이 있는 경우에는 그에게 부여되는 의무로서는 보험신청서의 질문란에 기재할 때 보험계약자로부터 보험중개사에게 전달된 정보를 정확히 표시할 의무가 있을 뿐 그 정확성에 대한 보증까지 하는 것은 아니라고 하였다(O'connor v. B. D. B. Kirby & Co.(1971) 2 All ER 1415.).

342) Warren v. Henry Sutton(1976) 2 Lloyd's Rep.276.

운전사고 경력을 갖고 있는지에 대해 조사를 해야 한다고 하였다. 그를 기초로 보험자에게 정확한 고지를 해야 할 의무가 있다고 하여 능동적 조사의무를 보험중개사에게 부과하였다.[343]

호주의 사례에서는 보험계약자가 전에 소송한 기록을 보험중개사가 알고 있었음에도 불구하고 그러한 사실을 모른다고 보험계약자의 대리인 자격에서 청약서에 기재했을 때, 보험중개사가 그로 인한 보험계약자의 손해에 대해 책임을 진 것이 있다.[344] 또 보험계약자가 어떤 유죄판결이 있었는지에 대해서 알 수 없다고 자신의 대리권을 지닌 보험중개사에게 말했을 때 보험중개사가 더 조사하지 않고 청약서상에 보험계약자가 어떤 유죄판결도 받은 적이 없다고 기재했다면 그 보험중개사는 책임을 져야 한다.[345] 보험중개사가 보험계약 청약서에 기재한 사항을 보험계약자가 확인하고 이를 옳다고 한 경우라면 후일에 이르러 보험계약자가 보험계약 청약서상에 잘못 기재한 보험중개사의 과실이 인정된다고 주장하면서 보험중개사에게 책임을 물을 수는 없게 된다(이른바 금반언원칙(Estoppel)의 적용).

---

343) 보험중개사가 자기에게 부과된 이러한 고지의무를 이행함에 있어서 합리적인 주의를 기울인 때에는 책임(무과실 책임)을 지울 수는 없다. 그리하여 보험중개사는 보험자와의 계약체결 시에 보험계약자의 범죄기록이 있다면 계약상 필요한 범위에서 조사해야 할 필요는 있지만 그렇다고 하여 보험계약자의 범죄기록 전부를 하나하나 조사해야 할 의무까지 부담하지는 않는다(Fanhaven, Pty Ltd. v. Bain Dawes Nothern Pty Ltd.(1982) 2 NSWLR 57).
344) Ogden & Co. Pty Ltd. v. Reliance Fire Sprinkler Co. Pty Ltd.(1975) 1 Lloyd's Rep.52.
345) Warren v. Henry Sutton & Co.(1976) 2 Lloyd's Rep.276.

Ⅲ. 지시 복종의무

　　보험중개사가 보험계약에 관해 보험계약자로부터 대리권을 수여받은 경우라면 보험계약자의 특별한 지시사항을 잘 파악하여 자신의 행위에 반영하여야 한다. 통상 위임계약이행의무에는 위임인의 위임 취지에 따라 계약내용을 실행하여야 하는 것이지만 위임인의 특별한 지시가 있는 경우 그 지시내용에 대한 복종의무와 그 한계를 분명히 하는 논의는 별도의 의미가 있다고 본다. 보험계약자의 지시에 따라 어느 정도로 부보범위를 정할 것인가, 어떤 보험자를 선택할 것인가와 복대리인을 선임할 수 있는가의 여부도 지시복종의무의 내용으로서 설명될 수 있다. 대체로 보험계약자는 일정한 종류의 보험계약 범위를 한정하여 보험중개사에게 지시하고 그 범위 내에서 보험중개사는 보험계약 기타 관련 업무에 대한 재량권을 행사한다.

　　고객인 보험계약자에 의해 보험계약체결 대리권을 수여받고 보험계약에 관한 희망사항이 상세히 보험중개사에게 제시되었음에도 불구하고 보험중개사가 그에 적합한 보험계약을 체결하지 않았으면 보험중개사는 그에 대한 책임을 져야 한다. 보험계약이 보험계약당사자의 요구에 적합하지 않을 때에는 비록 체결된 보험계약이 보험중개사가 체결할 수 있었던 유일한 계약이라고 할지라도 그 보험중개사는 책임을 면할 수 없다. 그러나 보험중개사가 보험계약당사자의 지시를 이행함에 있어서는 특정한 결과를 발생시켜야 한다는 의무는 없고 보험거래의 구체적 환경에서 최선을 다하는 의무를 부담할 뿐이다.[346) 그리하여 보험계약자의 지시가 비합리적인 경우에는 그 비합리성을 지적할 의무가 있고 보험계약자의 지시가 합리적인 경우라도 구체적 사정으로 그 지시를 이행함이 불가능한 때에는 그러한 사정을 보험계약자에게 통지하면 면책된다.[347]

위임인인 보험자나 보험계약자가 보험중개사에게 특정한 보험계약의 중개나 체결을 지시한 경우라면 보험중개사는 그러한 계약의 체결을 중개하거나 체결할 의무를 지게 되지만,[348] 완전히 사리에 벗어난 보험계약자의 지시에 따를 의무까지는 없다. 오히려 이때에는 보험계약자에게 올바른 계약체결을 위해 조언할 필요가 있고 그리하여 보험계약자의 잘못된 견해를 수정하도록 노력해야 한다. 즉 합리적인 보험중개사의 판단으로 보아 보험계약자의 지시가 명백한 오류일 때에는 그 지시를 받은 때에 이의를 제기하지 않았다면 오히려 전문가인 보험중개사로서는 책임을 질 수 있다.[349]

보험계약자나 보험자의 지시가 잘못된 경우에 보험중개사 이를 다시 확인하고 그 잘못을 지적할 의무는 보험계약의 전문가로서의 보험중개사에게 요구되는 성실의무에 근거를 두지만 보험계약자의 그 지시가 매우 완고할 때에는 보험중개사는 그에 따른 책임을 면하게 된다.

보험계약자의 보험중개사에 대한 지시의 효력은 내부적인 것에

---

346) Chapman v. Walton(1833) 10 Bing 57.
347) 다만 보험자로부터 독립적이고 직업적 전문가로서의 보험중개사에게 그 전문적 능력에 대한 거래계의 기대가 높고 자신의 무과실을 입증해야 하는 보험중개사의 부담이 매우 큰 것은 사실이다(Hedley Byrne v. Heller & Partners[1964] AC 465; [1963] 1 Lloyd's Rep.485).
348) Waterkeyn v. Eagle Star and British Dominions Insurance Co. Ltd., 1920 5 Ll. L. Rep.42, 48.
349) McCann v. Western Farmers Mutual Insurance Co.(1978) 87 DLR(3d) 135.

불과하고 대외적으로 보험자에 대해서까지는 효력이 없다. 예컨대 보험계약자가 계약의 상대방으로서 금지한 보험자와 보험중개사가 보험계약을 체결한 경우에도 그 계약은 유효하고 지시사항의 위반에 대해서는 보험중개사가 내부적으로 책임을 질뿐이다. 그러나 보험자가 그러한 보험계약자의 지시 사실을 알고 있었거나 알 수 있었을 때에는 신의칙 위반에 의하여 그 계약이 무효로 되는 경우가 있다고 본다.[350]

Ⅳ. 설명·공시 의무

보험중개사는 보험계약자에 대하여 자기 자신의 행위의 경과와 결과를 설명하고 공시할 의무를 부담하는데 특히 보험계약이 체결되었거나 또는 체결되지 않았다는 것에 대해 설명·공시할 의무를 진다.[351]

보험계약자로부터 체약대리권을 수여받은 보험중개사가 보험계약을 체결하지 못하고 그 사실을 보험계약자에게 통지하지도 않은 경우에는 그로 인해 보험계약자에게 발생하는 손해에 대해 책임을 져야 한다.[352]

보험중개사는 보험계약체결 후에 발행되는 보험증권이나 결약서를 보험계약자에게 교부함으로써 묵시적으로 그러한 설명의무를 이행할 수도 있다.

---

350) Bruck-Möller, *a.a.O.*, S.563.; 우리 민법 제2조 제1항 참조.
351) Gauer, *a.a.O.*, S.36, 54.
352) United Mills Agencies Ltd. v. RE Harvey Bray & Co.(1951) 2 Lloyd's Rep.631.

보험계약중개 시 보험중개사가 보험자에 대한 특별한 의무를 부담하는 것이 있다면 즉시 보험계약자에게 설명되어야 한다. 또 보험중개사는 보험계약자에게 보험자와의 관계에 관하여 오해를 일으킬 우려가 있는 행위를 할 수 없고, 중개계약과 보험계약에 대한 관련 사항을 정직하게 보험계약자에게 전달하여야 한다. 보험중개사가 위임인인 보험계약당사자가 알지 못하는 대가를 다른 보험계약당사자로부터 받는다면 비록 그것이 형법상의 뇌물에 해당하지 않더라도 업무의 공정성을 해치고 신의성실의 원칙에 반하는 행위를 초래하는 동기가 될 수 있기 때문이다.

영미법에서는 이러한 행위를 충실의무(fiduciary duty)의 위반으로 보아 보험중개사의 책임을 인정하지만 실정법의 해석상 보험중개사에게 충실의무를 인정하지 않는 우리의 경우에도 타당한 결론을 도출할 수 있다. 즉 보험업법 시행령 제41조 제4항에 의해 보험계약자 등의 요청이 있는 경우, 보험중개사는 보험계약체결의 중개와 관련하여 보험사업자로부터 받은 수수료, 보수 기타의 대가를 알려야 할 의무가 있다.[353]

그리하여 우리 법에 있어서는 보험자로부터 어떤 대가를 받는 경우에도 보험계약자의 청구가 없는 경우에는 이를 보험계약자에게 공시하지 않는 것이 위법이라고 할 법적 근거는 없다고 할 수 있다. 보험중개사의 자기 입장명시 내지 공시를 촉구하는 것은 보험계약자의 선택에 맡겨져 있어서 보험계약자가 능동적, 적극적으로 보험중개사의 보수내용 공시(공개)를 청구하는 때에만 이를 밝힐 의무가 발생한다. 보험중개사가 자기의 수입원천과 그 액수를 거래

---

353) 영국에서는 중개인의 이와 같은 부당한 대가에 대해 부패방지법
(Prevention of Corruption Act 1906) S. 1(1)도 적용된다.

의 상대방에게 스스로 공개해야 한다는 것은 영리를 추구하는 상인의 자기정체성을 공개하는 것으로서 영업비밀을 유지하고자 하는 본능적 욕구와 경쟁관계에 있는 다른 보험중개사에게 알려지는 것을 꺼리는 상거래의 특징을 고려할 때 매우 어려운 요구이다. 그러나 거래 상대방이 이러한 영업비밀의 묵비에 의해서 부당한 계약적 관계에 처해지거나 보험중개사에 대한 위임, 지시사항이 왜곡되어 실행되는 것은 소비자보호, 계약에서의 형평을 고려할 때 심히 부당한 것으로서 용인될 수 없다. 우리 보험업법 시행령의 태도는 보험중개사 측의 영리적 동기와 보험계약자 측의 정당한 권리보호 요청을 조화하여 이를 동시에 만족시키려는 절충적인 것이라고 할 수 있다.354)

보험중개사가 그의 보수를 보험계약자에게 설명·공시하지 않아도 된다는 것은 거래관행이나 보험계약자 이익보호의 관점에서 보아 매우 이례적인 것이다. 만약 보험중개사가 보험자로부터 받는 수수료를 보험계약자에게 설명·공시할 의무를 지지 않는다면 보험자가 보험중개사가 받는 중개수수료의 액수를 인상함에 따라 보험계약자가 부담하는 보험료액도 그에 따라 증가할 수 있고 결과적으로 보험중개사는 보험계약자의 희생하에 자신의 이익을 위해 보험계약을 중개할 염려가 있기 때문이다. 만약 보험계약자에게 설명·공시하지 않고도 보험자로부터 받을 수 있는 보험중개 수수료라면

---

354) 보험계약자의 청구가 없는 경우에도 보험중개사가 보험자로부터 받는 대가를 보험계약자에게 공시(명시)함이 충실의무의 준수에 합당하다고 보는 영·미법의 태도에서도 그 대가가 관행적인 수준의 것이라면 그 공시를 하지 않더라도 보험중개사의 의무위반이 되지는 않는 것이라고 본다(Great Western Ins. Co. v. Cunliffe [1874] 9 Ch App 525).

이는 비밀수수료가 된다.[355]

　보험중개사는 보험계약당사자와 합의된 중개수수료만 받을 수 있고 그 밖의 대가는 받을 수 없다. 비밀수수료의 수령이 보험중개사에 대한 부정한 청탁과 함께 이루어졌다면 형법상의 배임수증죄를 구성할 수도 있다.[356] 어떤 보험중개사가라도 뇌물과 같은 불법적인 물건이나 이익에 의해 사무처리상의 영향을 받는다는 사실상의 추정이 가능하다.

　따라서 이러한 비밀수수료는 명백히 보험계약의 한쪽 당사자인 보험계약자의 이익에 반하는 것이다.

　그러나 보험중개사가 보험계약자와 특별한 약정을 한다면 보험계약자로부터 보험중개나 그 계약체결의 대리 이외의 기타 보험서비스에 대한 보수를 보험계약자로부터 받는 것은 가능하다.[357]

　그리고 보험중개사는 보험계약당사자의 청구에 의하여 보험계약체결의 중개와 관련하여 보험사업자로부터 받은 수수료·보수 기타의 대가를 알려주는 한 보험자로부터 보수를 받는 것도 가능하다.[358]

　보험계약자나 보험자의 보험중개사에 대한 이러한 권리는 명시적인 합의나 특별법령의 근거가 없어도 인정된다. 다만 보험업법 시행령은 보험중개사에게 자기 자신에 관한 다음의 중요 사항을 미리 서면에 의해 보험계약자에게 교부·설명하는 의무를 부과하고 있다(동 시행령 제41조 제3항). ⅰ) 보험중개사의 상호나 명칭, 대표자

---

355) 비밀 수수료라 함은 보험중개사가 중개위임계약에서 합의된 대가 이상의 수수료를 말한다.
356) 형법 제357조.
357) Lord Norreys v. Hodgson(1897) 13 TLR 421.
358) 보험업법시행령 제41조 제3항, 제4항 참조.

의 성명과 주소, ⅱ) 보험중개사의 권한과 지위에 관한 사항, ⅲ)
보험중개사의 손해배상에 관한 사항, ⅳ) 보험자로부터 위임받은
권한이 있는 경우에는 그 내용, ⅴ) 재정경제부령이 정하는 보험중
개사의 준수사항이다.

보험중개사가 보험계약중개와 기타 업무를 수행하는 중에는 반드
시 자신의 전문적인 분야의 사무처리만 하는 것이 아니라 그 전문
적인 분야를 벗어나는 사무처리를 하는 경우도 가끔 있다. 이러한
비전문적인 업무를 수행할 경우에도 중개인은 그 분야에 있어서의
실무가와 같은 수준의 업무를 수행해야 한다는 점에서 자신의 업무
에 대한 설명·공시 의무의 이행에 관해 주의해야 한다. 보험중개
사가 고객에게 법률적인 상담을 제공할 때에는 그 자신은 자신의
전문 영역을 벗어난 분야에서의 오류에 의해 자칫 책임을 질 수 있
는 사정에 놓여 있음을 알고 있어야 한다. 사례에서는 보험중개사
는 보험계약자에게 목재의 전쟁위험에 대해서 부보할 수 없다고 조
언하였으나 사실은 그 조언과는 달리 보험계약의 대상이 될 수 있
었던 것이기 때문에 그 목재에 대한 화재가 일어난 이후에 무보험
상태였던 보험계약자의 손해에 대해 보험중개사가 책임을 지게 된
것이 있다.[359] 만약 이때 보험중개사가 '그것은 내 업무가 아니라
변호사의 업무입니다.'라고 대답을 했다면 책임을 면할 수 있었을
것이고 '그것이 부보될 수 있는 것인지에 대해서는 의문이고 더 깊
은 조사가 필요합니다'라고 대답했더라도 책임을 면할 수 있었을
것이다.[360] 보험중개사는 보험계약자에게 충분한 조사가 더 필요한
사항에 대해서 단정적인 설명을 함으로써 오히려 보험계약자에게

---

359) Sarginson Bros v. Keith Moulton & Co.(1942) 73 Ll L Rep.104.
360) C. Henley, op.cit., p.206.

그 조사기회를 상실하게 하는 것에 대해서 책임을 지게 되는 것이
다. 그리하여 보험계약자가 고객으로서 보험계약의 법적 성질과 그
부보범위에 대해 문의하면 보험중개사는 자기 입장에서 편의대로
설명할 것이 아니라 보험자에게 문의하여 그 회답에 대해 답변해야
한다. 또 그는 보험자로부터 그 문의에 대한 명확한 설명을 확보하
여 두고 후일에 이르러 보험자가 그 설명과 다른 주장을 한다면 금
반언(Estoppel)의 원칙을 적용하여 자신에게 유리한 주장과 증거를
제시해야 한다.[361] 그러나 보험중개사는 법률적 전문지식에 관한
사항이라고 할지라도 보험법에 대한 일반적인 원칙과 그 자신의 업
무에 대한 보험법의 적용에 대해서는 잘 알고 있어야 하며 이를 잘
못 알고 조언하였다면 책임을 져야 한다. 확실히 보험중개사가 보
험계약자나 보험자에게 고의나 과실로 잘못 설명하는 것은 책임의
원인이 될 수 있으므로 특히 주의해야 한다.[362] 또 보험중개사는
보험시장에서 발생하는 특이한 사건이나 보험계약거래의 변동사정
에 대해 잘 알고 있어야 하고 특히 어떤 보험자가 건전한 재무구조
를 유지하고 있는지에 관한 정확한 정보를 보유하여 보험계약의 이
해관계자에게 충분히 설명할 수 있어야 한다. 보수에 관한 정보의
묵비에 있어서 영·미법에서는 대리권 수권 후 본인의 청구가 없는
경우에도 보험중개사가 본인에게 알리지 아니한 보수가 있을 때에
는 이를 비밀 보수(secret profit)로 보고 그 대리관계의 본인이 양
도, 청구할 수 있다고 하나,[363] 우리의 현행법하에서 그것이 형법상
뇌물의 대상이 되어 필요적 몰수의 대상이 되거나(형법 제134조),

---

361) Melik & Co. v. Norwich Union(1980) 1 Lloyd's Rep.523.
362) Harse v. Pearl Assurance(1904) 1 KB 558, 563.
363) Green & Son Ltd. v. Turghan & Co.[1913] 30 TLR 64.

보험계약이 취소, 해제되어(민법 제141조, 제543조) 보험중개사가 받은 대가가 부당이득으로서 반환되거나 원상회복되지 않는 한, 그 대가를 불법적인 것이거나 부당이득으로 볼 수는 없고 따라서 이를 본인(보험계약자)에게 반환해야 할 의무는 없다고 본다.

V. 인도 의무

보험중개사가 그 인도의무에 대해 계약상 명시하지 않은 경우라도 보험계약당사자로부터 보험계약에 관한 지시를 이행하는 과정이나 결과로서 보험계약당사자를 위하여 금전이나 증권, 기타 물건을 점유하게 된 때, 이를 즉시 그 보험계약당사자에게 인도하는 것은 위임계약의 수임인에게 부과된 법령상 의무이다.[364] 보험중개사가 이러한 금전 등을 수령 또는 점유하게 된 때에는 그에 관한 명시적인 합의가 있으면 그 합의의 내용대로 처리하되, 그러한 합의가 없다면 신속히 인도하거나 이전하여 궁극적으로 그 보험계약당사자에게 어떤 손해됨이 없이 귀속되도록 해야 한다.

만약 보험중개사가 이러한 금전이나 물건을 그 보험계약당사자에게 거래관행에 따라 인도하지 않고 있던 중 파산상태에 이르렀다면 그 불인도로 발생한 손해에 대하여 책임을 져야 한다.

공동보험의 경우에는 수인의 공동보험자 사이에 보험료가 올바르게 배분되도록 보험료가 교부·인도되어야 한다.[365]

---

364) 민법 제648조 제1항.
365) 보험중개사의 인도의무는 보험중개사가 수령한 의사표시를 보험자나 보험계약자에게 전달해야 하는 것과 밀접한 관련을 맺고 있는 것이라고 할 수 있다(Gauer, a.a.O., S.55.).

그 금전 등에 대해 위임인인 보험계약당사자 이외의 다른 제3자가 권리를 가지고 있다고 보험중개사가 믿은 경우라도 적법한 근거(민사집행법 제188조 등에 의한 압류)없이 자신만의 판단에 의해 그 제3자에게 인도한다면 책임을 면할 수 없게 될 것이다. 만약 이와 같이 보험중개사의 판단에 의해서 권리자라고 주장하는 보험계약당사자 이외의 제3자에게 인도하는 관행을 인정한다면 보험중개사의 거래에 혼란이 초래될 것이고 또 이를 보험중개사의 의무로 본다면 그 금전 등에 대한 권리를 주장하는 자가 있을 때 보험중개사는 진정한 권리자가 누구인지를 판단해야 하는 과도한 부담을 지는 불합리한 결과가 될 것이다.

VI. 결약서 교부의무

중개가 성공하여 당사자 간에 계약이 성립한 때에는 중개인은 지체 없이 각 당사자의 성명 또는 상호, 계약의 연월일 및 그 요령 등을 기재한 서면을 작성하여 기명날인 또는 서명한 후 이를 각 당사자에게 교부하여야 하는데(상법 제96조 제1항), 이 서면을 결약서(Schlußnote)라고 한다. 상법상(상법 제96조)은 결약서의 기재사항에 관해 각 당사자의 성명 또는 상호, 계약연월일과 그 요령이라고 규정하고 있고, 보험업법 시행령 제41조 제1항 제1호와 보험감독 규정 제157조에서는 이를 더욱 상세히 정하고 있다.

결약서는 계약이 성립한 사실과 그 내용을 명확하게 기록하여 당사자 간의 분쟁을 예방하고 발생한 분쟁을 신속하게 해결하기 위한 목적366)과 함께 그 계약이 중개인에 의해서 성사되었다는 사실을 증명하는 기능도 있다. 즉 보험자와 보험계약자뿐만 아니라 보험중개사가 분쟁당사자가 된 경우에도 그 분쟁에 대비하는 증거로서의 효력(민사소송법 제327조 참조)이 있다.[367]

결약서의 기재사항에 대해 상법은 (ㄱ) 각 당사자의 성명 또는 상호, (ㄴ) 계약의 연월일, (ㄷ) 계약요령, (ㄹ) 중개인의 기명날인 또는 서명을 규정하고 있다(상법 제96조 제1항). 그러나 보험업법 시행령은 이를 더 구체화하여 (ㄱ) 보험중개사의 상호 또는 명칭, 주소 및 대표자의 성명, (ㄴ) 보험중개사의 등록번호, (ㄷ) 인수보험사업자의 상호 또는 명칭 및 주소, (ㄹ) 보험계약자, 피보험자 및 보험금을 수취하여야 할 자의 상호 또는 명칭, 성명, (ㅁ) 보험계약체결일, (ㅂ) 보험계약의 종류 및 그 내용, (ㅅ) 보험의 목적 및 그 가액, (ㅇ) 보험가입금액, (ㅈ) 보험기간의 시기와 종기, (ㅊ) 보험료 및 그 납부방법을 모두 기재하도록 하고 있다(보험감독규정 제157조).

중개인은 당사자 간에 성립한 계약이 즉시 이행할 것인 때에는 지체 없이 결약서를 작성하여 이것을 각 당사자에게 교부하여야 하고(상법 제96조 제1항), 당사자가 즉시 이행함을 요하지 않는 경우에는 결약서를 작성하여 이에 각 당사자로 하여금 기명날인 또는 서명시킨 후 이것을 상대방에게 교부하여야 한다(동 제2항).

그러나 보험계약에서는 계약의 내용을 즉시 이행하는 것은 있을 수 없으므로 제2항의 규정에 따라 각 당사자가 기명날인 또는 서명

---

366) 최기원, 앞의 책, 261면.
367) 결약서는 계약이 성립한 후에 중개인이 작성하는 것인데 계약의 성립에는 원칙적으로 특별한 형식을 요하지 않으므로 결약서가 계약의 요건이 될 수도 없고 또 보험자와 보험계약자 사이에 작성하는 것도 아니므로 계약서라고도 할 수 없으며 그 법적 성질은 단순한 증거증권에 지나지 않는다(최기원, 앞의 책, 261면; 정찬형, 앞의 책, 272면 참조).

한 후에 상대방에게 교부되도록 해야 할 것이다.

당사자의 일방이 결약서의 수령을 거부하거나 기명날인 또는 서명을 거절할 때에는 중개인은 지체 없이 상대방에게 통지를 발송하여야 한다(상법 제96조 제3항). 이는 당사자 일방이 계약내용에 대한 이의가 있다는 표현으로 볼 수 있으므로 상대방에 대해 분쟁에 대비하게 할 필요가 있기 때문이다.[368]

또한 계약당사자 일방에 대한 결약서의 교부 또는 발송이 불가능할 때에도 중개인은 상대방인 당사자에 대하여 그 통지를 하여[369] 분쟁에 대비토록 함이 옳다고 본다.

Ⅶ. 기타 의무(견품보관의무, 성명·상호묵비의무, 개입의무)부담 여부

보험중개사는 상사중개인의 특수한 경우이므로 상법상 중개인으로서의 의무를 부담한다. 다만 보험중개사의 성질상 적용하기에 적당하지 아니한 의무가 있다.

상법에서는 중개인의 의무 중 중개인이 중개한 행위에 관해 견품을 받은 때에는 그 견품을 보관할 의무를 지고(상법 제95조), 당사자의 일방이 자신의 이익을 위하여 그 성명 또는 상호를 상대방에게 표시하지 아니할 것을 중개인에게 요구한 때에는 그 상대방에게 교부한 결약서와 일기장의 등본에 그 성명 또는 상호를 기재하지

---

368) 이러한 통지의무를 게을리하여 손해를 끼친 경우에는 그를 배상해야 한다(최기원, 앞의 책, 261면: 채무불이행책임).
369) 최기원, 앞의 책, 261면.

못하게 하며(상법 제98조), 또 상대방에 대하여 중개인 자신이 이행할 책임이 있다고 한다(상법 제99조). 이를 각각 상사중개인의 견품보관의무, 성명·상호묵비의무, 개입의무라고 한다. 보험중개사가 상법상 중개인의 일종이라 해도 그 특성과 실제의 기능에 따라서는 상법상 규정이 적용될 수 없는 경우가 있을 수 있다. 상사중개인에 관한 위에서와 같은 견품보관의무, 성명·상호묵비의무, 개입의무는 보험중개사에 대해서는 적용될 수 없다고 본다. 이는 다음과 같은 이유에서이다.

（ⅰ） 상법 제95조의 견품보관 의무와 관련하여 보험중개사의 의무를 살펴볼 때 보험계약은 유형의 상품을 판매하는 것을 내용으로 하는 것이 아니라 무형의 위험에 대한 인수를 하는 것이므로 보험상품에 대한 설명은 서면 기타의 추상화된 방법으로 그 내용을 설명할 수 있을 뿐 견품이란 형태로 계약상대방이나 보험중개사에게 교부한다는 것은 그 성질상 있을 수 없다.

（ⅱ） 상법 제98조와 제99조의 성명·상호묵비의무, 그로 인한 개입의무에 대해서도 （ㄱ） 먼저 보험자에 관해서 살펴보면, 보험의 목적에 대한 인수능력이 있는지, 보험사고 발생 시 보험금 지급능력이 있는지 재무구조가 건전하여 파산염려는 없는지에 관해 보험계약상 보험자가 누구인지는 보험계약에 관한 핵심적 사항으로 반드시 보험계약자가 알고 있어야 한다. 그리하여 보험증권상에 보험자가 기명날인 또는 서명하도록 하여 보험자를 나타내도록 하고(상법 제666조, 제728조) 있다는 점에서 보험자의 성명·상호를 보험중개사가 보

험계약자에게 알리지 아니할(묵비) 수는 없다고 본다. (ㄴ) 보험계약자에 대해 살펴보아도, 보험계약자가 누구인지는 보험자에게는 보험사고의 위험정도의 측정에 긴요하고 고지의무자와 통지의무자를 확정할 법률상·사실상의 필요가 있으며(상법 제651조, 제652조 제1항 전단, 제657조 참조), 또 보험약관의 명시 설명의무이행의 상대방이 되어야 하고(상법 제638조의 3), 보험계약자의 성명은 보험증권상에 필수적으로 기재되어야 하는 사항인 점에서(상법 제666조, 제728조 참조) 보험계약자의 성명·상호를 묵비한다는 것은 있을 수 없고 그로 인해 보험중개사가 개입의무를 부담한다는 것도 생각할 수 없는 일이라고 본다.

제2절 보험중개사의 책임

어떤 사람의 과실은 그 자신에게만 손해를 가져오는 것이 아니라 다른 사람에게 손해를 일으키는 원인이 되기도 한다. 전문직업인으로서의 보험중개사의 과실도 보험계약자나 보험자에게 심각한 손해를 끼칠 수 있다는 점에서 보험중개사의 책임이 논의되어야 한다.[370]

보험중개사가 고의나 과실로 보험계약자로부터 전달받은 중요 사항의 고지의무를 해태하거나 재무구조가 불건전한 보험자를 중개한 때 또는 보험계약자와 공모하여 가공의 보험료수령을 조작한 때에는 그로 인하여 보험자나 보험계약자에게 손해를 야기한 경우, 그

---

370) R. W. Hodgin, op.cit., p.70.

배상의 책임을 지고 또 이행보조자나 피용자의 채무불이행, 불법행위에 대해서도 책임을 져야 한다(민법 제391조, 제756조).[371]

보험중개사의 책임은 크게 채무불이행책임과 불법행위책임 그리고 행정법상의 책임으로 나누어 볼 수 있다. 이를 나누어 고찰하면 다음과 같다.

Ⅰ. 채무불이행책임

보험중개사는 중개계약의 수임인으로서 지는 선관주의의무의 위반으로 보험자나 보험계약자에게 손해를 야기하는 경우도 있으나 보험계약자로부터 대리권을 수여받아 보다 강화된 의무를 부담하는 때에 그 의무위반으로 인해 채무불이행책임을 지는 경우가 많다. 보험중개사가 계약의 체결 기타 업무수행 중에 보험계약자나 보험자에 대한 이행지체, 이행불능 등 중개위탁계약이나 그 밖의 보험계약에 대한 위임사무에 관하여 그 채무의 내용을 이행하지 아니하여 보험계약자나 보험자에게 손해를 발생시킨 때에는 손해배상의 책임을 져야 한다(민법 제390조).

보험중개사의 채무불이행과 관련하여 특히 문제로 되는 것은 전문적 직업인인 보험중개사에게 부과된 고도화된 주의의무를 위반한 것인지의 여부, 보험중개사 자신의 행위 이외에도 이행보조자의 고의나 과실에 의해 채무불이행책임이 발생할 수 있다는 점과 보험중개인의 채무불이행의 효과로서 손해배상 시 보험계약자 등에 대해서는 영업보증금에서 우선 변제하는 특례가 있다는 점 등이다.

---

371) 보험중개사의 과실에 대한 책임의 역사는 그 책임확대의 역사이다.(R. W. Hodgin, op.cit., p.50)

1. 요 건

(1) 보험중개사가 보험계약자나 보험자에 대해 부담하는 의무의 불이행이 있을 것.

그러한 의무의 불이행에는 이행지체나 이행불능 또는 불완전 이행이 있을 수 있다.

보험중개사가 보험계약당사자(특히 보험계약자)에게 부담하는 채무의 이행지체는 예컨대 1999. 12. 31까지 화재보험계약체결의 대리를 약속하고서도 그 약속 시점까지 보험계약체결을 성사시키지 못한 경우가 그에 해당할 섯이나. 보험계약체결의 이행지체는 보험의 목적에 대한 계약이 보험중개사가 약정한 시기까지 이행되지 못하여 여전히 보험계약자가 무보험상태에 있을 뿐이어서 보험사고가 발생하지 않은 경우에는 그 이행지체로 인한 보험계약자의 손해가 발생할 수 없다. 예컨대 위의 예에서 보험계약자에 대한 손해는 2000. 1. 5. 에 화재가 발생하였음에도 보험계약자가 보험보호를 받지 못한 경우에만 발생한다.

보험중개사가 보험계약당사자(특히 보험계약자)에게 부담하는 채무의 이행불능이라 함은 위에서 든 예처럼 보험중개사가 1999. 12. 31까지 건물에 대한 화재보험의 계약체결의 대리를 약정해 두고 이행지체 중에 건물에 대한 화재가 발생하여 더 이상 보험계약을 체결할 수 없고 그로 인해 보험계약자가 무보험상태에서 손해를 입은 경우에 발생한다. 즉 보험중개계약이 성립한 후 그 보험중개계약이 성립할 수 없게 된 경우에 보험중개사가 보험계약당사자(특히 보험계약자)에게 부담하는 채무의 이행불능이 발생할 수 있다.

보험중개사가 보험계약당사자(특히 보험계약자)에게 부담하는 채무의 불완전 이행이라 함은 보험중개사가 채무의 이행으로서 이행행위(보험계약자의 수임인으로서나 보험자의 수임인으로서)를 하였으나 위임인이 원하는 바가 아니라 하자있는 불완전한 이행이었기 때문에 손해가 발생한 경우이다. 예를 들면 보험계약자가 폭동 시에도 담보되는 주유소의 손해보험계약체결을 위임하였으나 보험중개사는 통상의 손해보험계약을 체결하여 후일 폭동이 발생한 때에 보험자의 면책사유주장으로 인해 보험계약자가 보험금을 받지 못하여 손해가 생긴 경우가 이에 해당할 것이다.

또 보험중개사가 무자격의 보험자에게 중개를 한 후 보험자의 부실한 재무구조로 인하여 보험계약자가 보험보호를 받지 못한 경우에는 보험중개사가 보험자가 보상하지 않는 부분에 대한 손해를 배상할 책임이 있다.

(2) 보험중개사의 의무 불이행에 대해 채무자인 보험중개사의 귀책사유(유책사유)가 있어야 하고 그러한 귀책사유와 손해발생 간에 인과관계가 있어야 한다.

A. 보험중개사가 보험계약자나 보험자에 대한 손해발생 가능성에 대해 인식하였거나 인식할 수 있었던 상태에서 자신이 부담하는 의무를 불이행하는 등 고의나 과실이 있어야 보험중개사는 책임을 진다. 보험중개사가 고지의무의 이행에 관하여 책임을 지는 이유는 고객인 보험계약자 측으로부터 보험자에게 통보된 사실이 진실이 아니라는 사실에 기인하는 것이 아니라 보험중개사 자신이 보험계약자로부터 고지할 사실을 탐지하고 이를 보험자에게 고지하는 과정에서 요구되는 직업적인 주의의무를 위반했다는 데 있다(과실 책임). 다만 보험중개사는 보험계약자로부터 대리권을 수여받은 자로

서 고지의무의 이행에 있어서도 일정한 주의의무를 준수하여 보험자에게 계약상 중요한 사항을 고지함으로써 족할 뿐만 아니라 보험자의 질문에 대한 응답에 있어서도 자신의 지식과 경험의 범위에서 최선을 다하고 직업적 기능을 발휘하면 충분하다. 즉 보험중개사로서는 고객인 보험계약자의 요구라 하여 충족되기 불가능한 사항까지 충족케 하여야 할 의무는 없다. 보험중개사의 책임에 있어서 과실유무는 그 주의의무의 정도가 직업적으로 고도화되어 있다는 점을 고려하여 결정해야 할 것이다. 보험중개사는 보험중개활동에 있어서 위임인인 보험계약자나 보험자에 대하여 그 보험계약의 특성상 보험계약의 약관 설명, 고지·통지의무의 이행과 보험료수령, 보험료청구 등에 관한 적극적이고 직업수준에 합당한 구체적인 주의의무를 이행해야 하고 이러한 고도의 의무를 부주의로 이행하지 않은 때에도 손해배상의 원인이 되는 과실이 성립한다.[372] 보험중개사가 보험계약에 관한 잘못된 정보를 보험계약자에게 전달한다면 그로 인해 발생하는 보험계약자의 손해에 대하여 보험중개사는 그 과실에 대한 책임을 져야 한다. 그러나 보험시장에 관한 예측에 대해서는 설령 그 예측이 빗나가서 이를 신뢰한 보험계약자에게 손해가 발생하였다 하여도 그에 관해서 보험중개사에게 책임이 없다고 할 것이다. 예측은 객관적인 사실의 보고가 아니라 수시변동하는 미래상황에 대한 주관적인 견해일 뿐만 아니라 예측된 사실의 부정확성과 변화가능성에 대해서는 그 예측을 제공하는 측과 이를 수용하는 측에서 이미 전제하고 있기 때문이다.

보험중개사가 고의나 과실로 보험계약당사자(특히 보험계약자)에게 손해를 끼친 때라 하여도 보험계약당사자의 보험중개사에 대한

---

372) Osman v. Moss(1970) 1 Lloyd's Rep.313.

의존이 손해발생의 원인이 되어야 인과관계가 인정될 수 있다.[373] 만약 위임인인 보험계약당사자(특히 보험계약자)가 보험중개사를 신뢰하지 않고 독립적으로 보험계약체결여부를 결정하였다면 비록 그로 인해 위임인 자신에게 손해가 발생한다 하여도 보험중개사의 조언 기타 행위에 대해 그 책임을 물을 수는 없다. 예컨대 만약 경험 많은 보험계약자가 보험중개사의 조언에 의존하지 않고 자신의 영업망을 통하여 별도의 정보를 입수할 수 있는 사정에 있었다면 보험중개사의 조언에서의 과실이 보험계약자의 손해에 인과관계 있는 원인이 되었다고는 할 수 없는 것이다.

B. 채무자인 보험중개사의 법정대리인이 보험중개사를 위해 의무를 이행하거나 채무자가 타인을 사용하여 의무를 이행하는 경우에는 그 법정대리인이나 피용자 즉 '이행보조자'(Erfüllungshilfe)의 고의·과실은 이를 보험중개사 자신의 고의·과실로 본다(민법 제391조).

ㄱ) 보험중개사의 의무이행에 관한 법정대리인의 고의·과실에 대해서는 한정치산자나 금치산자는 보험중개사로 등록할 수 없어서 그에 해당할 수 없다. 미성년자의 경우에도 영업의 허락을 받은 때에는 보험중개업이 가능하나, 그 미성년자가 영업의 허락을 받아 행위하는 때에는 그 허락을 얻은 영업에 관해서는 미성년자와 동일한 능력이 있는 것이어서 결국 그 범위에서 법정대리권은 소멸하므로 법정대리인의 고의·과실로 인해 보험중개사의 채무 불이행책임이 발생할 수는 없다.

ㄴ) 이행보조자의 고의·과실에 대해서는 보험중개사가 피용자인 보험중개사를 자기 대신 사용하여 사무를 처리하는 때는 보험중개사 자신의 채무불이행책임이 발생할 수 있다.

---

373) FEB Fastners Ltd. v. Marks Bloom & Co.[1983] 1 All ER 583, CA.

보험중개사가 책임을 지는 이행보조자로서는 보험중개사의 피용자뿐만 아니라 보험중개사가 의무이행에 관하여 이용하는 하수중개인(Untermakler)도 포함된다.

(3) 그 밖의 요건으로서 채권자인 보험계약자나 보험자에게 손해가 발생할 것, 보험중개사의 의무불이행이 위법할 것, 의무자인 보험중개사가 책임능력을 가질 것(민법 제753조 참조), 보험중개사의 고의·과실과 보험계약자와 보험자의 손해발생 간에 인과관계가 있을 것 등이 필요하다.

2. 효 과

(1) 손해배상책임

A. 배상책임 일반

보험중개사가 보험계약의 중개나 대리에 관해 의무를 부담하는 자신에게 부과된 주의의무, 통지의무 등의 의무를 적절히 이행하지 아니하여 채권자인 보험계약자와 보험자에게 손해를 끼친 때에는 그 배상책임을 진다(민법 제390조 본문 참조). 예컨대 보험중개사가 보험시장에 관한 정보수집 의무를 해태하여 재무적으로 불건전한 보험자를 보험계약자에게 중개하거나 대리하여 보험계약체결한 경우 보험계약자가 보험사고 시 보험금을 받지 못한 때에는 보험중개사에게 책임이 있다.374)

---

374) Osman v. J. Ralph Moss(1970) 1 Lloyd's Rep.313.

손해배상의 범위는 보험중개사의 의무불이행과 상당인과관계에 있는 모든 손해이다(민법 제393조). 만약 보험중개사의 의무불이행에 보험계약자나 보험자의 책임이 가세한 것이라면 그 손해배상책임의 성립여부와 그 범위산정에 참작하여야 한다(민법 제396조, 제763조 참조). 보험중개사가 어떤 고의나 과실의 행위에 의해 대리권을 수여한 보험계약당사자에게 손해를 발생케 한 경우 그 손해액을 산정함에 있어서는 요구에 적합한 보험계약체결로 인하여 보험계약자가 얻을 수 있었던 이익을 기준으로 해야 한다.[375]

보험계약자나 보험자의 과실은 과실상계의 법리에 의해 보험중개사의 책임을 소멸시키거나 경감시킨다(민법 제396조). 보험자나 보험계약자에게 보험중개사 이외의 전문적인 조언자가 따로 있었다면 보험중개사의 조언의무를 경감시키거나 보험자나 보험계약자의 책임도 함께 발생시킬 수 있다.

B. 보험중개사에 대한 특례

보험업법에서는 보험계약자 등의 보호를 위해서 일반적인 손해배상 법리의 특례를 정하고 있다. 즉 보험계약자나 보험금액을 취득할 자가 보험중개사의 보험계약체결의 중개행위와 관련하여 손해를 입은 경우에는 그 손해를 영업보증금에서 다른 채권자에 우선하여 변제받을 권리를 가진다.[376] 특례사항은 크게 두 가지의 내용으로

---

375) 그 보험계약성립에 의해 보험계약자가 받을 수 있었던 보험금이 보험계약자의 손해배상액 산정에 있어서 가장 중요한 기준이 되나 그 산정에는 이러한 금전적 이익뿐만 아니라 비금전적인(예컨대 정신적인) 이익도 고려하여 산정하여야 할 것이다.

376) 다만, 보험중개사가 보험중개사배상책임보험에 가입한 때에는 예탁할 영업보증금을 감액할 수 있다(보험업법시행령 제37조 제3항). 보험중개사 배상책임보험의 요건은 다음과 같다. 1). 보험중개사 또

구성되어 있다.

(a) 채권자 평등원칙의 배제

상대권인 채권으로서는 다른 채무에 대한 배타성이 없어서 병존하는 채권은 모두 평등하고 채권의 성립시기의 선후에 의한 우열의 차이도 없는 것이 원칙이다.[377] 이를 채권자평등의 원칙이라 하고 근대 자본주의 사회에서의 채권채무 관계에서의 자유경쟁을 보장하는 내용의 하나로 기능하였다. 우리 보험업법시행령 제38조에서는 보험중개사의 보험계약체결의 중개로 인하여 발생한 손해의 경우에는 채무자인 보험중개사가 금융감독위원회에 예탁한 보증금의 범위에서 다른 채권자에 우선하여 변제받을 권리를 인정하여 이러한 채권자 평등원칙을 배제하고 있다. 이는 보험계약자 등의 소비자를 보호하여 건전한 보험모집질서를 확립하려는 취지라고 생각된다.[378]

(b) 손해배상금 지급절차의 특례

보험중개사의 영업보증금에서 손해를 배상하는 절차 또한 민사소송상의 채무명의로써 변제절차를 진행하는 것이 아니라 감독청인

는 보험중개사의 사용인이 보험계약체결의 중개와 관련하여 보험계약자 등에게 손해를 가하여 법률상 배상책임을 지게 됨으로써 입은 손해를 보상하는 보험일 것. 2) 보험기간이 보험중개사의 영업개시일 또는 허가갱신일부터 1년 이상일 것. 3) 금융감독원장이 승인하는 경우를 제외하고는 보험계약을 해지하거나 내용을 변경할 수 없을 것. 4) 보험기간이 종료한 후 최소한 5년(장기보험의 중개 업무를 취급하는 경우는 10년) 이상의 일정기간을 연장하여 담보하는 특별약관이 포함되어 있을 것. 5) 자기부담금을 정하는 경우 그 한도는 당해 보험중개사가 예탁해야 하는 영업보증금의 100분의 1을 초과하지 않을 것. 6) 1사고당 보상한도가 최저 영업보증금보다 많고 보험가입금액이 당해 보험중개사의 영업보증금보다 많을 것.

377) 곽윤직, 채권각론, 박영사, 1998, 28면.
378) 보험업법 제1조 참조.

금융감독원의 조사와 판단에 의해 진행한다는 특별한 예외를 두고 있다. 그 내용을 구체적으로 보면 다음과 같다.

ㄱ) 보험계약체결의 중개행위와 관련하여 손해를 입은 보험계약자 등은 당해 보험중개사의 영업보증금의 한도에서 금융감독원장에게 배상금 지급을 신청할 수 있다. ㄴ) 보험계약자 등의 이러한 신청이 있으면 보험감독원장은 이를 지체 없이 보험중개사에게 통지하고 사실관계에 대한 조사를 할 권한을 갖는다. ㄷ) 이 조사를 할 때에는 가급적 보험중개사, 보험계약자 등의 당사자권을 존중하기 위한 행정절차로 관계당사자에게 증거제출과 의견진술의 기회를 주어야 한다. ㄹ) 금융감독원의 조사 결과 보험계약자 등의 손해배상금 지급신청에 상당한 이유가 있다고 인정하는 때에는 60일 이상의 기간을 정하여 당해보험중개사의 보험계약체결의 중개행위와 관련하여 손해를 입은 자로 하여금 손해배상금의 지급을 신청할 것과 그 기간 내에 신청하지 아니하는 경우에는 당해 보험중개사의 영업보증금 배당절차에서 제외된다는 것을 공시하여야 하고 그 신청자에 대해 다시 조사를 진행한다. ㅁ) 금융감독원장은 이 절차의 진행결과 당해 보험중개사의 손해배상책임이 인정되는 신청인에 대해서는 신청인별로 배당표를 작성하여 관계당사자에게 통지하고 배당액에 이의가 있으면 14일 내에 이의를 제기할 수 있음을 알려야 한다. ㅂ) 이 통지결과 관계당사자로부터 이의가 없을 때에는 금융감독원장이 배당표에 따라 배당한다. ㅅ) 영업보증금이 유가증권인 경우에는 금융감독원장이 배당을 위해 매각할 수 있고 그 매각비용은 매각대금에서 공제한다.

(c) 지급절차특례의 타당성검토

지급절차의 특례는 보험계약자 등의 신속, 경제에 의한 배상만족을 위한 취지로 이해된다. 이는 보험계약자 등이라는 보험계약의 소비자를 보호한다는 대원칙과도 부합하는 것이다.[379] 그러나 이러한 특례규정은 신속한 채무변제라는 목적에는 기여할 수 있겠으나 입법적으로 검토의 여지가 있는 부분이라고 생각한다. 이는 다음과 같은 이유에서이다.

ⅰ) 첫째, 보험계약자 등의 손해배상청구권의 유무는 보험계약당사자 간의 순수한 사법적인 권리의무에 관한 사항이므로 그 권리의무의 유무, 권리의무의 내용을 감독청인 보험감독원장이 조사하여 결정하는 것은 타당하지 않다.

ⅱ) 둘째, 보험계약관계에서 보험계약자 등의 손해가 발생한 후의 피해자의 손해전보의 문제는 보험업의 질서유지라는 사전적 감독의 차원을 떠난 사후의 손해배상에 속하는 문제이므로 계약당사자의 자주적 해결에 맡기는 것이 타당하다.

ⅲ) 셋째, 보험계약자 등의 손해배상의 문제는 신중하고 공정하게 결정해야 한다는 것이 경제적이고 신속하게 결정하는 것에 못지않게 중요한 이념이므로 사법적인 절차가 아니라 행정적인 절차로 보험중개사의 배상책임문제를 결정하는 것은 타당하지 않다는 것이다.

(2) 기타 효과

채무불이행의 효과로써 그 밖에도 계약해제권이 발생한다(민법 제545조 본문 참조). 만약 보험중개사와 보험계약자 등과의 사이에

---

379) 보험업법 제1조 참조.

보험계약체결 이외의 보험계약 관련 서비스 업무에 관하여 계속적 채권관계를 맺고 있다면 계약의 해지(민법 제689조)가 가능할 것이다. 보험중개사의 의무이행의 강제는 보험중개사가 부담하는 주의의무, 위임계약이행의무 등의 성질에 비추어 부적당하다고 본다.[380]

보험중개사가 의무를 위반한 경우에 보수청구권이 소멸한다는 외국에서의 학설이 있으나[381] 우리 법상으로는 보험중개사의 중개행위로 인한 보험계약성립이 인정되는 한 보수청구권은 인정되어야 한다.

II. 불법행위책임

보험중개사가 보험계약의 중개행위와 관련하여 보험계약자, 피보험자, 보험수익자, 보험자나 기타 타인에게 손해를 끼칠 수 있다.[382] 보험중개사의 고객인 보험계약당사자에 대한 책임은 채무불이행책임과 불법행위책임 모두 성립가능하다. 그러나 보험중개사와 보험계약당사자 간에 명시적으로 위임계약서를 작성하고 그 계약서상에 위임의 상세한 내용을 명시하는 것은 어렵고 또 실제상 드물다. 그리하여 보험중개사에게 책임을 묻고자 하는 보험계약당사자로서는 그 손해배상책임의 원인으로 채무불이행을 주장하기보다는 불법행위를 주장하는 것이 유리한 경우도 있게 된다.[383]

보험중개사의 보험계약당사자에 대한 불법행위가 성립하기 위해서는 ㄱ) 보험중개사의 고의나 과실이 있을 것, ㄴ) 보험중개사의

---

380) 불대체적 작위채무이므로 직접강제, 대체집행이 불가능하다(민법 제389조 참조).
381) Bruck Möller, a.a.O., S.568.
382) 물론 불법행위는 보험중개행위와 관련 없이도 행해질 수 있다.
383) R. W. Hodgin, op.cit., p.54.

고의·과실로 인해 보험계약자나 보험자에게 손해가 발생할 것,
ㄷ) 보험중개사의 책임능력이 있을 것 등의 요건이 필요하다. 또
불법행위 책임에 대한 손해배상청구권은 채무불이행책임에 대한 손
해배상청구권과 경합(청구권 경합)한다는 것이 통설과 판례의 태도
이고[384] 배상권리자보호의 관점에서도 타당하다. 그에 따르면 배상
권리자로서는 그 청구권을 선택적으로 행사할 수 있다고 본다. 불
법행위에서의 과실인정의 전제가 되는 일반적 주의의무에 관한 영
국의 사례를 보면 누구든지 타인에 대해 손해를 가할 것으로 합리
적으로 예견 가능한 작위 또는 부작위를 회피해야 할 합리적인 주
의를 기울여야 한다.[385] 보험중개사의 불법행위에 관하여서도 보험
중개사의 채무불이행에 있어서와 같이 특히 어떤 사람이 어떤 전문
적인 사항에 대해 조사하고 판단해야 할 합리적인 능력과 기능을
발휘해야 함에도 불구, 이를 이행하지 않으면 그는 타인에 대한 주
의의무를 위반하게 된다.[386]

보험중개사의 불법행위 문제에서 특히 유의할 사항은 타인을 사
용하여 보험중개 업무를 한 경우의 책임문제, 위자료 배상문제, 배
상청구권자의 우선 변제권 문제와 그 지급절차의 특례문제가 있다.

---

384) 이태재, 개정 채권각론 신강, 진명문화사, 1985, 451면; 김증한·안
　　이준, 신채권 각론(하), 박영사, 1965, 749면; 곽윤직, 채권각론, 박
　　영사, 680면.; 대법원 1959. 2. 19. 선고4290 민상571; 대법원1967.
　　12. 5. 선고 67다 2250; 대법원 1977. 12. 13. 선고 75다 107; 대법
　　원 1989. 4. 11.선고 88다카 11428.
385) Donoghue v. Stevenson(1932) A. C. 562.
386) Donoghue v. Stevenson(1932) A. C. 562.; 보험중개사의 중개행위
　　나 대리행위에 있어서의 과실은 보험계약사무수행에 있어서 합리적
　　인 기량(skill)과 근면(diligence)의 기준을 준수하지 않은 것이다
　　(MacGillibray & Parkington, Insurance Law, 8th ed., Sweet &
　　Maxwell, 1988, p.151-152.).

1. 사용자책임 문제

보험중개사가 보험계약중개나 계약체결대리 등의 업무를 위해 타인을 사용할 수 있는가와 이것이 허용되는 경우에 그 피용자의 고의과실에 의한 불법행위에 대해 보험중개사 자신이 불법행위를 책임을 지는지가 문제이다.

위임사무의 처리에 있어서는 수임인 자신이 스스로 위임업무를 처리해야 하고 타인에게 처리할 수 없게 함이 원칙이다(자기복무의 원칙). 이는 신뢰관계를 바탕으로 위임한 위임인의 의사에 부합하는 것이고 수임인의 주의의무해태를 방지하고자 하는 것이다. 그러나 예외적으로 위임인의 허락이 있을 때에는 사무처리를 타인에게 맡기는 것을 금할 이유가 없고 부득이한 사유가 있으면 제3자로 하여금 자기에 갈음하여 위임사무를 처리하게 할 수 있다(민법 제682조 제1항의 반대해석). 이때 보험중개사가 자기의 피용자를 자기의 의무이행에 있어서 사용한다면 그 타인의 고의나 과실에 의한 불법행위에 의해 사용자인 보험중개사는 손해배상책임을 진다(민법 제756조).

2. 위자료청구 문제

이는 채무불이행에서도 문제될 수 있으나, 불법행위에서 특히 논의되므로 불법행위의 효과의 한 내용으로써 논한다.

보험중개사가 보험계약자나 보험자에게 보험중개에 관한 불법행위가 성립한다면 손해배상의무내용의 하나로써 위자료지급의무까지 부담하는가? 특히 보험계약자 등에 대한 보험중개사의 고의·과실로 인하여 보험금청구권을 행사하지 못하는 보험계약자 등에게 보

험금에 상당하는 손해배상 이외에 위자료까지 지급해야 하는가가 문제될 수 있다.[387]

이에 관해 볼 때 다음과 같은 이유에 의해 보험중개사의 고의, 과실에 의해 보험계약자 등에게 정신적인 손해가 발생한 때에는 보험중개사에 대한 보험계약자 등의 위자료 청구권이 인정되어야 한다.

ⅰ) 첫째, 우리 민법 제751조는 타인의 신체, 자유 또는 명예를 해하거나 기타 정신상 고통을 준 자는 재산 이외의 손해에 대해서도 배상할 책임이 있다고 규정하고 있다. '재산 이외의 손해가 생긴 경우라면'이라는 문구를 해석함에 있어서 재산 이외의 손해발생시에만 「당연히」 그 피해자에게 위자료청구권이 인정되고 재산권의 침해가 있는 경우에는 위자료청구권이 배제된다는 취지로 지나치게 제한하여 해석될 수는 없다.

ⅱ) 둘째, 보험중개사의 고의나 과실로 인하여 보험계약자 등에게 재산권 침해(보험금청구권의 침해)가 발생한 때라 할지라도 그 재산권에 대해서 뿐만 아니라 보험계약자 등에 대하여 정신적 침해가 있을 수 있고 이 경우에 발생한 정신적 침해에 대해서도 그에 상응하는 배상이 이루어져야 한다.

ⅲ) 셋째, 재산권 침해의 경우에 그 재산적 손해가 배상되면 정신적 손해도 회복된다고 생각하는 것이 일반적이나 재산손

---

387) 보험계약자 등으로서는 보험중개사에게 위임한 보험계약의 체결결과로 보험보호를 받는 것이 보험계약체결대리권을 수여한 주요한 경제적 목적이고 만약 보험중개사의 불법행위로 보험보호를 받지 못하는 경우가 생긴다 해도 그 보험금에 해당하는 금액의 손해배상을 보험중개사로부터 받음으로써 모두 전보되었다고 생각할 여지가 있기 때문이다.

해의 배상은 민법 제393조 제1항에서 규정하는 통상의 손해에 해당할 뿐,[388] 제2항에서 규정하는 특별한 손해의 유무에 대해서는 별도의 논의가 이루어져야 하기 때문이다.

3. 배상청구권자의 우선변제권과 지급절차의 특례

보험계약자나 보험금액을 취득할 자가 보험중개사의 보험계약체결의 중개행위와 관련하여 손해를 입은 경우에는 그 손해액을 영업보증금에서 다른 채권자에 우선하여 변제받을 권리가 있다(보험업법 제103).

보험업법의 문언상 보험계약자 등의 이러한 우선변제권은 채무불이행의 경우뿐만 아니라 불법행위에도 적용된다고 해석된다. 이는 보험계약자 등을 특별히 보호하려는 특례규정으로서 그 배상절차에 대해서도 시행령 제38조, 시행규칙 제21조, 22조에서 구체적으로 정하고 있다. 이에 관해서는 채무불이행책임(앞의 Ⅰ. 2.)에서 설명하였으므로 재론을 피한다.

4. 제3자에 대한 불법행위 문제

보험중개사가 고의나 과실로 인하여 계약관계가 없는 제3자에게 손해를 끼치는 예는 매우 드물기는 하지만 가능하다. 보험중개사의 과실로 인한 보험자의 선택, 고지의무의 불이행 등에 의해서 보험계약자가 아닌 보험수익자가 보험금을 청구하지 못하는 경우 그 보험수익자는 자신이 입은 손해에 대해 보험중개사에 대해 불법행위

---

388) 곽윤직, 채권각론, 박영사, 1997, 823면.

를 이유로 하는 손해배상을 청구할 수 있을 것이다. 비록 보험중개사에 대한 판례는 아니지만 영국의 사례에서는 변호사가 유언서를 작성한 당시 그 유언의 증인을 수증자의 남편으로 한 것이 있다.[389] 그러나 영국의 1837년 유언법(Will Act)에 의하면 그러한 유언은 무효로 된다. 그리하여 그 유언의 효과로 수증자는 전혀 유증을 받지 못하게 되자, 유언무효로 인한 손해에 대해 변호사에게 배상청구를 하여 승소하였다.[390]

Ⅳ. 감독법상 책임

보험중개사는 행정법상의 의무위반에 의해 감독청에 의해 제재를 받는다. 이는 행정상 명령·처분을 받는 경우와 행정벌을 받는 경우로 나뉘고 후자는 다시 행정형벌을 받는 경우와 행정질서벌을 받는 경우로 구분된다.

1. 행정상 명령·처분

금융감독위원회는 보험중개사가 보험계약중개에 관한 보험업법 규정을 위반하거나 명령·처분을 위반한 때에는 청문절차를 거쳐 6

---

389) Ross v. Caunters(1980) Ch. 297.
390) 그리고 미국의 사례를 들면 피보험이익이 없는 숙모가 조카의 생명 보험계약을 체결한 후 그 조카를 살해했을 때 그 살해된 조카의 부모는 보험자를 상대로 하여 불법행위를 이유로 하는 손해배상청구를 하여 7만 5천 달러의 배상을 받게 되었다(Liberty National Life Insurance Co. v. Weldon(1958) 267 Ala. 171).

개월 이내의 영업정지를 명할 수 있다. 다만, 이때에는 지체없이 이유를 기재한 문서로 보험중개인에게 통지하여야 하고(보험업법 제88조 제2항, 제86조 제2,3,4항). 또 보험중개사의 의무위반 정도가 중대하다고 볼 때에는 그 등록도 취소할 수 있다.[391]

2. 행정형벌

보험중개사가 보험업법상의 중대한 의무를 위반한 때에는 그 벌칙으로 행정 형벌이 부과된다. 그 사유는 다음과 같다.[392]

다음의 경우에는 1년 이하의 징역이나 1천만 원 미만의 벌금에 처한다.[393]

ㄱ) 보험중개사 등 보험모집을 할 수 있는 자격이 없는 자가 보험모집을 한 때

ㄴ) 거짓 그 밖의 부정한 방법으로 보험중개사등록을 한 때

ㄷ) 보험감독위원회의 업무정지명령에 위반하여 모집을 한 때

3. 행정질서벌

보험중개사에 대한 감독을 보험업과 그 부속법령에서는 매우 엄

---

391) 보험업법 제90조 제1항. 그 사유는 다음과 같다. ㄱ) 등록금지 대상자에 해당하게 된 때, ㄴ) 등록 당시 등록금지 대상자에 해당했던 때, ㄷ) 부정한 방법으로 보험중개사의 등록을 한 때, ㄹ) 보험중개사가 자기나 자기를 고용하는 자를 주된 보험계약자나 피보험자로 하는 때, ㅁ) 보험중개사가 보험감독위원회의 명령이나 처분을 위반하거나 모집에 관한 현저하게 부적당한 행위를 하는 때이다.

392) 보험업법 제204조.

393) 모집을 위하여 사용하는 문서나 도화에 보험중개사의 상호나 명칭을 기재하지 아니한 경우에는 500만 원 이하의 벌금에 처한다는 규정은 폐지되었다.

격하게 규정하고 있으나, 법규위반 시 형벌을 부과하는 것은 책임주의의 원칙394)에 비추어 가급적 자제하는 것이 필요하고 과태료 부과 등 행정질서벌의 부과에 의해서도 감독의 목적을 달성할 수 있는 경우가 많으므로 이를 활용하는 것이 적절하다. 우리 보험업법에서는 금융감독위원회가 공익이나 보험계약자 등의 보호를 위하여 다음과 같은 법규위반 행위에 대하여 과태료에 처하고 있다.

ⅰ) 보험중개사가 중개와 관련된 내용이나 수수료에 관한 내용을 보험계약자에게 알리지 아니하거나 보험회사의 임직원을 겸하는 때 또는 보험계약의 체결을 중개함에 있어서 보험회사, 보험설계사, 보험대리점, 보험계리사 및 보험사정사의 업무를 겸하는 때

ⅱ) 보험업법 제93조의 사항의 신고를 태만히 한 때

ⅲ) 보험안내자료에 보험중개사의 성명, 상호나 명칭을 명료하고 알기 쉽게 기재하지 않은 때

ⅳ) 전화, 우편, 컴퓨터통신 등 통신수단을 이용한 모집에 관한 보험업법 제96조에 위반한 때

ⅴ) 보험계약의 체결, 모집에 관한 보험업법 제97조의 금지행위에 해당하는 때

ⅵ) 보험업법 제99조 제2항 각호의 경우를 제외하고 타인으로 하여금 모집을 하게 하거나 그 위탁을 하거나 모집에 관한 수수료, 보수 기타 대가를 지급하는 경우

ⅶ) 대통령령이 정하는 사유 이외에 보험계약체결의 중개와 관련한 수수료 기타 대가를 보험계약자에게 청구한 경우이다.

---

394) 이재상, 형법총론, 박영사, 1991, 316면.

V. 책임제한의 문제

보험중개사의 엄격한 책임은 보험계약에 대한 지식과 경험이 부족한 고객 특히 보험계약자의 보호를 위한 것으로 중개위임계약의 공정성확보를 위해서는 매우 바람직한 것이라고 할 수 있으나,[395] 보험중개사의 과중한 부담으로 인한 보험계약의 부진으로 나타날 수 있다. 보험중개사는 당연히 보험계약과 중개계약이행에 대한 지식과 경험을 축적하고 중개위임자에 대한 최선의 주의의무를 기울여야 할 것이나, 그 영업에 따르는 과중한 책임을 경감하는 조치도 강구하지 않을 수 없다. 보험중개사가 계약체결의 중개행위와 관련하여 보험계약자 등에게 손해를 입힌 경우, 이에 대한 어느 정도의 보험중개사 측의 안정장치도 요구되는 것이다. 아직 보험중개업이 정착하지 못한 우리의 현실에서 이와 같은 노력은 장래의 보험판매 활동의 활성화와 이를 둘러싼 분쟁의 사전예방과 사후해결에 기여할 것으로 생각된다.

1. 책임보험계약을 이용한 책임의 완화

보험중개사는 책임보험계약을 체결함으로써 자신의 책임을 완화할 수 있다. 책임보험계약에 있어서 보험자는 피보험자가 보험기간

---

395) 보험모집인이나 보험대리점의 고의·과실 있는 행위가 보험계약자의 손해를 발생시킨 경우 일정한 요건하에 보험자에게 책임을 귀속시킬 수 있는 것과는 달리, 보험중개사는 그 행위에 대한 책임을 자기 스스로 부담할 수밖에 없기 때문에 보험업법 제89조 제3항과 동 시행령 제37조에서 영업보증금을 예탁하게 하는 등 현행 보험모집관련 법령에서는 보험계약자 보호를 위해 많은 규정을 두고 있다.

중의 사고로 인하여 제3자에게 배상할 책임을 진 경우에 보상하므로(상법 제719조) 책임보험이 보험중개사의 엄격한 책임을 완화·경감하는 방법으로 활용될 수 있다.[396] 나아가 피해자에게 직접 보험금을 지급하여 보험중개사에게 위임계약을 체결한 피해자 보호의 기능도 수행한다.[397] 보험중개사가 책임보험에 가입할 경우 그 형태는 직업인 책임보험이 될 수도 있고 영업책임보험이 될 수도 있을 것이다. 보험중개사 자신만 피보험자로 한다면 전자가 되고, 보험중개사 자신뿐만 아니라 보험중개사를 도와 그 영업에 관여하고

---

[396] 보험업법 시행규칙 제20조에서 규정하는 보험중개사 배상책임보험의 요건은 다음과 같다.
1. 보험중개사 또는 보험중개사의 사용인이 보험계약체결의 중개와 관련하여 보험계약자 등에게 손해를 가하여 법률상 배상책임을 지게 됨으로써 입은 손해를 보상하는 보험일 것
2. 보험기간이 보험중개사의 영업개시일 또는 등록갱신일로부터 1년 이상일 것
3. 금융감독원장이 승인하는 경우를 제외하고는 보험계약을 해지하거나 내용을 변경할 수 없을 것
4. 보험기간이 종료한 후 최소한 5년(장기보험의 중개 업무를 취급하는 경우는 10년)
이상의 일정기간을 연장하여 담보하는 특별약관이 포함되어 있을 것
5. 자기부담금을 정하는 경우 그 한도는 당해 보험중개사가 예탁하여야 하는 영업보증금의 100분의 1을 초과하지 아니할 것
6. 1사고당 보상한도가 최저영업보증금보다 많고 보험가입금액이 당해 보험중개사의 영업보증금보다 많을 것
: 보험업법 제89조 제3항에서는 금융감독위원회가 보험중개사에게 일정한 영업보증금을 예탁하게 할 수 있지만 그에 갈음하여 책임보험에 가입하게 할 수도 있음을 정하고 있다. 이 경우 가입하는 책임보험은 일종의 강제보험에 해당한다. 보험중개사가 이 배상책임보험에 가입한 때는 예탁해야 할 영업보증금을 감액받을 수 있다(보험업법 시행령 제37조).: 보험중개사 영업보증금의 경감필요성에 대해서는 정준우, 「보험중개사의 법적지위와 그 개선방안」, 『비교사법』 제13호, 한국비교사법학회, 2000, 766-767면.
[397] 상법 제724조 제2항, 제725조 참조.

있는 대리인이나 그 사업감독자의 중개위임인에 대한 책임도 보험의 목적에 포함하고자 한다면 상법 제721조상의 영업책임보험의 형태가 될 것이다. 이때 보험의 목적은 보험중개사가 제3자인 중개위임인에 대하여 지는 배상 책임보험(소극재산)이 되고 그 배상책임의 담보가 되는 것은 보험중개사의 모든 재산이라는 점에서 일반손해보험과 성질을 달리한다.[398] 책임보험에서 피보험이익의 개념을 부정하는 견해가 있으나,[399] 피보험이익의 개념을 손해보험에서의 피보험자가 보험목적에 대하여 가지게 되는 경제적 이익이라고 이해한다면 이를 긍정함이 옳다. 그리하여 보험중개사의 책임보험에 있어서 물건보험에서와 같은 보험가액을 인정할 수 없어서 초과보험이나 일부보험의 존재는 있을 수 없다고 하더라도 보험중개사가 수 개의 책임보험계약을 체결한 경우, 중복보험에 준하여 보험자의 보상책임을 정하도록 함에 피보험이익의 개념은 매우 유용하다고 본다(상법 제725조의 2 참조). 보험중개사가 책임보험에 가입한 경우, 보험사고는 보험중개사(영업책임보험의 경우 보험중개사 또는 그의 대리인이나 사업감독자)의 중개위임인에 대한 책임있는 사고의 발생이다. 이 책임은 계약에 기한 것이건 불법행위에 의한 것이건 가리지 않지만, 보험중개사 측의 고의에 기한 손해를 포함한 일정한 손해는 보상하지 않는다(상법 제659조).[400] 이 경우 보험자가 어느 범위에서 보상을 하는가는 유한책임보험과 무한책임보험에 따

---

398) 양승규, 『보험법』, 삼지원, 2002, 353-354면.

399) 손주찬, 『제9정증보판 상법(하)』, 박영사, 2001, 632면.

400) 보험중개사의 과실에 대하여는(중과실을 포함하여) 보험자의 보상책임이 인정된다(우리 배상책임보험약관 제4조, 독일 보험계약법 제152조, Gray v. Barr: Prudential Assurance Co. Ltd.(Third Party)[1977], 2 All E.R. 949. 참조).

라 각각 다르다. 유한책임보험의 경우 피해자 1인이나 물건 또는 매 사고에 따른 보험자의 책임한도액을 정하고 있어서 보험자는 보험금액의 한도에서 피해자인 중개위임인이 입은 손해에 대한 보험중개사의 배상액을 보상할 것이다. 무한책임보험의 경우 보험자는 보험중개사에게 배상책임이 있는 모든 액수를 보상해야 한다. 다만, 상법 제720조상의 방어비용은 손해방지비용(상법 제680조)과 달리 비용을 미리 지급하여 줄 것을 보험중개사가 청구할 수도 있고 그것이 보험자의 지시에 의한 것인 때에는 그 비용과 손해액을 가산한 금액이 보험금액을 초과한 때에도 보험자가 보상하여야 한다(상법 제720조 제3항). 보험중개사의 중개위임인에 대한 손해배상책임이 발생한 경우 피해자인 중개위임인은 보험자에 대하여 직접 보험금을 청구할 수 있는 권리(직접청구권)를 취득하게 된다. 직접청구권의 소멸시효에 대해서는 그 법적 성질을 손해배상청구권 또는 보험금청구권 중 어느 것으로 보는가에 대해 다르게 볼 수 있으나, 피해자는 원래 보험자에 대해 손해배상청구권을 행사할 근거가 없고 피해자보호 차원에서 특별히 직접청구권을 인정한 법의 취지로 볼 때 이를 보험금청구권으로 보아 2년의 시효로 소멸한다고 함이 옳을 것이다.[401]

---

401) 상법 제662조 참조. 만약 이를 손해배상청구권으로 이해한다면 계약책임의 경우 10년, 불법행위의 경우 그 손해 및 가해자를 안 날로부터 3년, 불법행위시로부터 10년이 경과한 때 청구권이 소멸한다(민법 제162조 제1항, 제766조 참조).

2. 입법을 통한 책임제한의 시도

(1) 책임제한 입법상의 난관

보험중개사의 엄격한 책임을 완화·제한하는 가장 직접적이고 효과적인 방법은 입법을 통한 책임제한을 추구하는 것이다. 이는 보험중개사의 보험중개위임인에 대한 채무액은 변경할 수 없는 것이라고 하더라도 그 책임액을 국가정책적으로 그 채무액보다 적은 금액으로 인정하는 것으로 이른바 채무와 책임이 분리되는 하나의 경우라고 할 수 있다.

우리의 상법에서는 해상편에서 선박소유자의 책임제한을 입법한 바 있으나, 보험관련법령에서 보험중개사만을 위한 책임제한입법을 추진함에는 여러 가지의 난점이 예상된다. 이러한 난점을 분석하여 장기적인 면에서 보험중개사의 책임제한입법을 추진한다면 다음과 같은 부분에 착안해야 한다고 본다.

첫째, 보험중개사에 대한 책임제한입법을 추진하기 위해서는 보험중개사를 보호하려는 시도가 축적되어야 한다. 상법상 인정되고 있는 해상기업 주체의 예를 본다면 해상기업자의 채무에 대해 책임제한(유한책임)이 인정되는 것은 그 연혁적으로 매우 오랜 역사를 지니고 있고 그 인정사례도 가히 세계적이다. 유럽대륙에서는 중세 이래, 영국에서는 1734년,402) 미국은 1851년부터 유한책임을 허용하고 있고,403) 기타의 국가들도 대체로 이를 인정하는 추세이다.404)

---

402) Richard Williams, "Limitation of Liability for Maritime Claims", History of Limitation in U.K, 1986, p.3.

403) Hyun Kim, "Limitation of Shippower's Liability in Korea: Comparisons with the 1976 Convention and Japanese and United

보험중개사에 대한 책임제한의 입법은 적극적 시도없이는 이루어지기 어려울 것이다.[405]

둘째, 보험중개사의 책임제한 입법이 행해지려면 책임제한의 근거가 명확해야 한다. 예컨대, 보험중개사의 보호 필요성으로 기존의 보험모집 조직인 보험모집인이나 보험대리점만으로는 보험거래의 세계화·대형화·효율화 달성에 한계가 있다는 점, 보험중개사를 육성하여 보험에 관한 문외한인 보험계약자 측을 특히 보호할 필요가 있다는 점, 보험중개사의 과중한 주의의무 이행요구는 아직 정착되지 않은 우리나라의 보험중개사에게 매우 큰 부담이 된다는 점, 보험중개사의 책임을 완화하는 것이 반드시 보험계약자 측의 불이익으로만 되지 않고 보험계약자 측의 보호를 위한 안정장치가 충분히 강구되고 있다는 점 등이 설득력있게 제시되어야 할 것이다.[406] 특히 보험중개사 보호의 필요성이 강하게 부각될 수 있을

States", Washington University, 1990, p.49.

405) 선주책임제한에 관한 각국 입법의 통일을 위한 조약이 1924년에 성립하였고, 1957년과 1976년에도 각각 새로운 조약이 제정되어 각국의 국내입법에 영향을 미치고 있다.

405) 독일의 경우에도 보험중개사의 책임제한에 대한 고려가 필요하다는 논의가 있는 정도이다(Egon Lorenz, "Möglichkeit einer Begrenzung der Versicherungsmaklerhaftung", Versicherungsrecht, 1996, S. 923 참조).

406) 참고로 해상법상 해상기업 주체의 책임을 제한하는 근거를 보면, 대체로 선장의 대리권한 범위가 대단히 광범하여, 선원들의 행위에 대하여 선박소유자에게 엄격책임을 부담시키는 것이 가혹하고, 선장 기타의 고급해원은 국가가 공인한 자격을 가지는 자이며, 선박소유자는 선적항외에서 항해 중에 있는 이러한 자의 행위를 지휘감독하는 것이 곤란하여 이들의 행위에 대하여 선박소유자에게 무한책임을 부담시키는 것이 형평의 관념에 반한다는 점, 해상기업의 위험과 손해가 매우 크다는 점, 상법상의 다른 유한책임의 경우와 같이 해상기업에서도 기업의 소유와 경영이 분리되어 있다는 점, 해상기업이 정책상 특히 보호할 필요가 있다는 것 등을 책임제한의

정도로 보험거래시장의 상황이 보험중개사의 존재의의와 역할비중을 높게 평가할 수 있는 단계에 이르러야 할 것이고, 외국에서의 입법에 의한 국제적 유인도 작용해야 할 것으로 예상한다. 책임제한의 대표적인 예라고 할 수 있는 해상법상의 경우를 다시 보면 해상기업 주체(선박소유자 등 해상운송업자)의 책임제한을 이중으로 인정(double limitation)할 정도로 해상기업 주체를 보호하기 위한 입장이 적극적이고 확고하다.[407]

(2) 책임제한 입법 시 고려할 사항

만약, 보험중개사의 엄격한 책임을 완화·감경하기 위한 노력으로 그 책임제한이 시도되는 경우에도 다음과 같은 점이 고려되어야 할 것이다.

① 보험계약자의 보호

보험중개사의 보호를 위해 그 책임을 제한하는 경우에 있어서도 보험계약자 보호의 정신에 위배되지 않아야 한다. 그리하여 보험중개사의 고의나 중과실로 인한 손해발생 시에는 그 책임제한이 배제되어야 한다.[408] 책임제한이 보험중개사의 고의나 중과실의 경우에도 적용된다는 것은 제도의 취지에 맞지 않는 것이기 때문이다. 보험중개사의 행위가 고의나 중과실에 의한 것이라면 수인의 동업계

근거로 들고 있다(손주찬, 『제9정증보판 상법(하)』, 박영사, 2001, 706-707면 참조).

407) 상법은 선박소유자의 총체적 책임제한(global limitation of liability)(상법 제746조 이하)을 허용하면서도 또 다른 한편으로 해상운송인 측의 상사과실로 인한 개별적인 운송물의 손해에 대한 책임제한(package limitation)(상법 제789조의 2)까지 인정하고 있다.

408) BGH BB84, 746 참조.

약(조합계약)이나 법인형태의 보험중개업자라도 모두 책임제한이 배제된다고 보아야 할 것으로 다른 보험중개사가 모두 반사적으로 불이익을 받는 것은 피할 수 없다. 책임제한을 배제할 사유의 입증은 채권자인 중개위임인이 하여야 할 것이다.

② 책임제한 채권의 설정

보험중개사의 책임제한 입법이 행해지는 경우, 책임이 제한되는 채무에는 보험중개사가 보험중개위임계약의 이행과 관련하여 중개위임인(특히 보험계약자)에게 부담하는 계약상 채무뿐만 아니라, 계약체결상의 과실에 기인한 채무, 그리고 불법행위에 기인한 채무가 모두 포함되어야 한다. 왜냐하면, 계약책임에서나 불법행위책임에서나 보험중개사의 고의나 중과실을 제외한 경과실을 원인으로 하는 책임만 제한하는 것이므로 보험중개사의 과중한 배상책임을 완화해야 한다는 책임제한의 취지는 모든 경우에 공통되고 따라서 계약상 채무뿐만 아니라 불법행위상의 채무에 적용되어도 무방하기 때문이다.

③ 책임제한액의 설정

보험중개사의 책임제한액은 보험중개사에 대해 주의의무를 인식시키는 것과 보험중개업의 활성화·보호를 도모해야 한다는 두 측면을 조화시키는 선에서 적정하게 설정되어야 한다. 그 구체적인 액수를 제시하는 것은 우리나라에서 보험중개업이 활성화되지 않아 보험중개위임인과 보험중개사와의 거래실제와 문제점, 방향을 파악하기 어려운 현재로는 매우 애매한 것이 사실이다. 다만, 보험업법에 규정된 영업보증금보다는 고액이어야 할 것이고, 보험중개업 영위의 구체적 현황과 규모에 따라 달리 정해져야 할 것이다. 예컨대, 개인인 보험중개사와 법인인 보험중개사가 달라야 하고, 원보험중개와 재보험중개, 생명보험중개와 손해보험중개, 제3보험중개 등에 따라 그 액수를 차등적으로 정해야 할 것이다. 공통적인 기준을 둔다고 하더라도 각 보험중개사의 수입수수료액을 고려하는 정도의 기준이 될 것이다.[409]

3. 공동기업 조직을 이용한 책임완화

(1) 동업조합 계약을 이용한 책임완화

① 계약자의 다양한 요구와 넓은 보험거래영역을 생각할 때 다른 보험중개사와의 조합계약형태의 협업은 보험중개사의 책임완화를 위한 방법의 하나로 강구될 수 있다. 특히 경제의 세계화(globalization)에 대응하고 보험계약자의 수요에 발맞추기 위한 국제간 동업조직을 구축하면 영업에서 오는 엄격한 책임의 위험을 상당히 완화·경감할 수 있을 것이다. 전화 등 비서면의 방법으로 정보를 교환하거나 계약을 체결한 때에는 그 내용을 증거보전차원에서 기록하는 것이 요구되고 이러한 작업은 수인의 협력을 필요로 한다는 점도 감안해야 한다. 공동기업으로서는 회사기업이 가장 대표적이지만 회사설립과 운영에 따르는 부담이 있고 회사의 독립된 인격보다 개인인 보험중개사 자체의 명가를 활용할 필요성도 있을

---

409) 예를 들면, 보험중개사의 구체적인 영업실적을 고려하여 그 책임제한액을 최근 몇 년간의 평균 수수료 총수입액의 수배로 정하고 다만, 영업기간이 3-4년에 미달하는 보험중개사의 경우 다른 기준을 적용하는 방법이 있을 수 있다.

수 있다는 점에서, 보험중개사가 다른 보험중개사와 동업조합계약을 체결하는 것도 유리한 책임완화·경감방법이다. 이러한 운영조직은 우리나라의 변호사 업계에서 많이 활용하는 합동법률사무소와 같은 형태가 될 것이다.

이 조합계약을 체결하는 경우, 그 보험중개사의 업무는 각 보험중개사가 공동으로 행함이 원칙이다. 그러나 필요한 경우에는 업무집행자를 선임하여 그에게 조합의 업무를 위임할 수 있고 이 경우 업무집행자로 선임되지 않은 보험중개사는 업무집행에서 배제된다. 업무집행자의 선임은 조합계약의 체결 시에 행하여질 수 있고 조합계약 성립 후에는 모는 보험중개사가 업무집행자의 선임권을 가지며, 이때는 보험중개사 3분의 2 이상의 찬성으로써 선임한다. 각 보험중개사는 업무집행자가 아니라도 조합의 업무 및 재산상태를 검사할 수 있다(민법 제710조). 각 보험중개사는 업무집행자 선임권 외에도 선출된 업무집행자의 업무감독의 권한을 갖고, 업무집행자는 조합원에게 사무처리상황을 보고할 의무를 진다(민법 제683조). 업무집행자로 선임된 보험중개사가 업무를 적정하게 집행하지 않는 경우 그를 해임할 수 있고 그 보험중개업의 재산은 각 보험중개사의 합류로 될 것이다.

보험중개사 간의 조합계약을 통한 협업은 중개 업무수행이 시대의 발전에 뒤지지 않도록 공동의 작업자를 계속적으로 교육·훈련하는 데에도 기여할 것이고 다양한 언어권의 고객을 확보함에도 유용할 것이다. 다만, 기업결합의 효과가 발생하는 경우410) 경제법상

---

410) 유럽에서는 6개의 독립적인 보험중개사조직이 하나의 국제적인 동업서비스 네트워크를 WING(World-wide Insurance Group의 머리글자를 조합한 것임)이라는 명칭으로 결성한 예가 있다(Gert A. Benkel, "Der Einfluß der Derelugierung der Versicherungsmärkte

기업집중의 금지행위에 해당하지 않도록 해야 하고 동업파트너인 보험중개사가 주의의무를 불이행하면 오히려 공동책임을 발생시킬 수도 있다는 점에 유의해야 할 것이다.

(2) 회사형태를 이용한 책임완화

보험중개사가 회사조직을 갖추어 대형화하면 기업경영의 합리화, 규모의 이익을 추구하여 비용을 절감할 수 있는 장점 이외에 기업조직의 법리에 따라 위험을 분산하고 책임을 완화·감소시킬 수 있다. 현안의 사건처리와 절박한 계약과정이나 특별히 기한부로 체결되어야 하는 보험계약은 끊임없는 감시와 시간통제를 필요로 하므로 개인사업으로 업무처리를 감당하는 것은 많은 노력과 긴장을 요구한다는 점에서 보험중개사의 회사(특히 주식회사)설립의 동기가 존재한다.411)

보험중개사가 회사조직으로서 활동한다면 독립된 법인격을 지닌 회사에 권리와 함께 의무와 책임도 귀속되고 물적회사(주식회사·유한회사)는 물론 인적회사(합명회사·합자회사)를 통해서도 사원인 보험중개사 간에 위험분산을 수단으로 하는 책임의 완화·감경이 도모된다. 만약 그 회사가 주식회사의 형태를 취한다면 주식을 통한 거대한 자본을 쉽게 형성할 수 있는 것은 물론, 대외적인 책임은 회사재산만으로 지게 되고 주주로 되는 보험중개사는 회사에

---

auf die Haftung der Versicherungsmaklers", Versicherungsrecht, 1992, S. 1317 참조).

411) 미국에서는 보험중개사제도를 인정하는 주에 있어서도 개인보험중개사는 전혀 허용하지 않고 회사형태의 보험중개사만 인정하는 예도 있다(B. Harnet & I. Lesnick, The Law of Life and Health Insurance (Vol. 3), Matthew Bender, 1988, §11.04 참조.).

대하여 그가 가진 주식의 인수가액을 한도로 하는 출자책임만 지고 (출자의무) 그 밖의 회사채권자에게는 아무런 책임을 지지 않아도 된다는 특장을 지닐 수 있게 된다.[412] 다만, 이 경우에도 보험중개사가 대표이사의 직무집행에 관련된 행위(상법 제389조, 제210조)로서 불법행위를 하거나 대표이사가 아닌 지위에서 행위하거나에 관계없이 불법행위를 하는 때에는 보험중개사 자신도 피해자에 대한 배상책임을 진다는 점에 유의해야 한다.

4. 중개위임인과의 특약을 이용한 책임경감

보험중개사는 중개위임계약체결 시 어떤 영역에서 어떻게 고객에게 서비스를 제공해야 할 것인가를 명백히 정하고 서면으로 계약서를 작성하는 것이 자신의 책임을 명확히 하고 나아가 책임을 완화·경감할 수 있다.

미국에서 1980년대에서 1990년대 초반에 보험자의 도산이 크게 증가하고 당시 도산한 보험자에 보험을 든 계약자가 보험중개사에게 소송을 많이 제기하였다. 그 소송 결과 보험중개사가 보험자 선택 시 충분한 주의의무를 이행하지 않았다는 이유로 배상책임을 지게 된 경우가 많았다. 만약 보험중개사가 보험계약자와 중개위임계약을 체결할 때 자신의 의무사항을 세목으로 나누어 그 책임사유를 분명히 하였다면 그러한 엄격책임을 완화·감경하는 좋은 방법이 되었을 것이다.

대체로 외국에서도 보험중개사가 보험계약자에게 중개알선하는 대상으로서의 보험자는 공인기준으로 일정 수준 이상의 평가를 받

---

412) 정찬형, 『상법강의(상)』, 박영사, 2001, 546면 참조.

은 보험자에 한정되는 예가 많다. 그러나 고객이 일정 수준 이하의 평가를 획득한 보험자에 대한 계약체결을 원한 경우, 장래의 분쟁 예방을 위해 그 보험자의 재무상태를 보험계약자에게 명확히 알려 설명할 뿐만 아니라 보험중개사의 면책사실을 분명히 서면으로 약정해 둘 필요가 있다. 보험중개사가 자신의 업무내용 리스트를 제시하고 그에 대한 합의가 이루어지면 행위의 준거틀이 구체적으로 마련된다. 합의에 따라서는 그 업무내용이 매우 편협할 수도 있고 광범하게 설정될 수도 있다. 이 과정에서 보험중개사는 자신의 의무를 충분히 세목을 정하여 구체화하는 것이 좋고 보험중개사의 책임의 범위와 정도까지를 정하는 것이 가능할 것이다.

나아가 보험자와 보험중개사 사이에서도 현행법상 중개위임을 통한 계약이 체결될 수 있다. 원칙적으로 보험중개사는 보험자의 대리인으로서 계약체결을 하지 않는 것이 상례이지만, 주택보험, 개인용자동차보험, 소규모의 가계성 보험 등에서는 보험자가 그 능력을 인정하는 보험중개사에게 중개위임을 하고 계약체결권까지 수여할 수 있다. 이때 보험중개사는 중개위임의 내용을 보험자와 서면으로 분명히 약정한다면 책임을 완화·경감할 수 있을 것이다.

5. 거래부문의 특화를 이용한 책임완화

보험중개 업무의 범위는 매우 넓고 그 업무양태도 다양하므로 보험중개사의 일정한 보험거래분야에 특화하여 업무수행을 한다면 엄격책임을 완화·경감할 수 있을 것이다. 예를 들면, 해상보험계약만에 집중하여 중개하는 것도 매우 효율적이면서 업무상 책임을 예방하기에 용이한 방법이 된다. 보험중개인 제도의 초기 단계에는 보

험중개사가 주로 해상보험계약중개만에 전념하였었다. 그 후 해상
운송사업의 불황이 발생한 때 비로소 다른 보험 분야의 중개로 상
대적으로 다각화한 것을 볼 때[413] 보험계약의 한 부문에 특화하다
고 하여 보험중개사의 영업실적 부진을 초래하는 일은 많지 않을
것임을 알 수 있다.

보험업법 시행령이 보험중개사를 생명보험중개사와 손해보험중개
사, 제3보험중개사로 구분하여 그 종류별로 각각 다른 보험계약체
결중개를 정한 것은[414] 생명보험과 손해보험, 제3보험의 상이한 성
질을 고려한 것이지만 보험중개업의 분화와 전문화를 촉진하는 계
기도 될 수 있다. 보험중개사는 원보험시장뿐만 아니라 재보험시상
에서도 활동할 수 있지만 그 성격과 규모, 거래형태 등이 매우 다
르고 따라서 어느 한 부문에 집중하는 것은 그 책임 위험을 많이
줄여줄 것이다.

대형화 · 기업화할 수 없는 보험중개사인 경우, 경쟁에 뒤지지 않
으려면 보험거래의 분야 중 자신있는 곳에 전념하여 비용을 절감해
야 할 것이다.[415] 이러한 특화 노력은 대형보험중개사가 갖지 못하
는 장점도 많이 획득할 수 있다는 점에 유의해야 한다.[416] 그 노력

---

413) 보험중개사 분업의 초기현상에 관해서는 R. Clews, A Textbook of
    Insurance Broking, Woodhead-Faulkner, 1987, p.6.
414) 보험업법 시행령 제37조 참조. 동 조항에서 인보험중개사의 경우에
    는 생명보험, 연금보험 등을 중개하고, 손해보험중개사는 화재보험,
    해상보험, 자동차보험, 보증보험, 재보험 등을 중개하며, 제3보험중
    개사는 상해보험, 질병보험, 간병보험 등을 중개하도록 하였다.
415) 전 세계에 걸쳐 만 명이 넘는 종업원을 고용하고 있는 다국적 보험
    중개사의 경우, 그 조직은 대형보험회사와 흡사할 정도로 우리나라
    의 보험중개사와는 경쟁력차이가 매우 심하다.
416) 시대의 신조류에 따라 보험상품의 거래중개 이외에 상담이나 나아
    가 위험관리의 전문가역할까지 수행해야 하는 보험중개사는 보험모

의 결과, 고객으로부터 신용을 축적하고 또 무경험으로부터 부담하기 쉬운 엄격한 책임을 완화·경감할 수 있다. 아직은 외국의 대형 보험중개사에 비해 소규모일 수밖에 없는 초보적 단계의 우리 보험중개사는 지역에 밀착하면서 특화하는 노력도 경주해야 할 것이다.

6. 각종 전문가와의 연계방법을 이용한 책임완화

보험자는 복잡다기한 영업업무에 대비하여 조언자를 두는 경우가 많다. 이 조언자는 위험분석에 대해 보험자의 부족한 지식·경험을 보충할 수 있다. 만약 보험중개사가 보험계약자에게 이 조언자를 연계할 수 있다면 보험중개사 자신의 위험완화·경감에 상당한 정도로 기여할 수 있을 것이다.[417] 보험중개사 자신이 위험관리에 대한 전문적 지식을 지닐 수도 있지만 보험의 목적에 대한 위험관리의 전문가는 적어도 위험관리에 관한 한, 보험중개사의 역량과 경험보다 탁월한 능력을 발휘할 수 있다. 보험계약자 측은 자신이 지닌 보험목적에 대한 사고위험의 발생요인, 예방방법과 사후대책까지 상세히 조언을 구할 수 있게 되어 보험사고의 가능성을 줄일 수 있다. 보험계약자가 만약 기업(법인)인 경우 보험계약자는 그 부수효과로 위험관리(방재)의 전문가로부터 인증받은 상품을 대외적 신용을 위해 표시할 수도 있게 되고[418] 그 노력의 과정에서 보험계약

집 업무에서 보다 발전된 서비스제공 업무로 스스로 변모할 필요가 있고 서비스에 수반되는 책임의 완화·감경을 위해서는 역할의 집중·특화가 요구된다.

417) Gert A. Benkel, a.a.O., S.1317.
418) 미국에 있어서 전국방재협회(National Fire Protection Association: NFPA)의 역할에 대하여는 Mark A. Green, Risks and insurance, 한국보험공사 보험연수원 편역, 1984, 291면.

자는 스스로 위험관리에 대한 인식능력과 대응방식이 제고될 수 있다. 보험계약자가 자신이 지닌 위험에 대해 어떤 대응을 할지는 여러 유형이 있고,419) 그 원인으로 보험계약자의 심리적·기질적 특성을 지적할 수도 있으나 합리적인 보험계약자라면 그에게 제공되는 정보의 양과 정보에 의존할 것이다. 만약 위험관리 전문가의 객관적이고 신뢰할 수 있는 정보가 주어진다면 보험계약자는 분명히 사고위험의 확률을 줄일 수 있고 보험중개사는 그 반사적 효과로서 자신의 책임을 완화할 수 있다.

---

419) 예컨대, 1) A은행이라면 같은 조건에서 거절하는 대부계약청약을 B은행은 쉽게 승낙한 경우, 2) A학생은 학교를 졸업하고 초임이 많지만 장래의 승진은 기대하기 어려운 직장에 입사하고, B학생은 그 반대의 선택을 하여 승진에 도전하는 경우, 3) A의사는 위험스럽게 여겨 도입하지 않는 새로 개발된 시술방법을 B의사가 도입하는 경우를 가정한다면 각각의 경우에 있어서 A는 매우 안정지향적인 결정을 한 반면, B는 변화를 지향하는 결정을 한 것이다.

제6장 결 론

제1장에서 제5장까지에서 논의된 보험중개사의 법적 지위에 관해 다음과 같은 결론을 내릴 수 있다.

보험중개사는 보험자의 피용인이 아니면서 보험자와 보험계약자 사이의 보험계약의 체결을 중개하는 것을 영업으로 하는 독립적 상인이다. 보험중개사는 타인 간의 상행위(보험계약의 체결)의 중개를 영업으로 한다는 점에서 상법상 중개인의 일종이지만, 중개행위의 구체적인 사정에 따라 상법상 중개인의 내용과 다소 차이가 있는 법률관계를 형성할 수 있다. 보험중개사의 보험계약자 또는 보험자와의 법률관계의 근거가 되는 것은 중개계약이다. 이 중개계약의 법적 성질은 도급계약의 요소를 일부 지닌 위임계약이라고 할 수 있다.

2. 보험모집인은 보험자에 종속되어 있는 보험모집조직이라는 점에서 독립된 지위에서 특정되지 아니한 보험자와 보험계약자 사이의 보험계약체결을 중개하는 보험중개사와 다르고, 보험대리점은 전속대리점뿐만 아니라 비전속대리점(independent agency)이라도 그 대리점계약을 하지 않은 보험자와는 거래할 수 없다는 점에서 보험중개사와는 구별된다. 보험중개사는 그 취급하는 보험종목별로 손해보험중개사와 인보험중개사로 구분되고, 조직형태별로 개인보험중개사와 법인보험중개사로 나뉜다.

3. 우리나라의 보험중개사제도는 기존의 보험모집조직의 취약성을 보완하려는 동기에서보다는 외압 내지 OECD 가입을 위한 성급한 요구 수락이라는 배경하에 도입되었다. 대체로 우리나라의 보험중개사는 자본력이나 경험의 부족으로 인해 부진한 면을 보이고 있고 외국계 보험중개회사의 국내진출과 활동은 다소 활발한 것으로 나타나고 있다.

4. 외국의 보험중개사제도는 비교법적 관점에서 영국, 미국, 독일, 일본의 예를 그 법적 지위와 감독의 관점에서 살펴보았다.

영국의 보험중개사제도는 해상보험의 중개에 기원을 두고 있고 보험중개사가 차지하는 비중은 다른 어떤 보험모집조직보다 크다. 영국에서의 보험중개사는 대체로 보험계약자의 대리인으로서의 지위가 인정되고 있고, 예외적으로 보험자의 대리인으로서의 지위도 인정되고 있다. 영국의 로이드 보험중개사는 다른 보험중개사에 비해 로이드 보험시장의 특수한 구조로 인하여 보험자와 더 밀접한 관련을 맺고 있다. 영국의 보험중개사는 보험중개사등록법, 로이드보험, 금융서비스법 등에 의해 규제되고 있고, 자율규제기관인 보험중개사평의회 등이 보조적인 규제기능을 담당하고 있다.

미국의 보험중개사제도는 각주마다 달리 규제되고 있지만, 대체로 보험대리점과의 겸영이 허용되고 있기 때문에 그 양자가 명확히 구분되지 않고 있고, 생명보험중개사의 시장점유율은 매우 낮다. 미국의 보험중개사도 일반적으로 보험계약자의 대리인으로서의 지위가 인정되지만, 보험자의 대리인으로서도 활동할 수 있고 이 경우 쌍방대리의 문제가 발생함은 영국과 유사하다.

독일의 보험시장 규모는 EU 내에서 최대임에도 불구하고 보험중개사의 활동은 극히 미약한 수준에 있다. 독일 보험중개사의 법적 지위는 기본적으로 독일상법과 독일민법의 규정에 의하여 결정되고 상사중개인으로 인정된다. 그러나 보험중개사는 중개계약에 의하여 보험계약자의 대리인으로서 행위할 수 있는 권한이 수여될 수 있으며, 그 대리의 법률관계는 중개계약에 의해 정해진다. 또한 보험중개사는 보험자에 대한 주의의무도 지고 있고, 보험자와의 계약에 의해서 계약체결권·고지수령권·보험료수령권 등의 권한도 수여받을 수 있다. 독일은 보험업에 대해서 실질적 감독주의를 표방하면서도 보험중개업은 자율적 규제에 맡기고 있다.

일본의 보험중개사제도는 기존의 승합내리섬이 실제로 보험중개사와 유사한 기능을 수행하고 있었다는 이유로 도입할 필요가 없다는 견해가 있었으나, 1996년 4월부터 이 제도가 수용되었다. 일본의 보험중개사는 일본상법상 중개인의 일종으로 이해되지만, 보험계약자와의 구체적인 계약에 의해서 보험계약자의 대리인으로서 행위할 수 있다. 일본에서는 보험업자와 마찬가지로 보험중개사에 대해서도 엄격한 감독을 실시하고 있다.

5. 보험계약체결의 중개에서는 보험자, 보험계약자와 보험중개사가라는 3당사자가 필요하고, 보험중개사는 보험자나 보험계약자 중 어느 한 당사자의 지위를 겸하지 못하는 것이 원칙이다. 보험중개사는 상법상 중개인이므로 통상적으로는 보험계약당사자의 대리인이 아니다. 그러나 이러한 원칙에도 불구하고 예외적으로 사적자치의 원칙에 의해 보험계약자가 보험중개사에게 대리권을 수여할 수 있다. 보험중개사가 보험계약자의 수권에 의해 그 대리인이 되는 경우에는, 보험계약의 청약을 대리할 수 있고 또한 보험계약자와

함께 고지의무를 부담한다. 보험계약자의 대리권을 수여받은 보험중개사가 보험금청구권을 대리하여 행사할 수 있는가에 관해서는, 「법률사건에 대한 대리」를 금지하고 있는 변호사법 제109조 제1호와 관련하여 다툼의 여지가 있다. 그러나 이러한 변호사법상의 제한은 헌법상의 직업의 자유(헌법 제15조)와 행복추구권(헌법 제10조)에 대한 과도한 제한이라고 본다.

보험중개사가 보험자의 수권을 받아 그의 대리인으로서 행위할 수 있는가에 관해서는, 보험업법상 보험중개사와 보험대리점이 각각 별도의 자격요건을 필요로 하고 그 업무 영역이 명백히 구분되어 있기 때문에, 이를 일반적으로 허용하기는 어렵다. 그러나 보험자가 보험중개사의 잘못으로 손해를 입을 것을 각오하고 일정한 행위를 할 수 있는 대리권을 수여하는 것을 굳이 막을 이유는 없다고 본다. 이는 사적자치에 맡겨질 문제이다.

6. 보험중개사의 중개수수료청구권은 보험중개사의 중개행위의 존재, 보험계약의 성립 그리고 그 양자의 인과관계가 있어야 인정되고, 그 수수료청구권은 보험자에 대하여 행사하는 것이 국제적인 상관습이다.

보험중개사의 의무는 크게 선관주의의무, 위임계약이행의무, 설명·공시의무, 인도의무와 장부작성의무 등으로 구분된다. 보험중개사가 보험계약자로부터 보험계약체결의 중개를 위임받은 경우에는, 보험요율이 적절하며 재무구조가 건전한 보험자를 물색하여 적극적으로 그 이행에 진력할 의무를 진다. 보험중개사가 보험계약자로부터 대리권을 수여받은 경우에는, 보험계약자의 구체적인 지시에 따라야 하나 사리에 벗어난 보험계약자의 지시에 대해서는 이를 따를 필요가 없고 오히려 보험계약자의 잘못된 견해를 수정하도록 노력해야 한다. 또한 보험계약자에게 자신의 행위의 경과를 설명할 의무를 진다. 그리고 보험중개사는 보험계약과 관련하여 수령한 보험증권이나 보험금 또는 보험료를 보험계약자나 보험자에게 즉시 인도해야 한다. 일반적인 상사중개인의 견품보관의무, 성명·상호묵비의무, 개입의무는 보험중개사의 성질상 적용될 수 없다.

7. 보험중개사가 고의나 과실로 보험계약자로부터 전달받은 중요사항을 보험자에게 전달하지 않거나 재무구조가 불건전한 보험자를 중개한 때 또는 보험계약자와 공모하여 보험료수령을 소삭한 때에는, 그로 인하여 보험계약자나 보험자에게 생긴 손해를 배상할 책임을 진다. 보험업법상 보험계약자는 보험중개사의 보험계약체결의 중개로 인하여 발생한 손해에 대해서 영업보증금의 범위에서 다른 채권자에 우선하여 변제받을 권리가 부여되어 있고, 영업보증금에서 배상하는 절차에 관하여는 감독청의 조사와 판단에 의해 진행하는 특별한 예외가 인정되어 있다. 보험중개사는 보험업법상의 의무위반에 대해 제재적인 명령처분이나 행정벌을 받을 수 있다.

8. 끝으로 오늘날의 보험거래의 실정에 비추어 볼 때 보험계약자가 직접 보험자를 상대하여 계약을 체결하는 경우는 드물다. 따라서 보험계약자를 위한 보험중개사제도를 도입한 이상 보험중개사가 보험계약자로부터 대리권을 수여받아 보험계약자를 위해 폭넓게 활동할 수 있게 하는 것이, 보험거래의 원활성을 기할 수 있으며 보험중개사제도를 도입한 취지를 살린다는 점에서 바람직하다. 이 점에서 원칙적으로 보험중개사가 보험계약자를 위한 대리권을 갖고

있는 것으로 보는 영국과 미국의 예가 우리에게 매우 시사적이라고 하겠다. 현행 보험업법 시행규칙에서는 보험중개사의 권한남용으로부터 보험계약자를 보호하는 취지에서, 보험중개사가 보험료를 받거나 보험금청구권을 행사하는 등의 행위를 금지하고 있다. 이는 물론 공법적인 규정이므로, 보험중개사가 보험계약당사자의 수권에 의해 이러한 행위를 하더라도, 보험업법상의 제재는 받을지언정 그 행위의 사법적 효력이 당연히 부인되는 것은 아니다. 그러나 그 공법적 제재로 인하여 이러한 행위가 위축되는 것은 사실이다. 따라서 앞으로 보험중개사의 업무활동에 관해 엄격한 감독을 실시하는 한편, 보험업법이나 보험중개사규정의 개정을 통하여 보험계약자의 수권에 의한 보험중개사의 폭넓은 대리행위를 허용하는 방향으로 나아가야 할 것이다.

참고문헌

Ⅰ. 國內文獻

1. 單行本

姜渭斗, 商法要論, 螢雪出版社, 1997.

郭潤直, 民法總則, 博英社, 1991.

郭潤直, 物權法, 博英社, 1992.

郭潤直, 債權總論, 博英社, 1994.

郭潤直, 債權各論, 博英社, 1997.

金基顯, 再保險實務, 保險練修院, 1996.

金基洪·鄭奉恩·高京模·成大奎, 保險仲介人의 理論과 實務, 一志社
　　　　　1997. 3.

金容泰, 商法(上), 圓光大學校 出版局, 1984.

金曾漢·安二濬, 新債權各論(下), 博英社, 1965.

盧相鳳, 1998年 改正 保險業法 逐條 解說, 每日經濟新聞社, 1998.

徐燉珏, 第3全訂商法講義(上), 法文社, 1985.

徐燉珏·鄭完溶, 第4全訂 商法講義(下), 法文社, 1996.

徐廷甲, 商法(總則·商行爲), 日新社, 1986.

孫珠瓚, 商法(上), 博英社, 1986.

梁承圭, 保險法, 三知院, 1998.

梁承圭·朴吉俊, 商法要論(第4版), 三英社, 1997.

梁承圭·鄭浩烈·張敬煥·權奇範·金星泰·韓昌熙·韓基貞·張德祚,
　　　　保險判例의 動向과 問題, 서울대 法學研究所, 1999.

李基秀, 商法學(上), 博英社, 1996.

李基秀, 商法(總則·商行爲), 博英社, 1994.

李炳泰, 全訂商法(上), 法元社, 1987.

李銀榮, 債權各論, 博英社, 1996.

李太載, 改正 債權各論 新講, 進明文化社, 1985.

鄭燦亨, 商法講義(上), 博英社, 1999.

鄭熙喆, 商法學(上), 博英社, 1989.

鄭熙喆·鄭燦亨, 商法學原論(上, 下), 博英社, 1998.

崔基元, 保險法, 博英社, 1996.

崔基元, 商法學 新論(上), 博英社, 1998.

崔龍一, 英國의 保險브로커 制度, 범론사. 1994.

保險每日新聞社, 新保險業法 Q&A, 1996.

2. 論 文

강권석, "1995 생명보험 정책 영향", 생협, 1995. 2.

강원희, "보험판매채널의 다양화에 따른 당면과제 ~주로 보험중개인 제도를 중심으로~" 보험학회보 124호, 1997. 3.

권금택, "중소 생보 규모사의 틈새 마케팅 전략전개방향", 보험조사 월보, 보험감독원, 1997. 11.

권영준, "보험 Broker 제도의 Agency 문제에 관한 이론적 분석", 보험개발연구, 통권 제17호, 1996.

김규승·박홍민·장재일, "생명보험모집 조직의 효율화 방안", 보험개발원, 1997. 3.

김규영, "독립대리점과 보험중개인 제도", 손해보험, 1988. 7.

김기홍, "OECD 가입과 보험업계의 대처방안", 1996, 6-8.

김두철, "보험브로커의 활용방안", 손해보험, 1998. 5.

김상규, "보험대리점의 법적 지위", 한양대 법학논총 제10호, 1993. 10.

김치중, "영국의 보험브로커 감독제도에 관한 소고", 보험조사 월보, 1994. 1.

김형기, "보험중개인의 기능에 관한 고찰", 보험법률 제23호.

김형기, "보험중개인제도 도입과 관련한 법률문제", 손해보험 1994. 8.

김형기 · 이호영 · 이성택, "선진제국의 Direct Marketing이 손보시장에 주는 시사점", 손해보험, 1997. 6.

김호영, "보험모집인의 법적 지위", 고려대학교 법학석사학위논문, 1991. 12.

박원배, "영국법상 보험중개인의 법적 지위에 관한 연구", 한양대 법학 석사학위논문, 1993. 12.

석승훈, "독립 대리점제 도입의 보험시장에의 영향", 보험개발연구 통권 제20호, 1997.

석승훈, "독립대리점제 도입의 보험시장에의 영향", 보험개발연구 통권 제20호, 1997.

신용호, "손해보험 모집 환경 변화에 따른 모집조직 생산성 향상 방안", 손해보험, 1997. 8.

양승규 · 장경환 · 정호열, "보험모집인의 법적 지위에 관한 연구", 서울대법학연구소, 1996.

양승규 외, "보험산업과 법적 환경", 한국비교사법학회, 1997. 10.

양희산, "주요국의 보험판매조직에 관한 비교 연구", 보험개발연구 통권 제12호, 1994. 10.

여미숙, "보험대리점의 법적 지위에 관한 연구", 서울대 법학 석사학위논문, 1995. 8.

유지호, "보험중개인제도의 도입과 영향", 보험동향 제9호, 1996. 11.

이경용·서영길, "자동차보험의 고비용·저효율 개선에 관한 연구", 한국리스크 관리학회 특별세미나 자료집, 1997. 6. 20.

이봉주, "보험시장 자유화에 따른 손해보험모집제도 개편방향에 관한 小考", 리스크 관리 연구, 1995. 8.

이봉주, "보험 브로커 제도 도입방안에 대한 소고", 손해보험, 1996. 5.

이순재, "보험시장 개방에 따른 판매제도 개편방향", 대한재보험, 1994. 10.

장덕조, "재보험에 관한 연구", 서울대 법학 박사학위논문, 1998. 2.

정대완, "보험모집인의 법적 지위에 관한 연구", 경남대 법학 석사학위논문, 1995. 2.

정병대 "보험중개인제도 도입의 의의와 그 전망", 보험학회보 제122호 1997. 2.

정봉은, "보험중개인제도의 도입방향과 과제", 보험개발연구 통권 제11호.

정성택, "보험회사 보험중개인제도 활성화 방안, 보험개발연구, 통권 제23호, 1998. 1.

정재욱 외, "주요국의 새로운 보험판매 채널 활용 사례분석 및 국내사의 운용전략", 보험개발원 보험연구소, 1998.

정재욱·정영철·한성진, "주요국의 새로운 보험 판매 채널 활용 사례분석 및 국내사의 전략", 보험연구소, 1998. 3.

정호열, "보험거래의 특성과 모집보조자의 법적 지위", 한국비교사법학회, 1997. 12.

정홍주, "생명보험 Direct Marketing에 관한 연구", 보험학회지 제46호, 1995.

최용일, "개방화시대에 있어서 보험모집 조직의 효율성 관리 방안", 보험조사 월보, 1994. 4.

최용일, "일본의 보험중개인 제도", 해외보험 정보, 1997. 6.

황영준, "손해보험중개인제도의 시행에 따른 영향분석", 손해보험,
　　　1997. 8.

보험감독원, 주요국의 보험소비자보호법규, 1992. 7.

보험개발원, 세계 보험시장의 변화와 대응 전략, 1998. 3.

보험개발원, "미국의 보험브로커제도", 보험조사 월보, 1994. 1.

보험개발원, "보험중개사 제도 도입방안(공청회자료)", 보험개발원,
　　　1996. 11.

보험개발원, "보험브로커의 과제 - 영국을 중심으로", 보험조사 월보,
　　　1992. 1.

보험개발원, "프랑스 보험브로커제도에 대해서", 보험조사월보, 1994. 12.

생명보험협회조사부, "영국의 판매채널 동향", 생협, 1995. 4.

II. 英美文獻

B. Harnet & I. I. Leswick, The Law of Life and Health Insurance
　　　v.3, Matthew Bender, 1988.

B. McDowell, The Crisis in Insurance Regulation, Quorum Books,
　　　1994.

B. R. Ostrager & T. R. Newman, Insurance Coverage Disputes, 9
　　　ed., Aspen Law & Business, 1997.

C. Henley, The Law of Insurance Broking, Longman, 1990.

Cannar Kenneth, Essential cases in Insurance Law, Cambridge:
　　　Woodhead-Faulkner, 1985.

D. Bickerhaupt, General Insurance, 10. ed., 1979.

D. Caddy, Legislative Trends in Insurance Regulation, Texas A&M

Univ. Press, 1986.

Digby C. Jess Sc(Hons), The Insurance of Commercial Risks. -Law and Pratice, 2.ed., Butterworths, 1993.

Donald R. Tackson & Irwin Lowen, Direct Marketing for Insurance and Brokers, Financial Sourcebooks, 1992.

D. R. Thomas, The Modern Law of Marine Insurance, LLP, 1996.

E. R. Hardy Ivamy, General Principles of Insurance Law, 5. ed., Butterworths, 1990.

G. H. Treitel, The Law of Contracts, 7. ed., Stevens & Sons, 1987.

G. Hodgson, Lloyd's of London, Lloyd's of London Press, 1984.

Gorden W. Shaw, The Lloyd's Broker, Lloyd's of London Press, 1995.

Hugh Cockerell & Gorden W. Shaw, Insurance Broking and agency, Witherby & Co. Ltd., 1979.

J. Doroshow & A. T. Wilkes, Lloyd's of London in the U.S., Center for Study of Respective Law, 1988.

J. E. Greider & W. T. Beadles, Law and the Life Insurance Contract, 3. ed., Irwin, 1974.

J. M. Cowan, Lloyd's Regulatory requirements: Associateship, 1995.

Jack Rudman, Insurance Broker, Nat. Learn., 1991.

Joanne Doroshow & Adrian J. Wilkes, Ctr. Responsive Law, Lloyd's of London, 1988.

John Birds, Modern Insurance Law, London: Sweet & Maxwell, 1982.

John F. Dobbyn, Insurance Law in a Nutshell, St. Paul Minn., West Publishing, 1989.

K. S. Abraham, Insurance Law and Regulation, Foundation Pr., 1990.

L. C. B. Gower, Principles of Modern Company Law, 5. ed., Sweet & Maxwell, 1992.

L. J. Burglass, Marine Insurance and General Average in the United States, 2. ed., Cornell Maritime Press, 1981.

MacGillivray & Parkington, Insurance Law, 8. ed., Matthew Bender, 1996.

Malcolm A. Clarke, The Law of Insurance Contracts, Lloyd's of London Press, 1991.

N. R. Burke, "Is the Business of Insurance Commerce?", 42 Mich. Law . Review 409, 1943.

R. E. Keeton, Basic Text on Insurance Law, West Publishing, 1971.

R. E. Keeton & Widiss, Insurance Law, St. Paul Minn., West Publishing, 1988.

R. I. Mehr & E. Cammack, Principles of Insurance, 6. ed., Irwin, 1976.

R. Merkin & A. McGee, Insurance Contract Law, Kluwer, 1988.

R. R. Hume, "Errors and Omissions Liability as affecting Insurance Agents and Brokers", 40 Ins. Council J. 379, 380, 1973.

R. W. Hodgin, Insurance Intermediaries and the Law, Lloyd's of London Press Ltd., 1987.

Robert Merkin, Colinvaux's Law of Insurance, London: Sweet & Maxwell, 1990.

Robert R. Pennington, Company Law, 6. ed., London: Butterworths, 1990.

308

Roderick Clews, A Textbook of Insurance Broking, London: The British Insurance Broker's Association, 1987.

Robert Clews, A Textbook of Insurance Broking, Woodhead-aulkner, 1987.

T. Frankel, "Variable Annuity, Variable Insurnce and Separate Accounts", 51 B.U.L. Rev. 173, 1971.

William F. Young & Eric M. Holmes, Insurance Law: Cases & Materials, Foundation Pr., 1989.

III. 獨逸文獻

A. Fenyves & K. G. Koban, Die Haftung des Versicherungsmaklers, Wirtschaftsverlag, 1993.

Bruck-Möller, Kommentar zum VersicherungsVertragsgesetz, 8. Aufl., 1961.

E. Hofmann, Privatversicherungsrecht, 3. Aufl., C. H. Beck, 1991.

Prölss-Martin, Versicherungsvertragsgesetz, 26. Aufl., C.H.Beck, 1998.

Gauer, Der Versicherungsmakler und seine Stellung in der Versicherungswirtschaft, 1951.

Gerhard Rein, Versicherungsvermittlung und sogenannte „Maklerverträge„: VersVerm 1973.

Gierke-Sandrock, Handels-und Wirtschaftsrecht, 9. Aufl., Walter de Gruyter &Co., 1961.

H. Glaser & T. Warnke, Das Maklerrecht in der Praxis, 7. Aufl., Neue Wirtschafts Briefe, 1982.

H. Seydel, Maklerrecht, 3. Aufl., Neuwirtschafts Briefe, 1995.

Hans Arnold, Zur Tätigkeit des Maklers in der Großlebens-
versicherung; VerBAV 1955.

K. Sieg, Allgemeines Versicherungsvertragsrecht, 3. Aufl., Gabler,
1994.

Müller-Stein, Das Recht der VersVermittlung, 4. Aufl., 1993.

Reimer Schmidt, Zur Rectsstellung des Versicherungsmaklers in
Deutschland; VersRdsch 1957.

Schulin, Sozialversicherungsrecht, 1. Aufl., Werner, 1976.

Volker Emmerich, Das Recht des unlauteren Wettbewerbs, 3. Aufl.,
1991.

Weiers, Versicherungsvertragsrecht, 2. Aufl, Luchterhand, 1995.

Wolfram Künstner, Der Versicherungsmakler im Wettbewerb mit
dem Versicherungsvertreter, insbesondere die Bekämpfung
von Wettbewerbsauswüchsen(Makleraufträge); VersVerm
1977.

Ⅳ. 日本文獻

江澤雅彦, "情報概念からみに保險企業と保險商品 －保險の情報概念の
學際性について－", 保險學雜誌 第541号, 1992.

龜井利明, 保險總論 同文館, 1987.

龜井利明, "英國における保險ブローカーの法的性格", 保險學雜誌 第
428號, 日本保險學會, 1965. 3.

龜井利明, "保險ブローカー制の課題", 保險學雜誌 第535號, 日本保險
學會, 1991. 12.

310

今井 薫 外 5人, 保險・海商法, 三省堂, 1991.

吉川吉衛, "生命保険募集人と乗合制 －保険事業の監督・取締法におけ 信義則の一考－", 商法の課題と展開－野津 務先生追悼 論文集, 1991.

多胡滿治, "販賣チャネルの現代と將來", 生命保険新實務講座 第3卷, 生命保険文化研究所, 1990.

大森忠夫, 保險法(補訂版), 有斐閣, 1990.

渡部記安, "生命保険募集人の法的規制", 保險學雜誌 第522號, 日本保 險學會, 1988. 9.

東京海商火災保險(株), 損害保険實務講座, 有斐閣, 1983.

梅津昭彦, 保険仲介者の規制と責任, 中央經濟社, 1997.

梅津昭彦 "英國における保険契約者保護の一側面", 文研論集 第96號, 生命保険研究所, 1991. 9.

梅津昭彦, "英國保険仲介者の注意義務", 文研論集 第87號, 生命保険研 究所, 1989. 6.

梅津昭彦, "保険仲介人の誠實義務", 文研論集 第126号, 1999.

梅津昭彦, "生命保険募集規制の課題 －英美の展開お參考として－", 私 法 第54号, 日本私法學會, 1992.

木村榮一, ロイズ・オブ・ロンドン, 日本經濟新聞社, 1985.

岡邦俊, "自動車保険の少額事件處理と辯護士法"－SAP 協定の功過, ジュリスト第899号, 1987. 12. 15.

山下友信, "保険仲介人", 商事法務 第1438号, 1996.

森啓二 外 2人, 英國保険法, 有斐閣, 1970.

三隅隆司, "金融仲介理論からみた生命保険會社", 文研論集 제87호, 生 命保険研究所, 1989. 6.

上田和勇, "英國金融サービス法にみる契約者利益情報の開示と生保市場に與えた影響", 保險の現代的課題, 鈴木辰紀教授還暦記念, 成文堂, 1992.

西島梅治, 保險法第2版, 築摩書房, 1982.

西島梅治, "保險募集制度のあり方", 保險學雜誌 第533號, 1991. 6.

石山卓磨, "英國法にあける保險代理法則", 損害保險硏究 第50卷 第2號, 損害保險事業硏究所, 1988. 10.

小林 登, "英國の保險ブローカーの法的義務", 文硏論集 第102號, 生命保險硏究所, 1993. 3.

小室金之助・黑木松男, 保險法・海商法, 第一法規出版, 1990.

小池貞治, "英國の1982年保險會社法", 損害保險硏究 第46卷 第4號, 損害保險事業硏究所, 1985. 3.

小池貞治, "1982年ロイズ法制定の經緯と同法の內容", 損害保險硏究 第47卷 第1號, 損害保險事業硏究所, 1985. 6.

小池貞治, "英國の1977年保險ブローカー(登錄)法", 損害保險硏究 第47卷 第1號, 損害保險事業硏究所, 1985. 6.

神田英次郎, "英國の金融サービス法と生保規制", 生命保險經營 第56卷 第3號, 1988. 5.

宇佐見憲治, "保險募集取締りの沿革", 生命保險經營 第48卷 第4号, 1980.

圓谷 峻, 契約の成立と責任, 一粒社, 1988.

日吉信弘, 保險ブローカー, 保險每日新聞社, 1996.

姉岐義史, 海上保險法, 成山堂, 1991.

田中誠二・原茂太一, 新版 保險法, 千倉書房, 1988.

竹內昭夫, 保險法の在り方(下), 有斐閣, 1992.

竹濱修, "イギリスの保險募集規制と消費者保護", 民商法雜誌, 第101卷 第1號, 有斐閣, 1989. 10.

倉澤康一郎, 現代保險法論, 一粒社, 1985.

保險業法硏究會, 外務員めぐる問題と法 −社會的病廢に對する法の態度−生命保險經營 第43券 1号, 1975.

東京海上火災保險株式會社編, 損害保險實務講座 2 損害保險經營, 有斐閣, 1986.

東京海上火災保險株式會社編(江頭・小林・山下), 損害保險實務講座補券 保險業法 平成 8年度 施行法 解說, 有斐閣, 1997.

新生命保險實務講座會編, 新生命保險實務講座 3 マーケテイング 1, 有斐閣, 1965.

日本損害保險協會編, 損害保險の基礎, 1997.

· 저자 ·

전우현   **· 약 력 ·**

서울大學校 法科大學 私法學科 卒業(法學士)
同 大學院 商法學 碩士, 商法學 博士
現 嶺南大學校 法學科 助敎授

· 주요 논저 ·

「중화인민공화국 보험법」
「보험계약상 고지의무와 인과관계」
「어음행위의 객관적 해석」
「상법 제680조 손해방지비용과 제720조 방어비용의 개념」
「스포츠 선수의 상해보험계약」
「부분적 포괄대리권을 가진 상업사용인의 대리권범위」
「우리나라 감사위원회제도의 개선에 관한 일고찰」
「생명보험주식회사 상장과 보험계약자배당의 타당성에 관한 연구」
「자동차종합보험약관 설명의무의 범위에 관한 연구」
외 다수

보험중개사의 법률관계

· 초판 인쇄	2006년 5월 20일
· 초판 발행	2006년 5월 20일
· 지 은 이	전우현
· 펴 낸 이	채종준
· 펴 낸 곳	한국학술정보㈜
	경기도 파주시 교하읍 문발리 526-2
	파주출판문화정보산업단지
	전화 031) 908-3181(대표) · 팩스 031) 908-3189
	홈페이지 http://www.kstudy.com
	e-mail(e-Book사업부) ebook@kstudy.com
· 등 록	제일산-115호(2000. 6. 19)
· 가 격	30,000원

ISBN   89-534-5022-5 93360 (Paper Book)
        89-534-5023-3 98360 (e-Book)